# 古典文獻研究輯刊

## 十九編

潘美月・杜潔祥 主編

## 第 5 冊

### 群書校補（續）
### ——傳世文獻校補（第五冊）

蕭 旭 著

國家圖書館出版品預行編目資料

群書校補（續）——傳世文獻校補（第五冊）／蕭旭 著 -- 初
版 -- 新北市：花木蘭文化出版社，2014〔民 103〕
目 4+278 面；19×26 公分
（古典文獻研究輯刊 十九編：第 5 冊）
ISBN 978-986-322-865-3（精裝）
1.古籍 2.校勘
011.08 103013710

古典文獻研究輯刊
十九編　第五冊　　　　　　　　ISBN：978-986-322-865-3

## 群書校補（續）——傳世文獻校補（第五冊）

作　　者　蕭旭
主　　編　潘美月　杜潔祥
總 編 輯　杜潔祥
副總編輯　楊嘉樂
編　　輯　許郁翎
企劃出版　北京大學文化資源研究中心
出　　版　花木蘭文化出版社
社　　長　高小娟
聯絡地址　235 新北市中和區中安街七二號十三樓
　　　　　電話：02-2923-1455／傳眞：02-2923-1452
網　　址　http://www.huamulan.tw 信箱 hml 810518@gmail.com
印　　刷　普羅文化出版廣告事業
初　　版　2014 年 9 月
定　　價　十九編 18 冊（精裝）新台幣 32,000 元

# 群書校補（續）
## ——傳世文獻校補（第五冊）

蕭　旭　著

目

次

# 《孔叢子》校補

　　《孔叢子》七卷，舊題陳勝博士孔鮒撰，舊多疑其是僞書，據傅亞庶考證，其書不僞。完整的舊注本有宋代宋咸《孔叢子注》、清代姜兆錫《孔叢子正義》、清代錢熙祚《孔叢子注校》、日人冢田虎《冢注孔叢子》。今人傅亞庶作《孔叢子校釋》，中華書局 2011 年版，傅著彙集各家之說，甚便學者。但傅氏時有失校、誤校、失注、誤注，亟須訂正。

　　今取傅本爲底本，作校補焉。其誤者正之，未及者補之，是而未盡者申證之。

　　《孔叢子》第十一篇《小爾雅》是古代語言學著作，歷代注者多達七、八家。《小爾雅》校補，擬另作專文。

## 《嘉言》第一

### （1）夫子適周，見萇弘，言終而退

　按：錢熙祚、傅亞庶據《御覽》卷 366 及指海本補「而」字。按不必補，「言終，退」作二句讀。《類聚》卷 17、宋・楊簡《先聖大訓》卷 5 無「而」字。

### （2）躬禮廉讓

　　傅校：原本「禮」作「履」，一本作「禮」。「禮」字是，據改。「躬禮」乃古之常語，猶言躬行禮義。廉讓，猶言洁行謙讓。

　按：不煩改作。四庫本作「躬履謙讓」，《御覽》卷 396、《先聖大訓》卷 5

引同。廉、謙形聲俱近，「廉讓」、「謙讓」皆各自爲詞，此文言孔子之德，自以作「謙讓」爲是。廉，讀爲謙。躬履，猶言親自踐行。《漢書‧宣帝紀》：「孝武皇帝躬履仁義。」又《王嘉傳》：「武王躬履此道。」

（3）洽聞強記，博物不窮

傳校：錢熙祚曰：「窮，《御覽》卷 396 作『群』。」

按：《御覽》引誤，《文選‧王仲宣誄》李善注、《古今事文類聚》別集卷 1、《先聖大訓》卷 5 引並作「窮」字。周‧宇文逌《庾信集序》：「強記獨絕，博物不群。」此《御覽》誤作「群」字之由。

（4）堯舜文武之道，或弛而墜，禮樂崩喪

傳校：或，鍾惺本作「近」。「近」字疑是。

按：鍾本非是。《先聖大訓》卷 5、《古微書》卷 26 引作「或」。

（5）又執三監吏，將殺之

傳校：將殺之，錢熙祚曰：「此三字原脫，依《藝文》補，《御覽》卷 457 亦有『殺之』二字。」庶按：殺，《藝文》作「煞」，錢氏失檢。

按：宋紹興本《類聚》卷 24 引作「煞」，四庫本引作「殺」。景宋本《御覽》卷 457 引作「欲坑三監吏，煞之」，四庫本引亦作「殺」。

（6）遽竊赦所執吏

傳校：遽，一本作「遂」。

按：「遂」字誤，《類聚》卷 24 引作「遽」。執，《類聚》卷 24 引同，《御覽》卷 457 引作「坑」。

（7）梁丘據遇虺毒，三旬而後療

按：療，四庫本作「瘳」，《初學記》卷 20、《御覽》卷 724、742、《楚辭‧惜誦》洪興祖補注引同。「瘳」字是。

（8）齊君會大夫眾賓而慶焉

傳校：錢熙祚曰：「《御覽》卷 742『慶』作『賀』。」庶按：《御覽》卷 742 作「駕」，錢氏失檢。

按：景宋本《御覽》卷 742 引作「駕」，四庫本作「賀」；又卷 724 引仍作「慶」。「駕」即「賀」字之誤。

## （9）今梁丘子已療矣

按：療，《初學記》卷 20 引同；《四部叢刊》本作「瘳」，《御覽》卷 724、742 引同。「瘳」字是。

## （10）意欲梁丘大夫復有虺害

按：復，《初學記》卷 20 引同，《御覽》卷 724 引誤作「後」。

## （11）夫三折肱為良醫

按：肱，《御覽》卷 742 引同，又卷 724 引作「股」。「股」字誤。

## （12）梁丘子遇虺毒而獲療

按：療，《楚辭·惜誦》洪興祖補注引同，《四部叢刊》本作「瘳」。《御覽》卷 724、742 引「毒」作「害」，「療」作「瘳」。「療」字是。

## （13）諸有與之同疾者，必問所以已之之方焉

傅校：宋咸注：「已，上也。」冢田虎曰：「已猶瘳也。」庶按：宋咸注「上也」不確，冢田說是。

按：「已」無「上」訓，「上」當是「止」字之誤。「已，止也」是常訓。

## （14）眾人為此，故各言其方，欲售之，以已人之疾也

按：《御覽》卷 724 引作「眾人為此之故，各言其方」，又卷 742 引作「方眾人為見，故各言其方也」〔註 1〕。疑今本脫「之」字，「故」字上屬為句。

## （15）且以參據所以已之之方優劣耳

按：據，《御覽》卷 724 引作「處」。據，讀為處，猶言考察、審度。「參處」同義連文。《新唐書·戴胄傳》：「參處法意，至析秋毫。」

## （16）夫政令者，人君之銜轡，所以制下也

按：《潛夫論·衰制》：「夫法令者，人君之銜轡箠策也；而民者，君之輿馬

---

〔註 1〕 此據景宋本，四庫本引「見」作「具」。

也。」

**（17）齊東郭亥欲攻田氏**

按：郭亥，《文選・上書諫吳王》李善注引同，又《東京賦》李善注引《孔叢子》：「子貢謂東郭充曰：『今子位卑而圖大。』」乃此文下文之語。「充」爲「亥」字之誤。

**（18）馬方駭，鼓而驚之；繫方絕，重而填之**

傅校：宋咸注：「填，墜也。」冢田虎曰：「『填』與『鎭』同。」庶按：《文選・上書諫吳王》李善注引作「鎭」，鎭猶言壓也。訓「墜」，非本文之意。

按：《說苑・正諫》、《漢書・枚乘傳》、《文選》所載枚乘《上書諫吳王》皆作「鎭」。

**（19）旁人皆哀其絕，而造之者不知其危**

傅校：錢熙祚曰：「《文選・上書諫吳王》注『哀』作『畏』。」

按：作「畏」爲李善臆改。《記纂淵海》卷 61、《先聖大訓》卷 5 引作「哀」，《說苑・正諫》、《漢書・枚乘傳》、《文選》所載枚乘《上書諫吳王》亦皆作「哀」。

## 《論書》第二

**（1）志盡而不怨，辭順而不諂**

傅校：諂，冢田虎本作「謟」。謟，惑也。

按：四庫本作「謟」，宋・薛季宣《書古文訓序》、《廣博物志》卷 26 引同。「謟」爲「諂」形誤。謂言辭雖順從而不諂諛求媚也。傅說非是。

**（2）苟由其道致其仁，則遠方歸志而致其敬焉**

按：志，宋・薛季宣《書古文訓序》、《廣博物志》卷 26 引同，《通志》卷 3、《資治通鑑外紀》卷 2 引孔子語並作「德」。「志」當作「悳」，爲「德」古字。《易林・咸之姤》：「四方歸德，社稷康榮。」《文選・三都賦》、《石闕銘》、《傚曹子建樂府白馬篇》李善注並引《河圖龍文》：「鎭星光明，八方歸德。」《淮南子・原道篇》：「使舜無其志，雖口

辯而戶說之，不能化一人。」「志」亦當爲「悳」誤，《記纂淵海》卷
60 引正作「德」字〔註2〕。亦其例。

## （3）一夫而被以五刑

按：以，《御覽》卷 635 引《尚書大傳》作「此」。

## （4）昭昭然若日月之代明，離離然若星辰之錯行

傳校：離離然，《韓詩外傳》卷 2 作「燎燎乎」。星，《尚書大傳‧略說》作
「參」。冢田虎曰：「離離，陳列貌。」庶按：疑「星」爲「參」之訛。《文
選‧蘇子卿詩》：「今爲參與辰。」李善注：「《法言》曰：『吾不睹參辰之相
比也。』宋衷曰：『辰，龍星也。參，虎星也。』」作「參辰」與上「日月」
相對。

按：昭昭，《類聚》55、64、《玉海》卷 37 引《尚書大傳》同，《韓詩外傳》
卷 2 亦同，《御覽》卷 616 引《大傳》作「皎皎」。代明，《類聚》55、
《玉海》卷 37 引《大傳》同，《類聚》卷 64 引《大傳》脫「代」字，
《外傳》卷 2 作「光明」。「光」字誤。《禮記‧中庸》：「辟如四時之
錯行，如日月之代明。」離離，《漢語大詞典》釋爲「井然有序貌」，
即排列分明貌。星辰，宋‧薛季宣《書古文訓序》、《先聖大訓》卷 1
引同，《外傳》卷 2 亦同，《文選‧蘇子卿詩》李善注、《類聚》卷 55、
64、《御覽》卷 616、《玉海》卷 37 引《大傳》並作「參辰」。作「參
辰」是，「參」、「辰」二星不並見，故《法言‧學行》謂參、辰不相
比，《大傳》、《外傳》及此文謂參、辰交錯而行也。隋‧杜公瞻《編
珠》卷 2：「昭昭若日月之〔代〕明，離離若參辰之錯行。」是杜氏所
見亦作「參辰」。考《鹽鐵論‧相刺》：「據古人以應當世，猶辰參之
錯，膠柱而調瑟，固而難合矣。」尤爲確證也。唐‧崔融《爲百官賀
斷獄甘露降表》：「昭昭焉若日月之代明，纍纍焉似星辰之錯行。」「星」
字亦誤。

## （5）雖退而窮居河、濟之間，深山之中，作壤室，編蓬戶

按：《文選‧非有先生論》：「遂居深山之間，積土爲室，編蓬爲戶。」又《辨
命論》：「土室編蓬。」李善注二引《尚書大傳》，並同此文。《類聚》

---

〔註2〕 參見蕭旭《淮南子校補》，花木蘭文化出版社 2014 年版，第 25 頁。

卷 64 引《大傳》：「雖退而窮思河濟之間，深山之中，〔作〕壞室，編蓬爲戶。」《類聚》卷 82 引《大傳》：「子夏作壞室，編蓬戶。」〔註3〕隋・杜公瞻《編珠》卷 2：「雖退而窮思河濟之〔中，作〕壞室，編蓬爲戶。」「思」字誤。「退而窮居」即「退而窮處」，古人成語。《文選・招隱詩》李善注引《大傳》作「巖居」，《韓詩外傳》卷 2：「雖居蓬戶之中。」皆可證「居」字是。

### （6）常于此彈琴，以歌先王之道

按：「琴」下一本有「瑟」字。《文選・非有先生論》：「彈琴其中，以咏先王之風。」李善注引《尚書大傳》「琴」下有「瑟」字，「道」作「風」。《文選・辨命論》李善注、《類聚》卷 82、《御覽》卷 997、《古今合璧事類備要》別集卷 56 引《大傳》並同。《文選・招隱詩》李善注引《大傳》無「瑟」字，「道」亦作「風」。《韓詩外傳》卷 2：「彈琴，以詠先王之風。」惟《抱朴子・逸民》：「今隱者潔行蓬篳之內，以詠先王之道。」同此文作「道」字。

### （7）周文王胥附、奔輳、先後、禦侮，謂之四鄰

傅校：宋咸注：「胥附，猶相附。」庶按：《詩・緜》毛傳：「率下親上曰疏附。」鄭箋：「疏附，使疏者親也。」

按：《文選・景福殿賦》：「離背別趣，駢田胥附。」李善注：「駢田胥附，羅列相著也。」呂向注：「胥，相也。」朱起鳳曰：「胥字古讀如疏，故兩字通用。疏附，猶樹有枝葉，枝葉茂盛，根本未有不強固者。」〔註4〕高亨曰：「疏，讀爲胥，輔也。附，歸附。」〔註5〕諸說當以傳、箋爲正解，胥讀爲疏。

### （8）慎罰者，並心而慮之，眾平然後行之，致刑錯也

傅校：並，冢田虎本作「屏」。冢田曰：「屏去私心，而詢謀之眾。」

按：並，本作「并」，傅本誤。并心，猶言專心、一心。《賈子・時變》：「商君違（遺）禮義，棄倫理，并心於進取，行之二歲，秦俗日敗。」冢田

---

〔註3〕 《御覽》卷 997 引「作」誤作「於」。
〔註4〕 朱起鳳《辭通》，上海古籍出版社 1982 年版，第 1773 頁。
〔註5〕 高亨《詩經今注》，上海古籍出版社 1980 年版，第 380 頁。

說非也。

**（9）此言其所任不失德，所罰不失罪**

傅校：「罪」疑爲「刑」之訛，作「罰不失刑」，與上「任不失德」相對。

按：宋・楊簡《先聖大訓》卷 6 亦作「罪」字。

## 《記義》第三

**（1）季桓子以粟千鍾餼夫子，夫子受之而不辭，既而以頒門人之無者**

按：頒，《類聚》卷 85、《御覽》卷 840 引作「班」。頒、班，並讀爲攽，《說文》：「攽，分也。」

**（2）人既難知，非言問所及，觀察所盡**

傅校：及，《御覽》卷 621 作「監」。

按：宋・楊簡《先聖大訓》卷 6 亦作「及」。及，知也〔註6〕。

**（3）行不離道，動不違仁**

傅校：原本「行」作「言」，《御覽》卷 478 作「行」。

按：《類聚》卷 71、《御覽》卷 773 引作「言不離道，動不遺仁」，《事類賦注》卷 16、《先聖大訓》卷 6、《山堂肆考》卷 180 引作「言不離道，動不違仁」。「言」字不可遽改。「遺」爲「違」之誤。

**（4）士而有祿，不以为費**

傅校：原本「費」作「積」，《御覽》卷 478、《淵鑑類函》卷 309 並作「費」，是，據改。

按：士，四庫本作「仕」。《資治通鑑外紀》卷 8、《先聖大訓》卷 6 作「仕而有祿，不以爲積」。「積」字不可遽改。仕而有祿，不以爲積者，言以祿分人也。

**（5）若夫觀目之麗靡，窈窕之淫音，夫子過之弗之視，遇之弗之聽也**

傅校：「目」疑當作「物」，《御覽》卷 773 作「物」。錢熙祚日：「《藝文》

---

〔註6〕 參見蕭旭《國語校補》、《說苑校補》、《太平經校補》、《曹植集校補》，收入《群書校補》，廣陵書社 2011 年版，第 97、492、605、634 頁。

窕作妙。」庶按：《御覽》卷 773、《淵鑑類函》卷 387 亦作「妙」。淫，《藝文》卷 71、《御覽》卷 773 並作「浮」。

按：觀目，《類聚》卷 71、《事類賦注》卷 16 引亦作「觀物」。「物」脫爲「勿」，因誤作「目」。《事類賦注》卷 16 引亦作「窈妙」、「浮音」。麗靡，《事類賦注》卷 16 引作「靡麗」。過之弗之視，遇之弗之聽，《類聚》卷 71、《御覽》卷 773 引作「過之弗聽」，《事類賦注》卷 16 引作「遇之弗聽」。《資治通鑑外紀》卷 8 作「若夫觀目之麗靡，窈窕之淫音，夫子適之弗視，遇之弗聽」，《先聖大訓》卷 6 作「若夫觀目之靡麗，窈窕之淫音，夫子過之弗之視，遇之弗之聽也」，則已同今本。「適」爲「過」之誤。音不可言窈窕，作「窈妙」是。

### （6）未盡夫子之美也

傅校：「美」疑爲「義」之訛。

按：傅說非也，《先聖大訓》卷 6、《喻林》卷 84 作「美」。

### （7）吾於《周南》、《召南》，見周道之所以盛也

按：《詩・木瓜》孔疏引作「吾於二南，見周道之所成」，宋・王應麟《詩地理攷》卷 1 引同。沈廷芳曰：「脫『以』字，『盛』誤『成』。」〔註 7〕「盛」、「成」古通，不必以爲誤。

### （8）於《木瓜》，見苞苴之禮行

按：苞苴，《詩・木瓜》孔疏引同，四庫本作「包且」，省借字。字或作「苞組」，《隸釋》卷 11 漢《益州太守高頤碑》：「示民敬讓，關斷苞組。」洪适曰：「銘有『關斷苞組』之句，下文以『舒』、『徂』『辜』、『模』協韻，知其以『組』爲『苴』明矣。」〔註 8〕字或作「包苴」，《文選・廣絕交論》：「苞苴所入，實行張霍之家。」《南史・任昉傳》作「包苴」。

### （9）夫子之音，清徹以和，淪入至道今也

傅校：錢熙祚曰：「《御覽》卷 579 作『清微而和』。」冢田虎曰：「徹，通

---

〔註 7〕 沈廷芳《十三經注疏正字》卷 10，收入景印文淵閣《四庫全書》第 192 冊，臺灣商務印書館 1986 年初版，第 126 頁。

〔註 8〕 洪适《隸釋》，中華書局 1986 年版，第 130 頁。

也。」

按：清徹，《事類賦注》卷 11、《古今合璧事類備要》前集卷 57、《錦繡萬花谷》前集卷 34、《天中記》卷 42、《山堂肆考》卷 162、《古微書》卷 25 引同，《曾子·忠恕》作「清激」。「徹」同「澈」。《玉篇》：「澈，水澄也。澈亦清也。」「激」當作「澈」，「微」當作「徹」，並形之誤。

## （10）女二人者孰視諸

按：視，四庫本作「識」，《御覽》卷 579、《事類賦注》卷 11 引並作「識」，《曾子·忠恕》同。「識」字是。

## 《刑論》第四

### （1）古之刑省，今之刑繁

按：《御覽》卷 635 引作「古之刑教省，今之刑教繁」，多二「教」字，是也，與上文「仲弓問古之刑教與今之刑教」相應。

### （2）寬之之術歸於察，察之之術歸於義

按：《御覽》卷 639 引《尚書大傳》：「寬之術歸於察，察之術歸於義。」有注：「察，猶審也。」

### （3）不赦過，謂之逆；率過以小罪，謂之枳

傅校：宋咸注：「枳，一作『疧』，猶傷也。」姜兆錫曰：「枳，荊棘，多刺。」

按：《小爾雅》：「枳，害也。」葛其仁、王煦並謂「率過以小罪，謂之枳」之「枳」訓害〔註9〕，是也。枳，讀爲忮。《說文》：「忮，很也。」《詩·雄雉》：「不忮不求。」毛傳：「忮，害也。」《釋文》引《字書》：「忮，恨（很）也。」很亦逆也。《莊子·天下》：「不忮於眾。」郭象注：「忮，逆也。」諸義並相因。《漢書·匡衡傳》：「或忮害好陷人於罪。」蕭該《音義》引《字書》：「忮，恨（很）也。」「忮害好陷人於罪」即此文「率過以小罪」之誼，是「枳」當即「忮害」，謂很戾、害人之心也。字或作伎，《詩·瞻卬》：「鞫人忮忒。」毛傳：「忮，害也。」

---

〔註9〕 並轉引自遲鐸《小爾雅集釋》，中華書局 2008 年版，第 161～162 頁。

《說文》引作「籭人伎弍」，《玉篇》引作「鞠人伎弍」。《廣韻》：「伎，傷害也，亦作忮。」朱駿聲曰：「枳，叚借爲疷。」〔註10〕考《說文》：「疷，毆傷也。」《廣韻》：「疷，毀傷。」又「疷，積血腫兒。」《急就篇》卷4顏師古註：「毆人皮膚腫起曰疷。」《漢書‧薛宣傳》引《傳》：「遇人不以義而見疷者，與痏人之罪鈞，惡不直也。」顏注引應劭曰：「以杖手毆擊人，剝其皮膚，腫起青黑而無創瘢者，律謂疷痏。」「疷」爲毆傷血腫義專字，朱氏未得其源。「枳」用指荊棘者，以多刺而傷害人，故又爲荊棘義之專字。其義固取乎一也。《先聖大訓》卷6引此文，有注：「枳，音咫，《說文》：『開也。』猶濫歟？」亦非是。

## （4）孟氏之臣叛

按：叛，《御覽》卷621引作「畔」，下同。古字通。

## （5）禮意不至

傅校：意，一本作「義」。

按：《御覽》卷621、《先聖大訓》卷6引作「意」。

# 《記問》第五

## （1）子思再拜請曰：「意子孫不修，將忝祖乎？羨堯舜之道，恨不及乎？」

傅校：及，一本作「反」。姜兆錫曰：「反，復也。」庶按：「反」字義勝。

按：「及」字是，《子思子‧無憂》、《資治通鑑外紀》卷9、《先聖大訓》卷6、《淵鑒類函》卷245並作「及」。言羨慕堯舜之道，而恨不能追及之也。

## （2）伋于進瞻，亟聞夫子之教

傅校：原本「善」作「瞻」，一本作「膳」，馮夢禎本有朱筆校語，改「瞻」爲「膳」。《子思子‧無憂》作「善」。庶按：「膳」乃「善」之訛，「善」是。

按：宋‧范浚《題韓愈原道》引作「進瞻」，《資治通鑑外紀》卷9同。言孔伋進瞻孔子之容也。《隸釋》卷2東漢《東海廟碑》：「進瞻壇口，

---

〔註10〕朱駿聲《說文通訓定聲》，武漢市古籍書店1983年版，第512頁。

退宴禮堂。」「進瞻」固二漢人語。四庫全書《子思子全書提要》指出：「《孔叢子》云：『伋于進瞻，亟聞夫子之教。』此書引之，以『進瞻』作『進善』，輕改舊文，均失先儒詳慎之道。」〔註11〕《先聖大訓》卷6、《天中記》卷17作「進膳」，形之誤也。宋人編《子思子》，改作「進善」，此誤之又誤者也。

（3）所以官人失能者，由于不明也。其君以譽為賞，以毀為罰，賢者不居焉

傅校：失，一本作「任」。「任」乃「失」之訛。

按：《管子·明法》：「是故官之失其治也，是人主以譽爲賞，以毀爲罰也。」又《明法解》同。《韓子·有度》：「故官之失能者其國亂，以譽爲賞，以毀爲罰也。」並爲此文所本，皆此文當作「失」字之確證。《子思子·任賢》、《先聖大訓》卷6亦並作「失」。「失」改作「佚」，因誤爲「任」。劉師培校《韓子》曰：「《管子》能作治，能、台古通，故假爲治。」劉氏校《管子》則曰：「治當作能，上云『以譽進能』，下云『故官失其能』，均其證。《韓子》述此文，正作『失能』，此尤治當作能之徵。蓋古能字通作台，因譌爲治。《賈子新書》『雖堯舜不能』，《漢書·賈誼傳》作『不治』，是其例。」〔註12〕所引《賈子》，見《宗首篇》。陳奇猷曰：「劉說非也。失能者，無能也。……《管子》作治，誤，當以此訂正。」〔註13〕劉氏二說適反，陳氏解爲「無能」，皆未得。能，讀爲任，職也。失能，失職也。《廣雅》：「能，任也。」以聲爲訓也。《管子·明法》：「不以官爲事，故官失其能。」又《明法解》作「不以官爲事，故官失職」。斯其明證矣。能讀爲任，任亦讀爲能。《韓子·心度》：「故賞功爵任而邪無所關。」蔣禮鴻曰：「任即能也。」〔註14〕治，政績。《周禮·天官·小宰》：「二曰以敘進其治。」鄭玄注：「治，

〔註11〕《子思子全書提要》，收入景印文淵閣《四庫全書》第703冊，臺灣商務印書館1986年初版，第488頁。

〔註12〕劉師培《韓非子斠補》、《管子斠補》，收入《劉申叔遺書》，江蘇古籍出版社1997年版，第1180、802～803頁。

〔註13〕陳奇猷《韓非子新校注》，上海古籍出版社2000年版，第93頁。

〔註14〕蔣禮鴻《義府續貂》，收入《蔣禮鴻集》卷2，浙江教育出版社2001年版，第117頁。

功狀也。」

（4）亟聞夫子之詔

傅校：亟，一本作「伋」。此「伋」字不誤，上文言「亟聞夫子之教」，此
言「亟聞夫子之詔」，前後相承。

按：《御覽》卷 624 引作「亟」，《先聖大訓》卷 6 同，《子思子・魯繆公》作
「伋」。

（5）若管仲之，智，足以定法

傅校：原本「足」作「是」，一本作「足」，是。

按：《御覽》卷 624、《先聖大訓》卷 6、《子思子・魯繆公》並作「足」。

（6）推數究理不以疑

傅校：「以」下一本並有「物」字。

按：《先聖大訓》卷 4、《子思子・無憂》並有「物」字，此當據補。又「推」
上有「區」字，則衍。

（7）廻輿而旋，之衛，息鄹

按：旋，讀爲還，下文「還轅息鄹」，正作「還」，《資治通鑑外紀》卷 8 亦
作「還」。《史記・孔子世家》：「乃還，息乎陬鄉。」《家語・困誓》：「遂
還，息於鄹。」皆其證。《文選・從軍詩》李善注引作「趣」，蓋李氏所
改。

（8）翱翔于衛，復我舊廬

傅校：錢熙祚曰：「《文選・從軍詩》注『廬』作『居』。」庶按：《琴操》
亦作「居」。作「廬」與上文「辜」協韻。

按：《古文苑》卷 21《琴賦》章樵註引作「廬」，《資治通鑑外紀》卷 8、《先
聖大訓》卷 6 同；《樂府詩集》卷 58《將歸操》、《通志》卷 49 作「居」。

（9）登彼丘陵，峛崺其阪

傅校：宋咸注：「峛崺，猶崎嶇相屬也。」冢田虎曰：「峛崺，山阪卑長貌。」

按：《玉篇》：「峛，峛崺，山卑長也，或作『邐迤』。」《先聖大訓》卷 6 有

注：「峛崺，山卑長也，或作『邐迤』，音同。」《集韻》：「邐，邐迤，旁行連延也。」或省作「邐迆」，《廣韻》：「邐，邐迆。迆，邐迆，連接。」《御覽》卷 571 引「峛崺」作「山施」，有脫誤。

### （10）喟然廻慮，題彼泰山

傅校：宋咸注：「題，顧也。泰山，謂魯也。」

按：《小爾雅》：「題，視也。」題，讀爲睼，《說文》：「睼，迎視也。」《先聖大訓》卷 6 有注：「題其題之訛歟？視也，題音悌。」「題」亦同，不必以爲誤字。王念孫曰：「題、睼、題，並通。」〔註 15〕

### （11）鬱碓其高，梁甫廻連

傅校：碓，蔡本作「崔」。冢田虎曰：「鬱碓，茂峻貌。」庶按：「鬱碓」連文，俱言高大之義。

按：「碓」無高大之義，傅說非也。蔡本作「鬱崔」是。「鬱碓」是「鬱礁」之形誤，《天中記》卷 43 引正作「鬱礁」。「礁」俗字從「崔」作「碓」〔註 16〕，因而致誤。鬱礁，鬱鬱礁嵬也。《類聚》卷 63 引後漢・李尤《平樂觀賦》：「鬱崔嵬以離婁，赫巖巖其崟嶺。」《文選・擬古詩》：「西山何其峻，層曲鬱崔嵬。」呂延濟注：「崔嵬，高大貌。」「鬱崔」即「鬱崔嵬」之省。「崔」同「礁」。「廻連」在其他文獻未見用例，「連」與「山」合韻，疑「遭」之誤。《類聚》卷 74 梁元帝《職貢圖贊》：「交河悠遠，合浦迴遭。」

### （12）楚王使使奉金帛聘夫子

按：《御覽》卷 571 引脫一「使」字。《書鈔》卷 106 引「帛」作「幣」。

### （13）麟今出而死，吾道窮矣

傅校：原本「麟」下無「今」字，蔡本有，是，據補。

按：《公羊傳・哀公十四年》徐彥疏、《御覽》卷 571、889、《事類賦注》卷

---

〔註 15〕 王念孫《廣雅疏證》，收入徐復主編《廣雅詁林》，江蘇古籍出版社 1992 年版，第 80 頁。

〔註 16〕 敦煌寫卷 S.388《正名要錄》：「右字形雖別，音義是同：礁、碓」是其例。又「攉：揚。」「攉」即「權」。亦其比。

11、20、《樂府詩集》卷 83、《先聖大訓》卷 6 引並無「今」字，不可據蔡本補作。《公羊傳》疏引「麟出」上有「茲日」二字。

## （14）唐虞世兮麟鳳遊，今非其時來何求

傅校：來，一本作「吾」。錢熙祚曰：「『來』原作『吾』，依《御覽》卷 571、889 改。」

按：《公羊傳·哀公十四年》徐彥疏、《樂府詩集》卷 83、《事類賦注》卷 11、20 引作「來」，《兩漢筆記》卷 6、《先聖大訓》卷 6 並同。《記纂淵海》卷 4 引作「大道盛兮麟鳳游，今非其時兮來何求」，上句雖不同，亦作「來」字。

## 《雜訓》第六

## （1）子上雜所習，請于子思

傅校：雜所習請，一本作「請所習」。

按：《子思子·無憂》亦作「子上請所習於子思」，非也。四庫全書《子思子全書提要》指出：「下文子思答曰：『雜說不存焉。』此書引之，改曰『子上請所習于子思』則與子思答義全不相貫。」〔註17〕

## （2）吾嘗深有思而莫之得也，於學則寤焉

傅校：冢田虎曰：「寤與悟同。」

按：此例「寤」，方以智曰：「古寤即悟。」吳玉搢亦曰：「寤與悟同。」〔註18〕

## （3）是謂聖道事仁愛也

按：道，《御覽》卷 401 引作「通」。二字形近，義亦皆通。《說文》：「聖，通也。」《莊子·天運》：「聖也者，達於情而逐於命也。」《韓詩外傳》卷 5：「聞其末而達其本者，聖也。」「達」亦通也。聖通，言賢聖通明。此作「通」之證。《白虎通義·聖人》：「聖人者何？聖者，通也，

---

〔註17〕《子思子全書提要》，收入景印文淵閣《四庫全書》第 703 冊，臺灣商務印書館 1986 年初版，第 487 頁。

〔註18〕方以智《通雅》，收入《方以智全書》第 1 冊，上海古籍出版社 1988 年版，第 79 頁。吳玉搢《別雅》卷 4，收入景印文淵閣《四庫全書》第 222 冊，臺灣商務印書館 1986 年初版，第 718 頁。

道也，聲也。」《禮記・祭義》孔疏：「道者，於物開通之稱。」又《曲禮上》孔疏：「道者，通物之名。」此作「道」之證。

## （4）子產死，鄭人丈夫舍玦珮，婦女舍珠瑱

傳校：《初學記》卷 26、《御覽》卷 401、692 並作「大夫」。錢熙祚曰：「《初學記》卷 26『玦佩』二字倒，『瑱』作『玉』，《御覽》卷 692 亦作『玉』。」

按：《初學記》卷 26、《御覽》卷 401、《古今事文類聚》續集卷 20 引作「鄭大夫」，《御覽》卷 692 引作「鄭人大夫」。諸書引並誤，此文不誤，《類聚》卷 67 引同今本。考《說苑・貴德》：「鄭子產死，鄭人丈夫捨玦珮，婦人捨珠珥。」正與此文同。《賈子・春秋》：「鄒穆公死……婦女抶珠瑱，丈夫釋玦軒，琴瑟無音。」事亦相類，亦作「丈夫」。「丈夫」、「婦女」對舉成文也。瑱，《類聚》卷 67 引亦作「玉」。《書鈔》卷 35 引《說苑》：「子產相鄭而卒，婦人捨簪珥，丈夫弛琴瑟。」《治要》卷 42 引《新序》：「（子產已死）良人絕琴瑟，大夫解佩玦，婦人脫簪珥。」「珥」與《說苑》同，「大夫」亦誤。

## （5）巷哭三月，竽瑟不作

傳校：錢熙祚曰：「《御覽》卷 401『竽』作『琴』。」

按：《說苑・貴德》：「巷哭三月，不聞竽瑟之聲。」與此文同。《資治通鑑外紀》卷 9 作「琴瑟不御」，與《說苑》、《新序》佚文同，《賈子》亦同。

## （6）命子路將束帛贈焉

傳校：冢田虎曰：「將，用也。」

按：將，持也，取也。《家語・致思》：「顧謂子路曰：『取束帛以贈先生。』」《韓詩外傳》卷 2、《說苑・尊賢》、《子華子・孔子贈》亦作「取」。

## （7）使談者有述焉

按：述，《資治通鑑外紀》卷 10 誤作「術」。《文選・皇太子釋奠會作詩》：「王載有述。」李善引此文作「述」，《子思子・魯繆公》同。

## 《居衛》第七

### （1）而以二卵棄干城之將

傳校：干，《御覽》卷 627、641 並作「扞」。

按：《御覽》卷 272 引亦作「扞」。

### （2）衛君再拜曰：「謹受教矣。」

按：教，《御覽》卷 272 引作「詔」，又卷 627 引作「命」。《爾雅》：「詔，導也。」郭注：「詔，教導之。」《廣韻》：「命，教也。」

### （3）子思適齊

按：適，《御覽》卷 374 引作「如」。

### （4）昔堯身脩十尺，眉乃八彩

按：乃，《金樓子・立言篇下》同。「乃」當為「分」字之誤，《御覽》卷 80 引此文正作「分」字〔註19〕。

### （5）夫欲行其道，不執禮以求之，則不能入也

按：執禮，《御覽》卷 498 引作「勞」，蓋臆改。

### （6）故君子高其行，則人莫能偕也；遠其志，則人莫能及也

傳校：原本「偕」作「階」，一本作「偕」，是，據改。偕，猶及也。

按：傳說非也。《子思子・過齊》亦作「階」。階，登也，進也，引申有「達到」之義。《梁書・庾肩吾傳》：「謝故巧不可階，裴亦質不宜慕。」用法正同。

### （7）羊客問子思曰：「古之帝王，中分天下，使二公治之，謂之二伯。」

傳校：宋咸注：「羊客，不知何許人。」

按：「客」當作「容」，其人之名。《詩・旱麓》孔疏、《毛詩譜》、《論語・泰伯》邢昺疏、《吳越春秋・吳太伯傳》徐天祜注引並作「羊容」。孔疏、《毛詩譜》、邢疏引「使」作「而」。《路史》卷 32 羅苹注：「羊容云：『古之帝王，中分天下，而使二公治之，曰二伯，如周、召之分

---

〔註19〕此據景宋本，四庫本亦誤作「乃」。

陝。』」蓋即本此文，亦作「羊容」。今本「使」上脫「而」字，孔疏
等又脫「使」字。《子思子外篇・魯繆公》、《楚辭・天問》洪興祖補
注、朱子《儀禮集傳通解》卷 28 引皆誤作「羊客」。

## 《巡守》第八

### （1）圻內名山大川

傳校：圻，《淵鑑類函》卷 158 作「幾」。幾猶畿也，與圻義同。

按：圻，《御覽》卷 537 引作「畿」。

## 《公儀》第九

### （1）魯人有公儀僭者

傳校：宋咸注：「數本皆作潛。」僭，《淵鑑類函》卷 268 作「潛」。錢熙祚
曰：「《初學記》卷 17、《御覽》卷 402 並作『潛』。」

按：晉・皇甫謐《高士傳》卷中亦作「潛」。

### （2）穆公因子思欲以為相

按：《高士傳》卷中「子思」下有「而致命」三字。

### （3）納用其謀

傳校：謀，馮本、《御覽》卷 402 並作「言」。

按：《高士傳》卷中、《子思子・胡毋豹》、《資治通鑑外紀》卷 10 作「謀」，
宋・孫逢吉《職官分紀》卷 32 引作「議」。

### （4）雖蔬食水飲，伋亦願在下風

傳校：水飲，《御覽》卷 402 作「飲水」。

按：《高士傳》卷中、《子思子・胡毋豹》作「飲水」。《資治通鑑外紀》卷
10 作「水飲」。

### （5）今徒以高官厚祿，釣餌君子，無信用之意

傳校：用，《御覽》卷 402、《淵鑑類函》卷 268 並作「人」。

按：《資治通鑑外紀》卷 10 同此文，《高士傳》卷中作「如以高官厚祿為釣

餌，而無信用之心」。

## （6）不然，則彼將終身不躡乎君之庭矣

按：躡，《高士傳》卷中作「蹢」，《子思子・胡毋豹》作「躐」。躐亦躡也。

## （7）且臣不佞，又不任為君操竿下釣，以傷守節之士也

傅校：傷，一本作「蕩」，一本作「薄」。錢熙祚曰：「《御覽》『蕩』作『傷』。」冢田虎曰：「蕩，搖動之也。」

按：任，讀為能，《高士傳》卷中正作「能」。「傷」字是，《職官分紀》卷32引作「傷」，《高士傳》、《子思子・胡毋豹》、《資治通鑑外紀》卷10亦作「傷」。「蕩」為「傷」之譌，「薄」又「蕩」之譌。冢田說非也。

## （8）逆臣制國，弗能以其身死而逃之

傅校：原本「身」作「眾」，一本作「身」，是，據改。

按：《子思子・胡毋豹》作「眾」。以其眾死，謂率其眾而死事君也。

## （9）或獻樽酒束脩，子思弗為當也

傅校：子思弗為當也，錢熙祚曰：「《藝文》卷85、《御覽》卷840並作『子思曰為費而無當也』。」

按：樽，《書鈔》卷145引作「尊」，《御覽》卷426、478引作「罇」，古今字耳。子思弗為當也，《書鈔》卷145、《御覽》卷478、《子思子・無憂》引同，《御覽》卷426引作「子思弗當也」，《古今合璧事類備要》別集卷57、《韻府群玉》卷12引《家語》作「子思曰為費而不當也」。當，讀為嘗。後人不達通假，習於「費而不當」之成語，改「弗」為「費」，又倒其文以求通。

## （10）夫所以受粟，為周乏也

傅校：周乏，一本、《藝文》卷85並作「周之」，《御覽》卷426作「賙之」。

按：《古今合璧事類備要》別集卷57引「為」作「焉」，「乏」作「之」，並誤。

## 《抗志》第十

### （1）與屈己以富貴，不若抗志以貧賤

傅校：「富貴」疑為「伸道」之訛。

按：《記纂淵海》卷49、53引並作「富貴」，《子思子・過齊》、《資治通鑑外紀》卷10同。

### （2）衛人釣於河，得鰥魚焉

傅校：錢熙祚曰：「《初學記》卷22『鰥』作『鯛』，《御覽》卷834作『鰥』，注云：『一作鯛魚。』」冢田虎曰：「鰥，大魚也。」庶按：「鰥」、「鰥」為異體字。

按：《詩・敝笱》孔疏、《御覽》卷940、《事類賦注》卷29、《海錄碎事》卷12引作「鰥」，《子思子・過齊》同；《御覽》卷492引作「鰥」，《記纂淵海》卷84、《古今事文類聚》前集卷37、《古今合璧事類備要》前集卷52、《韻府群玉》卷1、4引作「鮦」。鮦亦大魚。「鯛」即「鮦」之誤。

### （3）鰥雖難得，貪以死餌；士雖懷道，貪以死祿矣

按：《詩・敝笱》孔疏引作「魚貪餌以死，士貪祿以亡」，《御覽》卷940、《事類賦注》卷29引作「鰥貪以餌死，士貪以祿死」，《海錄碎事》卷12引作「魚貪以餌死，士貪以祿死」。

### （4）縣子曰：「請問之。」

傅校：問，一本、《子思子・喪服》作「聞」。問、聞古通用。

按：《書鈔》卷93、《御覽》卷547引作「問」。下文「申詳曰：請聞之」，文例同。

### （5）臣而去國，君不掃其宗廟，則為之服

傅校：掃，一本作「埽」。姜曰：「埽，猶滅也。」錢熙祚曰：「《書鈔》卷93『掃』作『移』。《御覽》卷547『則』下有『不』字。」「則」下，一本、《子思子・喪服》並有「不」字。庶按：四庫全書本《書鈔》卷93作「臣而出國，君不掃其宗廟」，疑錢氏失檢。葉氏藏本等「則」下之「不」字，

皆爲曲解上文「掃」字而誤增，非。

按：掃，掃除。姜說失之。「則」下當有「不」字，傅氏未得「掃」字之
義，以不誤爲誤。考《禮記・檀弓下》：「大夫去，君掃其宗廟，言其
以道去君而猶未絕也。」《穀梁傳・成公十六年》：「禮，大夫去君，
掃其宗廟，不絕其祀。」《通典》卷 90：「周制，大夫爲舊君大夫，去，
君掃其宗廟，故服齊縗三月，言與人同也。」君掃其宗廟，則當爲之
服。此文言君不掃其宗廟，則不爲之服也。孔廣陶校注本《書鈔》作
「移」，傅氏僅據所見本，遽謂「錢氏失檢」，此書所在多有，於此出
之，餘不一一指摘，以免辭費。《書鈔》「掃」作「移」，故「則」下
無「不」字。《御覽》卷 547 引「去」亦作「出」，《玉篇》：「出，去
也。」

### （6）事是而臧之，猶却眾謀，況和非以長乎

按：和，《御覽》卷 620 引誤作「知」。

### （7）若此不已，國無類矣

傅校：宋咸注：「言國當亡，無噍類矣。」冢田虎曰：「類謂世類也。無類，
言將滅絕也。」庶按：「噍類」謂善人。《爾雅》：「類，善也。」下文「君
臣既自賢矣，而群下同聲賢之……如此則善安從生」，亦證此「類」當謂「善」
也。

按：宋咸、冢田說是，傅說大誤，下文與此無涉。《漢書・周勃傳》：「今已
滅諸呂，少帝即長用事，吾屬無類矣。」顏注：「云被誅滅，無遺種。」
又《竇嬰傳》：「有如兩宮奭將軍，則妻子無類矣。」顏注：「言被誅戮，
無遺類也。」宋咸注「無噍類」者，《漢書・高帝紀》：「嘗攻襄城，襄
城無噍類，所過無不殘滅。」如淳曰：「無復有活而噍食者也，青州俗
呼無子遺爲無噍類。」「噍」同「嚼」。

### （8）希旨容媚

傅校：冢田虎曰：「希旨，冀合于君之意旨也。」

按：冢田說非也。《後漢書・吳良傳》：「不希旨偶俗以徼時譽。」李賢注：
「希猶瞻望也。」《漢書・外戚傳》：「各隨指阿從，以求容媚。」可

移以釋此文。

## （9）口順而心不懌者，臨其事必疣

傳校：宋咸注：「言口雖順而心不悅者，於事必有所疣病而不從。」錢熙
祚曰：「『臨』下原有『其』字，依《御覽》刪。又《御覽》『疣』作『龐』。」

按：《御覽》卷 624 引「疣」作「瘙」，錢氏失檢。疑「瘙」字是，讀爲𠿒，
雜亂也。字或作懞、懜、懵，《玉篇》：「懞，懞心也。」《集韻》：「懜、
懵、懞，《廣雅》：『闇也。』一曰心亂。或從夢、從蒙。」字或作恅，《集
韻》：「恅，恅懞，惛也。」又「恅，恅戀，愚也。」今言糊塗。宋注「疣
病」，是所見本已誤作「疣」也。

## （10）徒好飾弄辭說

傳校：弄，一本作「美」。

按：「弄」俗作「㺯」，古書「廾」與「大」易訛〔註20〕，因訛爲「美」。《子
思子·胡毋豹》亦作「弄」。《抱朴子·應嘲》：「徒飾弄華藻。」

## （11）顧有可以報君者，唯達賢爾

傳校：達，冢田虎本作「進」。

按：四庫本亦作「進」。「達」字不誤。《御覽》卷 402 引作「達」，《子思子·
任賢》同。達賢，謂薦達賢人。《漢紀》卷 18：「舉能達賢。」

## （12）衛君乃盧胡大笑

傳校：盧胡，一本、《子思子·任賢》並作「胡盧」。「盧胡」猶「胡盧」，
謂侯間之笑。《後漢書·應劭傳》：「夫覩之者掩口盧胡而笑。」

按：《後漢書》李賢注引《闕子》：「客見之，俛而掩口，盧胡而笑曰：『此
燕石也，與瓦甓不殊。』」「盧胡」、「胡盧」，指笑聲。敦煌寫卷 P.2564
《䚷䡵新婦文》：「嗔似水牛料鬥，笑似轆轤作聲。」「笑似轆轤作聲」
即「盧胡而笑」之注腳，指笑聲似轆轤轉動時發出的聲音也，擬其音
則爲「嘎嘎嘎嘎」。方以智曰：「盧胡，笑在喉間聲也。按：胡，喉也。

〔註20〕 參見曾良《俗字及古籍文字通例研究》，百花洲文藝出版社 2006 年版，第 84
～85 頁。

『盧胡』正狀其掩口之聲。又曰掩口，則笑不出聲，非哄然大笑矣。」
〔註21〕郝懿行曰：「蓋胡盧笑在喉間聲，今時俗語猶謂咽喉作聲曰胡
盧也。胡盧疑即胡嚨字，聲轉爲胡盧耳。胡嚨又即喉嚨字，古人讀喉
爲胡也。」〔註22〕二氏謂「胡盧」即胡嚨，非也。胡文英曰：「胡盧，
笑不出口聲。今人意欲大笑而強忍之者則胡盧然聲也。」〔註23〕胡氏
謂指聲，是也。「胡盧」與「葫蘆」同源，並「果贏」之轉語耳〔註24〕。

（13）故明于死生之分，通于利害之變，雖以天下易其脛毛，無所槩于
志矣

按：《淮南子・俶眞篇》：「雖以天下之大，易骭之一毛，無所槩於志也」又
《精神篇》：「勢位爵祿何足以槩志。」又《詮言篇》：「故利不動心，名
利充天下，不足以概志。」並可參證。

（14）是以與聖人居，使窮士忘其貧賤，使王公簡其富貴，君無然也

按：然，猶能也〔註25〕。上文「君弗能焉」是其誼。

（15）夫水之性清，而土壞汨之；人之性安，而嗜欲亂之

傅校：宋咸注：「汨，亂也。」《淮南子・俶眞篇》：「水之性眞清而土汨之，
人性安靜而嗜欲亂之。」

按：汨，讀爲淈。《說文》：「淈，濁也。」字或作抇，《呂氏春秋・本生》：
「夫水之性清，土者抇之，故不得清。」高注：「抇，讀曰骨，濁也。」
又「人之性壽，物者抇之，故不得壽。」高注：「抇，亂也。」《亢倉
子・全道》二「抇」字並作「滑」。字或作骨、滑、搰、㥶、猾〔註26〕。
《淮南子・齊俗篇》：「河水欲清，沙石濊之；人性欲平，嗜欲害之。」

〔註21〕方以智《通雅》卷4，收入《方以智全書》第1冊，上海古籍出版社1988年
版，第202頁。
〔註22〕郝懿行《證俗文》卷6，影印清光緒十年東路廳署刻本，收入《續修四庫全書》
第192冊，上海古籍出版社2002年版，第496頁。
〔註23〕胡文英《吳下方言考》卷3，乾隆四十八年留芝堂刻本，收入《續修四庫全書》
第195冊，上海古籍出版社2002年版，第24頁。
〔註24〕參見蕭旭《「果贏」轉語補記》。
〔註25〕參見王叔岷《古籍虛字廣義》，中華書局2007年版，第335頁。蕭旭《古書
虛詞旁釋》有補充，廣陵書社2007年版，第261頁。
〔註26〕參見蕭旭《淮南子校補》，花木蘭文化出版社2014年版，第474～475頁。

《文子・道原》：「水之性欲清，沙石穢之；人之性欲平，嗜欲害之。」
亦可參證。

### （16）今以一人之身，憂世之不治，而泣涕不禁，是憂河水之濁而以泣清之也

按：《類聚》卷 35、《御覽》卷 387 引《尸子》同，《子思子・無憂》亦同。
《淮南子・詮言篇》：「以數雜之壽，憂天下之亂，猶憂河水之少泣而益
之也。」《文子・符言》：「以數筭（集）之壽，憂天下之亂，猶憂河水
之涸泣而益之也。」

### （17）文王葬枯骨而天下稱義，商紂斬朝涉而天下稱暴

傳校：原本「稱義」作「知仁」，一本作「稱義」，是，據改。下文「義者，
不必徧利天下也；暴者，不必盡虐海內也」，亦「義」、「暴」對言，乃其
證。斬，一本、《子思子・魯繆公》並作「斷」。

按：枯，《子思子・魯繆公》作「朽」。「知仁」不誤，《子思子・魯繆公》
同。《後漢書・寇榮傳》：「昔文王葬枯骨，公劉敦行葦，世稱其仁。」
《抱朴子・博喻》：「能治骨枯之仁者，不必西鄰之昌。」《通鑑》卷
200：「文王葬枯骨，仁也。」《素履子・履仁》：「文王葬枯骨，至仁
之惠也。」《魏書・高宗紀》：「昔姬文葬枯骨，天下歸仁。」皆「仁」
字不誤之證。下文「義者」云云，未必與此相應。《說文》：「斬，斬
也。」《御覽》卷 375 引《帝王世紀》：「紂斬朝涉之脛而觀其髓。」
亦作「斬」。是此文本作「斬」，後人以諸書改作「斷」也。

### （18）義者，不必徧利天下也；暴者，不必盡虐海內也

按：《淮南子・主術篇》：「故義者，非能徧利天下之民也，利一人而天下從
風；暴者，非盡害海內之眾也，害一人而天下離叛。」

### （19）遷戮不辜

按：戮，《子思子・魯繆公》作「怒」。「戮」字是，與上文相應。

### （20）衣食已優，意氣已定

傳校：定，錢熙祚曰：「《御覽》『足』。」

按：《御覽》見卷 477 引。「足」為「定」字形譌，《子思子・胡毋豹》亦誤

作「足」。下文「無行志」，即意氣定之誼。指定其心安居于衛，不遷移也。冢田虎解云：「言若得行志，而有功于衛國，乃宜受車馬。」未得厥誼。《管子・心術下》：「是故意氣定，然後反正。」

### （21）今重違公子之盛旨

按：旨，《御覽》卷 477 引作「指」，並讀爲恉，意也。

### （22）魯君曰：「天下之王，亦猶寡人也，去將安之？」

　　傅校：王，一本作「主」。錢熙祚曰：「原作『王』，依《子思子》改。」
　　庶按：四庫全書本《子思子・過齊篇》作「王」，錢氏或失檢。

按：「主」字是，《呂氏春秋・審應》：「天下主，亦猶寡人也，將焉之？」此其明證也。此文《子思子》二見，一見《過齊篇》，誤作「王」；一見《胡毋豹篇》，作「主」不誤。錢氏或據後者。傅氏失檢。

### （23）蓋聞君子猶鳥也，疑之則舉

　　傅校：鳥，一本作「鳳」，一本、《子思子・過齊篇》作「鳥」。《楚辭・抽思》洪興祖《補注》：「君子猶鳥也，疑之則舉矣。」庶按：疑作「鳳」是，喻高潔之舉。

按：傅說非也。「鳥」字是，《呂氏春秋・審應》：「蓋聞君子猶鳥也，駭則舉。」《子思子・胡毋豹》同。此其明證也。高誘注：「駭，擾也。」「疑」當作「駭」，「礙」一作「硋」，是其比。下文「今君既疑矣」，亦同，謂今君既已驚駭我矣。舉，猶飛也。

### （24）臣切為言之過也

按：過，《子思子・過齊》作「迂」。

### （26）老萊子曰：「子不見夫齒乎？雖堅剛，卒盡相摩；舌柔順，終以不弊。」

　　傅校：雖，一本作「齒」。冢田虎曰：「卒亦終也。磨猶毀損也。」《戰國策・楚策四》：「公不聞老萊子之教孔子事君乎？示之其齒之堅也，六十而盡相靡也。」

按：《子思子・過齊》「雖」作「齒」，餘同。《困學紀聞》卷 10 引此文「弊」

作「敝」，餘同。《記纂淵海》卷 55 引此文下句作「舌柔軟，終以不敝」，宋・孔平仲《珩璜新論》引《子思子》作「雖堅固，卒以相磨；舌柔順，終以不敝」，《能改齋漫錄》卷 14 引《子思子》作「雖堅固，足以相靡；舌柔順，終以不敝」。雖，讀爲惟。一本作「齒」者，不得其讀而妄改之也。宋人所見《子思子》，皆作「雖」字；今本作「齒」，亦後人所改也。。「弊」同「敝」。姚宏校《策》曰：「一本『齒』下有『曰齒』二字。」鮑彪曰：「『靡』、『摩』同，研也。」《策》文「六十」即「卒」字之誤分，《漫錄》引作「足」，又「卒」字之誤也。

## 《公孫龍》第十二

### （1）此人小辨而毀太道

按：辨，讀爲辯，《類聚》卷 92、《事類賦注》卷 21、《記纂淵海》卷 68 引作「辯」。

### （2）子高曰：「大道之悖，天下之交往也。」

傅校：宋咸注：「言既悖大道，則天下當同往而正之。」交往，一本作「校枉」，一本作「交枉」。姜本作「校」，注曰：「校，爭也。」譚戒甫本作「校往」，其案語曰：「《子彙》本作『交往』，崇文本作『校枉』，兩皆有誤。此即承上『往正』之義，猶言大道之悖，天下之校正之者自然趨往也。」

按：宋注是也。「交往」不誤。交，猶俱也、同也。「交往」下承上文「子盍往正諸」省「正之」二字。

### （3）僕居魯，遂聞下風，而高先生之行也

按：《公孫龍子・跡府》作「臣居魯，側聞下風，高先生之智，說先生之行」。疑此文脫「智說先生之」五字，下文「穿之所說於公孫子，高其智，悅其行也」，亦其證。《玉篇》：「遂，久也。」本書《陳士義篇》：「寡君久聞下風，願委國先生。」

### （4）誠去白馬非馬之學，則穿請爲弟子

按：《公孫龍子・跡府》作「請去此術，則穿請爲弟子」。誠，讀爲請。《戰國策・趙策三》：「王曰：『誠聽子割矣，子能必來年秦之不復攻我乎？』」

《史記・虞卿傳》、《新序・善謀》「誠」作「請」。《吳越春秋・夫差內傳》：「員誠前死。」又《勾踐伐吳外傳》：「誠聞於戰，何以爲可？」二例《國語・吳語》「誠」並作「請」。《吳越春秋・夫差內傳》：「臣誠東見越王。」《史記・仲尼弟子傳》、《越絕書・越絕內傳陳成恒》「誠」作「請」。《說苑・辨物篇》：「晏子曰：『君誠避宮殿暴露，與靈山河伯共憂，其幸而雨乎！』」《晏子春秋・諫上》同。《越絕書・越絕外傳記》：「公孫聖令寡人得邦，誠世世相事。」《吳越春秋・吳王壽夢傳》：「今欲授國於札，臣誠耕於野。」三例誠亦讀爲請〔註27〕。

### （5）龍之學，正以白馬非白馬者也

按：正，《公孫龍子・跡府》作「乃」。

### （6）今使龍去之，則龍無以教矣

按：今，《公孫龍子・跡府》同，《類聚》卷 92、《御覽》卷 896、《事類賦注》卷 21 引作「若」。今，猶若也〔註28〕。

### （7）且夫學於龍者，以智與學不逮也

按：逮，《公孫龍子・跡府》二見，一同，一作「如」。

### （8）龍聞楚王張繁弱之弓，載忘歸之矢，以射蛟兕於雲夢之囿

按：囿，《公孫龍子・跡府》作「圃」。「圃」爲菜園，非其誼也，當爲「囿」字形誤，校《公孫龍子》諸家皆未及〔註29〕。《列女傳》卷 5：「遂登附社之臺，以望雲夢之囿。」〔註30〕

---

〔註27〕 參見蕭旭《說苑校補》、《越絕書校補》，並收入《群書校補》，廣陵書社 2011 年版，第 553、582 頁。

〔註28〕 參見王引之《經傳釋詞》，嶽麓書社 1984 年版，第 98 頁。裴學海《古書虛字集釋》有補證，中華書局 1954 年版，第 348 頁。

〔註29〕 宋・謝希深《公孫龍子注》，辛從益《公孫龍子注》，上二種並收入《叢書集成新編》第 20 冊，新文豐出版公司 1985 年印行。俞樾《讀〈公孫龍子〉》，收入《春在堂全書》，《俞樓雜纂》卷 22，光緒九年刻本。王啓湘（時潤）《公孫龍子校詮》，收入《周秦名家三子校詮》，古籍出版社 1957 年出版。王琯《公孫龍子懸解》，中華書局 1992 年版。錢基博《公孫龍子校讀記》，收入《名家五種校讀記》，廣文書局 1970 年版。伍非百《公孫龍子發微》，收入《中國古名家言》，中國社會科學出版社 1983 年版。

〔註30〕 社，《渚宮舊事》卷 2 同，《類聚》卷 28、《御覽》卷 468 引作「莊」，未知孰

（9）王曰：「止也！楚人遺弓，楚人得之，又何求乎？」

　　按：上「楚人」，《說苑・至公》同，《類聚》卷 60、《御覽》卷 347 引《家語》亦同，《公孫龍子・跡府》、《家語・好生》作「楚王」。作「人」字是〔註31〕。

（10）先生好儒術，而非仲尼之所取也

　　按：好，《公孫龍子・跡府》作「脩」。

（11）王曰：「夫士也見侮而不鬬，是辱也。」

　　按：夫，《公孫龍子・跡府》作「鉅」。鉅，讀爲詎〔註32〕。「詎士也」三字爲句，表反問，言非士也。

（12）雖見侮而不鬬，是未失所以為士也

　　按：雖，《呂氏春秋・正名》同，《公孫龍子・跡府》作「唯」。唯，讀爲雖〔註33〕。

（13）言非而博，巧而不理，此固吾所不答也

　　　　傅校：博，《指海》本作「悖」。

　　按：「博」字是。《論衡・定賢》：「言非而博，順非而澤。」

（14）理之至精者，則自明之，豈任穿之退哉

　　　　傅校：任，一本作「在」。

　　按：「在」字是。在猶言取決於。

（15）公孫龍又與子高汜論於平原君所

　　　　傅校：冢田虎曰：「『汜』當作『討』。」

　　按：「汜論」自通，冢田說無據。《呂氏春秋・淫辭》作「相與論」。

---

　　是。

〔註31〕參見王琯《公孫龍子懸解》，中華書局 1992 年版，第 35 頁。又參見伍非百《公孫龍子發微》，收入《中國古名家言》，中國社會科學出版社 1983 年版，第 508頁。

〔註32〕參見孫詒讓《札迻》，中華書局 1989 年版，第 181 頁。

〔註33〕參見俞樾《讀〈公孫龍子〉》，收入《春在堂全書》，《俞樓雜纂》卷 22，光緒九年刻本。

## 《儒服》第十三

### （1）子高曳長裾，振褒袖

傅校：曳，一本作「衣」。

按：「曳」字是。「曳長裾」爲二漢人習語。《漢書・鄒陽傳》：「則何王之門，不可曳長裾乎？」《後漢書・仇覽傳》：「今日太學曳長裾，飛名譽，皆主簿後耳。」

### （2）子高遊趙，平原君客有鄒文、季節者，與子高相友善

傅校：「與」下，一本無「子高」二字。錢熙祚曰：「《御覽》卷 409、489『相』下並有『友』字。」庶按：有「友」字與宋本等合，是。「與」下無「子高」二字於義爲長。

按：季節，《詩林廣記》卷 9、《天中記》卷 20 引同，《類聚》卷 29、《御覽》卷 369、489、《古今事文類聚》別集卷 25、《古今合璧事類備要》續集卷 46、《記纂淵海》卷 48、83、《漁隱叢話》後集卷 18、《韻府群玉》卷 20 引作「李節」，《初學記》卷 18、《御覽》卷 409 引脫「李」字，「節」字尚存。「季」當爲「李」之誤。「與」下「子高」二字，《初學記》卷 18、《御覽》卷 409、《漁隱叢話》後集卷 18、《詩林廣記》卷 9 引有，《類聚》卷 29、《御覽》卷 489、《古今事文類聚》別集卷 25、《古今合璧事類備要》續集卷 46、《記纂淵海》卷 48、83 引無。「子高」二字可承上省，無所謂於義長不長也。

### （3）及將還魯，諸故人訣既畢，文、節送行三宿

傅校：「魯」下，《說郛》本有「與」字。諸，一本作「詣」。

按：《類聚》卷 29、《初學記》卷 18、《御覽》卷 409、489、《古今事文類聚》別集卷 25、《古今合璧事類備要》續集卷 46、《記纂淵海》卷 48 引並同宋本。《說郛》本衍「與」字，「詣」當作「諸」。諸故人，猶言各位舊友。句言諸故人與子高訣別既了，其中獨文、節二人送行三宿也。《初學記》卷 18 引脫「送」字。

### （4）臨別，文節流涕交頤，子高徒抗手而已

傅校：抗手，《御覽》卷 369 引作「撫」。

按：頤，諸書引同，惟《初學記》卷 18、《御覽》卷 369「頸項」下引作「頸」。抗，《御覽》卷 489、《古今事文類聚》別集卷 25、《古今合璧事類備要》續集卷 46 引作「握」。「抗手」是，下文「高揖」是其誼也。

（5）斯二子，良人也，有不忍之心，其於敢斷，必不足矣

　　傅校：敢，一本作「取」。錢熙祚曰：「《御覽》卷 489 無『取』字。」

按：「敢」字是。《漁隱叢話》後集卷 18、《詩林廣記》卷 9、《天中記》卷 20 引作「敢」。「敢斷」爲秦漢習語。《大戴禮記・保傅》：「誠立而敢斷，輔善而相義者，謂之充。」《風俗通義・怪神》：「夫建功立事在敢斷。」

（6）大奸之人，以泣自信；婦人懦夫，以泣著愛

　　傅校：自，冢田虎本作「見」，曰：「見，示也。」庶按：「自」疑爲「見」之訛。

按：《御覽》卷 488、《記纂淵海》卷 46、《漁隱叢話》後集卷 18、《詩林廣記》卷 9、《天中記》卷 20 引皆作「自」。大奸之人無自信，故以泣自信也。

（7）昔有遺諺：「堯舜千鍾，孔子百觚，子路嗑嗑，尚飲十榼。」

　　傅校：冢田虎曰：「嗑嗑，蓋少飲貌，字書以爲多言貌，然不協於此。」庶按：「子路」疑爲「子貢」之訛。「嗑嗑」謂多言，史載子路好勇，子貢善辯。

按：嗑嗑，《初學記》卷 26、《書鈔》卷 148、《白帖》卷 15、《御覽》卷 496、761、845、《事類賦注》卷 17、《海錄碎事》卷 6、《古今事文類聚》續集卷 15、《通鑑》卷 80 胡三省註、《韻府群玉》卷 3、20 引同，《類聚》卷 25、《御覽》卷 466 引作「溘溘」。胡文英曰：「《孔叢子》：『子路嗑嗑，尚飲十榼。』案：嗑嗑，醉欲睡貌。吳中謂欲睡曰嗑嗑。」〔註34〕字或作「磕磕」，《西遊記》第 23 回：「磕磕撞撞。」俗字或從足作「蹹」，形容走路東倒西歪，故爲醉酒貌，又爲欲睡貌。欲睡貌

〔註34〕胡文英《吳下方言考》卷 12，收入《續修四庫全書》第 195 冊，上海古籍出版社 2002 年版，第 102 頁。

專字從目作「瞇」，《玉篇》：「瞇，眼瞇。」《集韻》：「瞇，欲睡兒。」今吳語尙謂跌跌撞撞爲磕磕巴巴、磕磕跘跘，引申爲勉勉强强義。此文言子路酒量雖不及堯、舜、孔子，但磕磕巴巴，亦能飲十榼也。諸書引「子路」並同，《類聚》卷 72 引作「子路尙飲百榼」，雖脫「嗑嗑」二字，亦作「子路」。子路好勇，故舉爲善飲者。冢田解「嗑嗑」爲少飲貌，得之矣。傅氏不達，牽於其常義「多言貌」，至欲改「子路」爲「子貢」，失之遠矣。榼，《御覽》卷 466 引作「榼」，字同。

### （8）賢聖以道德兼人，未聞以飲食也

傅校：兼，《御覽》卷 466 引作「爲」。

按：兼，《書鈔》卷 148、《初學記》卷 26、《御覽》卷 761、845、《古今事文類聚》續集卷 15、《天中記》卷 44 引同，《類聚》卷 25、《書敍指南》卷 9、《後山詩》任淵注引作「燕」。「燕」、「爲」即「兼」字形譌。「兼」字古寫作「𤓟」、「𤓰」、「𤓟」等形〔註35〕，因譌作「燕」、「爲」二字。《書敍指南》解云：「辭飲燕曰以道德燕人。」兼人，猶言勝人。《論語・先進》：「由也兼人，故退之。」鄭注：「言子路務在勝尙人。」

### （9）蓋其勸厲獎戲之辭，非實然也

按：勸厲獎戲，《書鈔》卷 148 引作「勸厲」，《初學記》卷 26、《古今事文類聚》續集卷 15 引作「勸勵」，《類聚》卷 25、《書敍指南》卷 9 引作「勸勵探戲」，《御覽》卷 466 引作「勸勵采戲」。厲，讀爲勵。「獎」、「采」爲「探」之譌。《書敍指南》解云：「勸酒虛語曰勸勵探戲之辭。」

### （10）南遊過乎阿谷，而交辭於漂女

傅校：過，一本作「遇」。

按：「過」字是。《列女傳》卷 6：「孔子南遊，過阿谷之隧，見處子佩瑱而浣。」正作「過」。《韓詩外傳》卷 1：「孔子南遊適楚，至於阿谷之隧，有處子佩瑱而浣者。」《御覽》卷 158 引《家語》：「孔子南遊於楚，至阿谷之隧。」「至」義亦相會。交辭，猶今言搭話。

〔註35〕參見黃征《敦煌俗字典》，上海教育出版社 2005 年版，第 185 頁。

（11）攝駕而去

　　　　傅校：宋咸注：「攝，取也。」

　按：宋說非也。攝，整也。

（12）夫木之性，以檃括自直

　　　　傅校：性，猶言生也。

　按：「性」讀如字。

## 《對魏王》第十四

（1）大臣則必取眾人之選，能犯顏諫爭，公正無私者

　　　傅校：原本「爭」作「事」，一本作「爭」，是，據改。

　按：《御覽》卷 621 引作「爭」。

（2）許陳事成，主裁其賞；事敗，臣執其咎

　　　傅校：許，一本作「計」。此「許」字不誤，許猶所也。

　按：《御覽》卷 621 引作「陳計事成」。此文當作「陳計」，猶言獻計。《論勢篇》：「陳大計輒不用。」即此文當作「計」字之確證。「陳計」二字爲句，「事成」、「事敗」相對舉。

（3）君總其契，臣行其義

　　　傅校：契，一本作「美」。

　按：《御覽》卷 621 引作「契」〔註36〕。「契」爲「美」形訛。

（4）故動無過計，舉無敗事

　按：《大戴禮記・保傅》：「是以慮無失計，而舉無過事。」〔註 37〕《韓詩外傳》卷 8：「是以慮無失策，舉無敗功矣。」《淮南子・主術篇》：「是故慮無失策，謀無過事。」〔註 38〕《文子・自然》：「謀無失策，舉無過事。」《後漢書・申屠剛傳》：「故慮無遺策，舉無過事。」又《桓郁傳》：「是以慮無遺計，舉無過事。」又《胡廣傳》：「是以慮無失策，

〔註 36〕 此據景宋本，四庫本作「美」。
〔註 37〕 《賈子・保傅》同。
〔註 38〕 《治要》卷 41 引「謀」作「舉」。

舉無過事。」《三國志・鍾會傳》：「謀無遺策，舉無廢功。」此蓋當時成語也。舉，亦謀慮也。《呂氏春秋・異寶》：「其主，俗主也，不足與舉。」高誘注：「舉，猶謀也。」

（5）穆容貌陋，民不敬

傅校：「貌」下，《淵鑑類函》卷 255 有「醜」字。

按：《御覽》卷 382、632 引無「醜」字。

（6）今天下悠悠，士亡定處，有德則住，無德則去

按：住，《御覽》卷 645 引作「往」。

（7）且臣所稱，稱其材也

傅校：材，《淵鑑類函》卷 255 作「能」。錢熙祚曰：「《御覽》『材』作『能』。」

按：《御覽》卷 382 引作「且臣所稱，其能也」，又卷 632 引作「且臣所稱，其才也」〔註39〕。此文衍一「稱」字。

（8）面狀醜惡

傅校：狀，一本作「貌」。原本「惡」上無「醜」字，一本有。錢熙祚曰：「原脫『醜』字，依《御覽》補。」錢說是，據補。

按：《御覽》卷 382、632 引並作「面狀醜惡」〔註40〕。

（9）非但體陋，辭氣又吶吶

按：吶吶，《御覽》卷 632 引作「訥」，字同。

## 《陳士義》第十五

（1）若王信能用吾道，吾道故為治世也

按：信能用，《通鑑》卷 5 作「能信用」。故，四庫本作「固」，《通鑑》同。

（2）若徒欲制服吾身

按：治，《通鑑》卷 5 作「制」。

---

〔註39〕此據景宋本，四庫本卷 632 引「且」誤作「日」。
〔註40〕此據景宋本，四庫本引並作「面貌醜惡」。

（3）如肯降節，豈惟魏國君臣是賴，其亦社稷之神祇實永受慶

按：是，猶將也。此句「魏國君臣」作主語，動詞「賴」下省賓語「之」
〔註41〕。

（4）群臣竟讓得

按：竟，四庫本作「競」，是。

（5）秦王得西戎利刀，以之割玉，如割木焉

傅校：二「割」，一本作「切」。

按：《書鈔》卷 123、《類聚》卷 60、83、《御覽》卷 346、《玉海》卷 151 引
並作「割」。西戎此利刀，由西戎昆吾（錕鋙、錕鋘）山出產的金屬所
作也。下文云：「周穆王大征西戎，西戎獻錕鋙之劍，火浣之布，其劍
長尺有咫，鍊鋼赤刃，用之切玉，如切泥焉。」〔註42〕劍、刀一例。《書
鈔》卷 123 引《十洲記》：「周穆王時，西戎所獻昆吾刀，切玉如切泥。」
古書或省稱爲「吳刀」，「吳」爲「鋘」省，非吳地所產也。《廣韻》：「鋘，
錕鋘山出金，色赤如火，作刀，可切玉。」《集韻》：「鋘、鋙：錕鋙山
名，出金，可作刀，以切玉。或从吾。」《呂氏春秋・行論》：「於是殛
之於羽山，副之以吳刀。」《山海經・海內經》郭注引《歸藏》：「鯀死，
三歲不腐，剖（副）之以吳刀，化爲黃龍。」《初學記》卷 22 引《歸藏》：
「大副之吳刀，是用出禹。」《玉海》卷 151 引《歸藏》：「大副之吳刀，
是用出焉。」《路史》卷 22 注引《歸藏・啓筮》：「殛死，三歲不腐，副
之以吳刀，是用出啓。」「剖」即「副」形譌，《說文》作「疈」，今言
劈也。

（6）《周書》：「火浣布，垢必投諸火。」

按：《列子・湯問篇》：「火浣之布，浣之必投於火。」張湛注：「此《周書》
所云。」「垢」當作「浣」。

（7）子欲速富，當畜五牸

按：牸，《文選・過秦論》、《博弈論》、《辨命論》李善注三引並同，《水經

〔註41〕此類句型，參見蕭旭《上古漢語「N 是 V」結構再研究》，收入《群書校補》
附錄，廣陵書社 2011 年版，第 1426～1434 頁。
〔註42〕《列子・湯問》同。

注・涑水》、《初學記》卷 29 引亦同，《史記・貨殖傳》《集解》、《文選・答東阿王書》李注、《御覽》卷 472、《太平寰宇記》卷 46 引作「牸」。「牸」、「特」皆指母牛，故下文云「其滋息不可計」。二字形近，字書不載「特」，疑即「牸」形譌，而音亦隨變。

## （8）於是乃適河東，大畜牛羊於猗氏之南

傅校：原本「河東」作「西河」，《淵鑑類函》卷 286 作「河東」。《法言・學行篇》汪榮寶《義疏》：「按《孔叢》文，『西河』當作『河東』，《漢書・地理志》河東郡有猗氏。《文選・過秦論》李注引《孔叢》正作『乃適河東』。」

按：適，《御覽》卷 472 引脫誤作「商」。西河，《水經注・涑水》、《史記・貨殖傳》《集解》、《初學記》卷 29、《御覽》卷 472、《太平寰宇記》卷 46、《古今事文類聚》後集卷 39 引並同，《冊府元龜》卷 812、《資治通鑑外紀》卷 10、《輿地廣記》卷 10 同；《文選・博弈論》、《辨命論》李注二引作「河東」。作「西河」是，猗氏屬河東郡，其人蓋異地買牛也。《文選・答東阿王書》李注引作「乃適河」，脫一字。

## （9）十年之間，其滋息不可計，貲擬王公

傅校：滋息不可計，《淵鑑類函》卷 435 作「子息萬計」。錢熙祚曰：「《初學記》卷 29 作『子息萬計』。」

按：滋，《文選》李注四引並同，《古今事文類聚》後集卷 39 引作「子」，《御覽》卷 472 引作「孳」。三字古通，當以「子息」爲正字，指牛羊所生之小牛小羊也。貲，《初學記》卷 18、《古今事文類聚》後集卷 39、又別集卷 29 引作「資」。資、貲，正、借字。

## （10）昔人有言能得長生者，道士聞而欲學之。比往，言者死矣，道士高蹈而恨。夫所欲學學不死也，其人已死，而猶恨之，是不知所以為學也

按：《列子・說符》：「昔人言有知不死之道者，燕君使人受之，不捷，而言者死……有齊子亦欲學其道，聞言者之死，乃撫膺而恨。富子聞而笑之曰：『夫所欲學不死，其人已死，而猶恨之，是不知所以爲學。』」

（11）東里閭空腹而好自賢，欲自親於子順，子順不下顏

按：《御覽》卷447引脫「顏」字。

（12）夫東閭子外質頑拙，有似疏直，然內懷容媚詔魃，非大丈夫之節
也

傳校：宋咸注：「魃亦『魑魅』之魅。」冢田虎本作「魅」，曰：「魅，蓋
狂惑之謂。」

按：容媚詔魃，《御覽》卷447引作「虛妙」，蓋臆改。魃（魅），讀爲媚。
《後漢書・袁紹傳》：「曲辭詔媚，交亂懿親。」「詔媚」同義連文，
爲漢代人成語。《列子・力命》：「鬼魅不能欺。」《釋文》：「魅，或作
媚。」《大方廣佛華嚴經》卷28：「外現美容懷詔媚，一切愆違滿腹中。」
正可移釋此文。

（13）彼徒兄弟甥舅，各濟其私

傳校：錢熙祚曰：「《御覽》『徒』作『從』。」

按：「徒」字是，猶但也。「兄弟甥舅」爲二漢前人習語。

（14）乃使人迎其妻子，隔宅而居之，分祿而食之

傳校：居，《呂氏春秋・觀表》作「異」。許維遹曰：「《類聚》卷84引
『異』亦作『居』，然『異』非誤文，《淮南子・泰族篇》有『割宅而異
之』語。」

按：隔，《呂氏春秋・觀表》同，《風俗通義・過譽》作「裂」，猶言分也。
《淮南子・泰族篇》：「乃裂地而州之，分職而治之，築城而居之，割
宅而異之，分財而衣食之。」《資治通鑑外紀》卷7：「隔宅異之，分祿
而食。」異，別之也，正與「隔宅」相應。我舊解爲賜予，舉《說文》
「異，分也，從廾、畀。畀，予也，凡異之屬皆從異」以證之〔註43〕。
《御覽》卷806引《呂氏》「異」亦作「居」字，蓋別本。

（15）夫不害前政而有成，孰與變之而起謗哉

按：害，宋・葛洪《涉史隨筆》引同，《御覽》卷624引誤作「善」。

---

〔註43〕參見蕭旭《淮南子校補》，花木蘭文化出版社2014年版，第698頁。

（16）魯人謗誦曰：「麛裘而茅，投之無戾；茅之麛裘，投之無郵。」

按：茅，《御覽》卷 624、《爾雅翼》卷 20、《涉史隨筆》引同，《通鑑》卷 5、《先聖大訓》卷 5 亦同，《錦繡萬花谷》前集卷 10、《古今事文類聚》別集卷 22 引作「鞞」，《呂氏春秋・樂成》作「鞞」，《資治通鑑外紀》卷 8 作「鞞」。高誘注：「孔子衣麛裘。投，棄也。郵字與尤同。投棄孔子無罪尤也。」畢沅謂「鞞」當作「鞞」，與「茅」、「載」、「紱」同〔註44〕。「鞞」可讀作「鞞」〔註45〕，不必以爲誤。《文心雕龍・頌讚》：「魯民之刺裘鞞，直言不詠，短辭以諷。」敦煌寫卷 S.5478「鞞」作「鞞」〔註46〕。《集韻》：「鞞、鞞：《說文》：『載也。』或從革。」劉氏正用《呂氏》典，字作「鞞（鞞）」。

（17）及三月，政成化既行，民又作誦曰

傅校：「化」下，一本無「既」字。《通鑑》卷 5 作「政化既成」，《淵鑑類函》卷 370 作「政化既行」。錢熙祚曰：「『政』下衍『成』字，並依《御覽》卷 624、685 刪改。」庶按：錢說與《淵鑑類函》同，疑是。

按：《錦繡萬花谷》前集卷 10、《古今事文類聚》別集卷 22、《古樂府》卷 1、《淵鑑類函》卷 126 引並作「政成化行」，《資治通鑑外紀》卷 8 同；《先聖大訓》卷 5 作「政化既成」。

## 《論勢》第十六

（1）王胡不卜交乎

傅校：原本「胡」作「故」。錢熙祚曰：「『胡』原誤『故』，別本作『可』，蓋以意改。今依《御覽》改正。」庶按：錢說是，《戰國策・韓策一》亦作「胡」，據改。一本作「何」，義亦通。一本作「可」，可亦猶何也。

按：作「故」是其舊本。故，讀爲胡，猶何也〔註47〕。別本作「何」、「可」，

〔註44〕 畢沅《呂氏春秋新校正》，收入《叢書集成新編》第 20 冊，新文豐出版公司 1985 年版，第 564 頁。

〔註45〕 《史記・吳世家》：「子句卑立。」《吳越春秋・吳太伯傳》「卑」作「畢」。《淮南子・人間篇》：「卑辭而不能得也。」《御覽》卷 55 引「卑」作「畢」，《呂氏春秋・必己》亦作「畢」。皆其例。

〔註46〕 敦煌寫卷 S.5478《文心雕龍》，收入《英藏敦煌文獻》第 7 卷，四川人民出版社 1992 年版，第 188 頁。

〔註47〕 參見裴學海《古書虛字集釋》，中華書局 1954 年版，第 266 頁。蕭旭《古書

皆以意改。

**（2）五國重王，則聽王之令矣；不重王，則且反王之令而攻市丘**

按：《御覽》卷 462 引無下「則」字，宋本衍。「則」、「且」對舉，且亦則也〔註48〕。《戰國策・韓策一》作「五國重王，且聽王之言而不攻沛市丘；不重王，且反王之言而攻沛市丘」。「言」亦號令之義。

**（3）比目之魚，所以不見得於人者，以耦視而俱走也**

傅校：錢熙祚曰：「《御覽》卷 450 無『所以』二字。」

按：耦視，四庫本作「偶視」，《御覽》卷 450 引作「偶視近」，衍「近」字。偶視，對視也。

**（4）今秦有兼吞天下之志，日夜伺間，不忘於側息也**

傅校：宋咸注：「側息，猶少息。」冢田虎曰：「側息，猶言片息。」

按：二說非也。側息，側鼻而息，形容不安。《三國志・孫綝傳》：「諸下莫不側息。」又《薛綜傳》：「誠群僚所以傾身側息，食不甘味，寢不安席者也。」《通鑑》卷 72 同，胡三省註：「謂傾身而臥，側鼻而息，不得展布四體，安於偃仰也。」《華陽國志》卷 11：「其侍疾，則泣涕側息，日夜不解帶。」皆此義。

**（5）夫連雞不能上棲**

傅校：上，一本作「止」。原本「棲」作「捷」，一本作「棲」。錢熙祚曰：「原誤『捷』，依《御覽》改。《戰國策》亦云『連雞不能俱上於棲』。」庶按：《戰國策・秦策一》：「諸侯不可一，猶連雞之不能俱止於棲之（亦）明矣。」吳師道《補注》：「姚本續：李善引作『俱上於棲亦明矣』。」《文選・西征賦》李善注：「猶連雞之不能俱止於棲亦明矣。」

按：上棲，《御覽》卷 450 引作「氐栖」〔註49〕。《秦策一》「止」字，姚宏曰：「李善引作『俱上於棲亦明矣』。」《文選・西征賦》李善注、《類聚》卷 91、《御覽》卷 918、《記纂淵海》卷 57、97 引並同，《後漢書・

---

虛詞旁釋》有補充，廣陵書社 2007 年版，第 119〜120 頁。

〔註48〕參見裴學海《古書虛字集釋》，中華書局 1954 年版，第 664〜666 頁。

〔註49〕此據景宋本，四庫本引作「俱飛」。

呂布傳》李賢注、《事類賦注》卷 18、《通鑑》卷 62 胡三省註、《古今事文類聚》後集卷 46 引作「上」。王念孫曰：「作『上』者是也。凡居於高處謂之樓，因而所居之處亦謂之樓，必自下而上，故曰上於樓。」〔註50〕唐・陸龜蒙《寒泉子對秦惠王》：「豈連雞不能俱止於樓而已哉？」《文苑英華》卷 377、《唐文粹》卷 45、《古文集成》卷 75 作「上」。王校爲「上」是也，「氏」字亦誤。

（6）願王孰慮之

按：孰，四庫本作「熟」，《御覽》卷 450 引亦作「熟」。

（7）韓與魏，敵侔之國

按：敵侔，《戰國策・韓策三》同，《御覽》卷 450 引作「仇敵」。

（8）非好卑而惡尊，慮過而計失也

按：計，《御覽》卷 450 引同，《戰國策・韓策三》作「議」。

（9）是以虛名自累，而不免近敵之困者也

按：免，《御覽》卷 450 引作「知」。

（10）吳、越之人，同舟濟江，中流遇風波，其相救如左右手者，所患同也

按：吳，《御覽》卷 450、768、《記纂淵海》卷 59 引同，《書鈔》卷 137、《御覽》卷 71 引作「胡」。《鄧子・無厚》：「同舟渡海，中流遇風，救患若一，所憂同也。」《孫子・九地》：「夫吳人與越人相惡也，當其同舟而濟遇風，其相救也如左右手。」《淮南子・兵略篇》：「同舟而濟於江，卒遇風波，百族之子，捷捽招杼船，若左右手，不以相得，其憂同也。」可互參證。作「胡」亦有所本，《戰國策・燕策二》：「胡與越人言語不相知，志意不相通，同舟而凌波，至其相救助如一也。」《書鈔》卷 137 引《賈子》：「同舟而濟，胡、越無異心。」《宋書・自序》：「所謂同舟而濟，胡、越不患異心也。」

---

〔註50〕王念孫《戰國策雜志》，收入《讀書雜志》卷 1，中國書店 1985 年版，第 64 頁。

（11）今不恤所同之患，是不如吳、越之舟人也

　按：恤，《御覽》卷 450 引同，《書鈔》卷 137、《御覽》卷 768 引作「慎」。
　　　《說文》：「恤，憂也。」《方言》卷 1：「慎，憂也，宋、衛或謂之慎。」
　　　《廣雅》：「慎，恐也。」

（12）燕雀處屋，子母相哺，煦煦焉其相樂也，自以為安矣

　　　傅校：冢田虎曰：「煦煦，娛樂貌。」庶按：《呂氏春秋・務大篇》：「區區
　　　焉相樂也。」高誘注：「區區，得志貌也。」畢沅曰：「『區區』當作『嘔
　　　嘔』，《諭大篇》作『姁姁』。」則「煦煦」、「嘔嘔」、「姁姁」音義並同。

　按：煦煦，《通鑑》卷 5、《通鑑紀事本末》卷 1 作「呴呴」，《類聚》卷 92、
　　　《御覽》卷 922 引《呂氏春秋・諭大》文，「姁姁」亦作「呴呴」。胡
　　　三省註：「呴，或作姁。」《禮・樂記》：「煦嫗覆育萬物。」注：「以
　　　氣曰煦，以體曰嫗。」煦、姁、呴、區、嫗，並讀爲欨、煦，《說文》：
　　　「欨，吹也。」又「煦，一曰暖潤也。」指溫吹，欲暖者欨之，欲涼
　　　者吹之。「煦煦」、「區區」、「呴呴」，當指以口、體相溫暖也。高注訓
　　　得志貌，冢田訓娛樂貌，皆隨文作訓，非訓詁義也。

（13）竈突決，上棟宇將焚

　　　傅校：「上」字上疑脫「火」字，《呂氏春秋・諭大篇》作「火上焚棟」。《通
　　　鑑》卷 5 作「竈突炎上，棟宇將焚」。

　按：「上」字上脫「炎」字，《記纂淵海》卷 42 引作「炎上，棟宇將焚」。「火」
　　　爲「炎」之脫誤。

（14）齊攻趙，圍廩丘

　按：《御覽》卷 462 引作「齊攻趙國廩立」，誤。

## 《執節》第十七

（1）《商書》：「王始即桐，邇于先王其訓，罔以後人迷。」

　　　傅校：始，一本作「姑」。

　按：「姑」字是，猶且也，命令之辭。《書・太甲》：「營於桐宮，密邇先王其
　　　訓，無俾世迷。」孔傳：「不使世人迷惑怪之。」又《君奭》：「我不以

後人迷。」以，亦猶使也〔註51〕。

**（2）率其君以義，強其君以孝道，未有行此見怨也**

按：「率」、「強」同義對舉。《小爾雅》：「率，勸也。」

**（3）梗梗亮直**

傳校：宋咸注：「梗亦作鯁。」一本注：「一作『綆』。」錢熙祚曰：「《御覽》
卷 447『梗梗』作『桓桓』，又卷 731『梗』作『鯁』，與注合。」

按：梗梗亮直，《長短經・察相》、《記纂淵海》卷 87 引同，《御覽》卷 363
引作「便便亮直」。「便便」、「桓桓」並形之誤。《御覽》卷 731 引作「鯁
亮直」，又卷 444 引作「梗直」，並有脫文。

**（4）其為人也，長目而豕視者，必體方而心員**

按：豕視，《長短經・察相》、《類聚》卷 22、《御覽》卷 363、731、《記纂
淵海》卷 87 引同，《御覽》卷 444、447 引誤作「永視」〔註52〕。長
目豕視者，主很戾少恩、心術不正。《史記・秦始皇本紀》：「秦王為人，
蜂準、長目、摯鳥膺、豺聲，少恩而虎狼心。」《戰國策・齊策一》：「太
子相不仁，過頤豕視，若是者信反。」鮑彪注：「豕多反視。」劉辰翁
曰：「豕視，即相法所謂下邪偷視。」《白帖》卷 31：「豕視淫。」注
引張憬藏曰：「夫人目脩緩，法曰豕視淫。」金・張行簡《人倫大統賦》
卷上：「豕視心圓而無定。」元・薛延年注：「豕為豬也，豬眼朦朧，
黑白不明，主心術不正，則心貪而多欲。」員，《御覽》卷 731 引同，
《長短經・察相》、《御覽》卷 363、444、447、《記纂淵海》卷 87 引
作「圓」。

**（5）每以其法相人，千百不失**

按：《御覽》卷 444、447、731 三引並同，《長短經・察相》、《類聚》卷 22
引「失」下有「一」字。不必補「一」字，其義自明。《御覽》卷 899、
《事類賦注》卷 22 引《相牛經》：「牛經……漢世西河薛公得其書，以
相牛，千百不失。」亦其例也。

---

〔註51〕參見裴學海《古書虛字集釋》，中華書局 1954 年版，第 24～25 頁。
〔註52〕此據景宋本，四庫本卷 447 引作「豕視」。

（6）三月，果以諂得罪

　　傅校：錢熙祚曰：「《御覽》卷 731『諂』作『詐』。」

按：諂，《類聚》卷 22、《御覽》卷 444 引同，又卷 447 引作「陷」，卷 731
　　引作「詐」〔註53〕，皆臆改。

（7）新垣固謂子順曰

按：垣，《御覽》卷 624 引作「桓」。

（8）其有志不得乎

　　傅校：其有，沈本作「其行」，《通鑑》卷 5 作「意者」。乎，一本作「白」。
　　冢田虎曰：「白，顯也。」

按：《御覽》卷 624 引作「其身者志不得乎」，《通鑑》卷 5、《通鑑紀事本末》
　　卷 1 并作「意者志不得乎」。「身」爲「意」誤，「白」爲「乎」誤。

（9）以義事之，固不獲安

　　傅校：冢田虎曰：「秦不尙義。」

按：冢田說非也。固，《御覽》卷 624 引作「故」。「以義事之，故不獲安」
　　即《論勢篇》「秦爲不義，義所不入」之誼。言我以義事不義之秦，故
　　心不獲安也。

（10）山東之國弊而不振

按：弊，《通鑑》卷 5、《通鑑紀事本末》卷 1 作「敝」。

（11）邯鄲之民，以正月之旦獻雀於趙王，而綴之以五絲

　　傅校：絲，一本作「綵」，《淵鑑類函》卷 17 作「采」。

按：絲，《書鈔》卷 155、《類聚》卷 4、92、《御覽》卷 922 引作「采」，《初
　　學記》卷 4、《御覽》卷 29 引作「綵」，《事類賦注》卷 19 引作「彩」。

（12）申叔問曰：「犬馬之名，皆因其形色而名焉，唯韓盧、宋鵲獨
　　　否，何也？」子順答曰：「盧，黑色；鵲，白黑色，非色而何？」

　　傅校：冢田虎曰：「如盧弓盧矢，皆黑色爲盧。鵲色白黑，故謂白黑駁毛

---

〔註53〕 此據景宋本，四庫本三引並作「諂」。

爲鵲。韓、宋皆其國名。」庶按：《戰國策・齊策三》：「韓子盧者，天下
之疾犬也。」《說苑・善說篇》：「韓氏之盧，天下疾狗也。」《博物志》卷
6：「韓國有黑犬，名盧。宋有駿犬，曰鵲。」「鵲」與「鵲」同。

按：「盧」有黑義，從「盧」得聲之字亦多有黑義，古人因以名物者甚多
〔註54〕。「鵲」爲白黑色，其語源當爲「皬」，《玉篇》：「皬，色皬皬
白也。」《廣韻》引《埤蒼》：「皬，白色也。」白色不純，故爲白黑
色也〔註55〕。字或作狋，《廣雅》：「韓獹、宋狋。」「獹」同「盧」。《廣
韻》「狋」、「鵲」同音七雀切。《禮記・少儀》鄭注：「謂若韓盧、宋
鵲之屬。」孔疏：「桓譚《新論》云：『夫畜生賤也，然其尤善者，皆
見記識，故犬道韓盧、宋狋。』魏文帝說諸方物，亦云『狗於古則韓
盧、宋鵲』，則狋、鵲音同字異耳，故鄭亦爲鵲字。」《初學記》卷29
引呂忱《字林》：「獹，韓良犬也。狋，宋良犬也。」注：「狋，〔音〕
鵲。」〔註56〕字或作猎、獟，《集韻》：「狋，宋良犬名，或作猎、獟。」
《附釋文互註禮部韻略》卷5：「猎，宋猎，犬名也，亦作狋，宋國良
犬。」

## （13）寡人聞昔者上天神異后稷，為之下嘉穀，周以遂興

傳校：錢熙祚曰：「《初學記》卷1、《御覽》卷2『以遂』二字並倒。」

按：下，《事類賦注》卷1引作「降」。以遂，《御覽》卷837、《事類賦注》
卷1、《玉海》卷197、《古今合璧事類備要》前集卷19、《詩補傳》卷
23引亦作「遂以」，今本誤倒。遂，猶終也。

## （14）若中山之穀，妖怪之事，非所謂天祥也。

按：《詩・生民》孔疏引「祥」上有「降」字。

## （15）先生之嗣，率由前訓，將與天地相敵矣

傳校：原本「相敵」作「相敏」，一本作「相敵」，一本作「齊敵」。作「相

---

〔註54〕 參見張永言《上古漢語的「五色之名」》，收入《語文學論集》，語文出版社1992
年版，第104～105頁。

〔註55〕 《廣雅》：「皬，白也。」《太玄・內》：「皬頭內其雄婦。」范望注：「白而不純，
謂之皬。」是其比。

〔註56〕 「音」字據《御覽》卷904引補。

敵」是，據改。「敵」、「適」古同字，相敵，猶相應也。

按：傅說非也。當從四庫本作「相敝」，「敝」、「敵」並形近而誤。敝，敗
也、窮也、盡也、終也，字或作蔽、弊、幣〔註 57〕。「與天地相敝」
是古人成語。《孫臏兵法・奇正》：「形勝之變，與天地相敝而不窮。」
古書習見，不備舉。

## 《詰墨》第十八

### （1）夫儒，法居而自順，立命而怠事

傅校：法居，一本作「倨法」，一本作「踞」，一本作「浩居」，與《墨子・
非儒下》同。孫詒讓《閒詁》：「盧云：『《晏子・外篇》「浩居」作「浩裾」。』
畢云：『案《史記》作「倨傲」。』詒讓案：浩，猶饒也。居、裾並倨之
叚字。《家語・三恕篇》云：『浩裾則不親。』王肅注：『浩裾，簡略不恭
之貌。』」于省吾謂「浩居」當讀作「傲倨」。

按：《說郛》卷 3 引作「浩居」。朱起鳳亦謂「浩居」、「浩裾」讀作「傲倨」
〔註 58〕，其說本於畢沅。《墨子・非儒下》上文云：「立命緩貧而高浩
居。」畢沅曰：「浩居，同『傲倨』。」〔註 59〕傅氏但引《墨子》同文，
而失引上文畢說，亦疏甚矣。曹耀湘曰：「『浩』為『洗』訛，『洗』
與『佚』同。佚居謂不勤身以從事也。」吳毓江從其說〔註 60〕。畢說
本於《史記・孔子世家》，當為正解。《四部叢刊》影覆宋本、《四庫
全書》本《家語》並作「浩倨」。《晏子・內篇問下》：「執二（一）法
裾，則不取也。」「浩裾」誤作「法裾」〔註 61〕。

---

〔註 57〕 參見沈培《「壽敝金石」和「壽敝天地」》，《中國文字研究》2007 年第 1 輯（總
第 8 輯），大象出版社，2007 年 9 月，第 50〜59 頁。又參見蕭旭《〈素問・上古
天眞論篇〉校補》，收入《群書校補》，廣陵書社 2011 年版，第 1213〜1215 頁。

〔註 58〕 朱起鳳《辭通》，上海古籍出版社 1982 年版，第 1750 頁。

〔註 59〕 畢沅《墨子校注》，收入《叢書集成新編》第 20 冊，新文豐出版公司 1985 年
版，第 391 頁。

〔註 60〕 吳毓江《墨子校注》，中華書局 1993 年版，第 446 頁。

〔註 61〕 蘇輿曰：「《拾補》從《家語》作『浩裾』，注云：『「法」訛。』『浩裾』又見
《外篇》。作『浩』是，蓋『浩』、『法』形近致訛，後又改爲古『灋』字耳。」
孫星衍曰：「『法』或當爲『浩』。」黃以周曰：「『法裾』當依《家語》作『浩
裾』。『裾』與『倨』通。」並見吳則虞《晏子春秋集釋》，中華書局 1962 年
版，第 292 頁。

## （2）其道不可以治國，其學不可以導家

傅校：家，《墨子・非儒下》作「眾」。孫詒讓《閒詁》：「畢云：『《孔叢》作「家」，非。』」庶按：《晏子・外篇》作「民」。

按：孫星衍說同畢氏〔註62〕，非也。「導家」與「治國」對舉成文。《淮南子・詮言篇》：「量粟而舂，數米而炊，可以治家，而不可以治國。」是其比。「眾」即「家」之譌。《晏子》作「不可以示其教也，不可以導民」，文不同。

## （3）交相惡而又任事，其不然矣

傅校：任事，一本作「往仕」，一本作「往事」。此疑當作「往仕」。

按：《說郛》卷3引作「任事」，是。任事，謂任鴟夷子皮以職事也。

## （4）舍公家而奉季孫

按：奉，《墨子・非儒下》作「於」。吳毓江曰：「於，猶依也。畢據《孔叢》改『奉』，非是。」〔註63〕

## （5）藜羹不粒，乏食七日

傅校：冢田虎曰：「不粒，猶曰不飯。」

按：羹，四庫本作「藿」。《墨子・非儒下》作「藜羹不糂十日」。「十」為「七」形譌。「糂」古文亦作「糝」，亦粒也。《說文》：「糂，以米和羹也，一曰粒也。糝，古文糂從參。」《六書故》：「投粒於羹，亦謂之糝。」《書鈔》卷144、145、《御覽》卷486引《墨子》作「糝」。《荀子・宥坐》：「孔子南適楚，厄於陳、蔡之間，七日不火食，藜羹不糂。」楊倞註：「糂與糝同。」《書鈔》卷144、《御覽》卷861引《荀子》作「糝」，《呂氏春秋・慎人》、《韓詩外傳》卷7、《說苑・雜言》亦並作「糝」。《呂氏春秋・任數》：「孔子窮乎陳、蔡之間，藜羹不斟，七日不嘗粒。」高誘注：「無藜羹可斟，無粒可食，故曰不斟、不嘗。」高注非也，畢沅曰：「『斟』乃『糂』之訛，前《慎人篇》作『不糝』。」許維遹曰：「畢說是。《類聚》卷79引作『糝』，《風俗通・窮通篇》同。

〔註62〕孫星衍《晏子春秋音義》，收入《諸子百家叢書》，上海古籍出版社影印浙江書局本1989年版，第108頁。
〔註63〕吳毓江《墨子校注》，中華書局1993年版，第461頁。

《墨子·非儒下篇》、《荀子·宥坐篇》並作『糂』。糝、糂古今字。」
〔註64〕許說是,《文選·君子行》李善注、《御覽》卷838引《呂氏》
亦作「糝」。

## （6）鄰有聖人，國之憂也

按：《晏子·外篇》作「隣國有聖人，敵國之憂也」。

## （7）不如陰重孔子，欲以相齊

按：欲，當據《晏子·外篇》作「設」。《原本玉篇殘卷》引賈逵曰：「設，
許也。」《國語·吳語》：「必設以此民也，封於江、淮之間，乃能至
於吳。」韋注：「設，許其勸勉者。」韋與賈合。《漢書·趙充國傳》：
「設以子女貂裘。」顏師古注：「設，謂開許之也。」猶今言許諾。
蔣禮鴻解《晏子》「設」爲「誘」〔註65〕，義亦相會。但蔣氏解《商
君書》、《淮南子》「設鼠」之設亦爲誘，則非；「設鼠」爲「投鼠」之
誤〔註66〕。

## （8）先生素不見晏子乎

按：《晏子·外篇》作「先生奚不見寡人宰乎」。「素」爲「奚」形譌。

## （9）晏子事三君而得順焉，是有三心，所以不見也

按：得，《晏子·外篇》同。得，猶盡也，皆也〔註67〕。下文：「梁
丘據問晏子曰：『事三君，而不同心，而俱順焉，仁人固多心乎？』」《晏子·
內篇問下》同。「俱」字義亦同。朱起鳳謂「得順」乃「將順」之訛，
「從與將古通叚」〔註68〕，非也。

〔註64〕 許維遹《呂氏春秋集釋》，中華書局2009年版，第447頁。
〔註65〕 蔣禮鴻《商君書錐指》，中華書局1986年版，第128頁。蔣禮鴻《義府續貂》，
收入《蔣禮鴻集》卷2，浙江教育出版社2001年版，第167～168頁。
〔註66〕 《淮南子·說林篇》：「設鼠者機動。」于鬯疑「投」字誤，于大成引《御覽》
卷911引《淮南萬畢術》正作「投」以證之。于大成《淮南子校釋》，1970
年臺灣大學博士論文，收入《淮南鴻烈論文集》，里仁書局2005年版，第1056
頁。又參見高亨《商君書新箋》，收入《諸子新箋》，《高亨著作集林》卷6，
清華大學出版社2004年版，第308頁。投鼠，猶言射鼠。
〔註67〕 參見蕭旭《古書虛詞旁釋》，廣陵書社2007年版，第195頁。
〔註68〕 朱起鳳《辭通》，上海古籍出版社1982年版，第1938頁。

## （10）君子獨立不慙于景

傅校：《晏子・外篇》：「君子獨立不慙于影，獨寢不慙于魂。」《淮南子・繆稱篇》：「周公〔不〕慙乎景，故君子慎其獨也。」義與此可互參。

按：《淮南子・修務篇》：「吾日悠悠慙於影。」《文子・精誠》：「聖人不慙於景，君子慎其獨也。」《劉子・慎獨》：「獨立不慙影，獨寢不愧衾。」《雲笈七籤》卷 90 引《七部語要》：「獨立不慙影，獨寢不媿衾。」亦可互參。《晏子》「魂」，《文選・恨賦》李善注引同，《類聚》卷 26 引魏陳王曹植《玄暢賦》：「不媿景而慙魄。」即本《晏子》〔註 69〕，「魄」亦「魂」也。《劉子》等書誤作「衾」，宋・王應麟《困學紀聞》卷 5 引《劉子》，已不能辨其誤〔註 70〕，傅亞庶亦失校〔註 71〕。宋・杜範《蔡元定傳》、宋・黃仲元《劉畏獨答問》並有「獨行不愧影，獨寢不愧衾」語，亦皆誤。

## （11）孔子伐樹削迹，不自以為辱

傅校：《史記・孔子世家》：「宋司馬桓魋欲殺孔子，拔其樹。」《呂氏春秋・慎人篇》：「夫子逐於魯，削迹於衛，伐樹於宋。」畢沅曰：「舊校云：『伐，一作拔。』《風俗通・窮通篇》作『拔』。」

按：伐，《晏子・外篇》作「拔」。《庄子・天運》、《山木》、《讓王》、《漁父》四篇並云：「伐樹於宋。」《家語・困誓》、《論衡・儒增篇》同。《禮記・儒行》孔疏引《孔子世家》亦作「伐」。拔，讀爲伐〔註 72〕。

## （12）靈公汙，晏子事之以整；莊公怯，晏子事之以勇；景公侈，晏子事之以儉

〔註 69〕趙幼文《曹植集校注》失考，人民文學出版社 1984 年版，第 245 頁。

〔註 70〕宋・王應麟《困學紀聞》，景印文淵閣《四庫全書》第 854 冊，臺灣商務印書館 1986 年初版，第 247 頁。趙致襄、張嘉祿、翁元圻、萬希槐皆未能是正。趙致襄《困學紀聞參注》，收入《叢書集成新編》第 14 冊，新文豐出版公司 1985 年版，第 220 頁。張嘉祿《困學紀聞補注》，收入《叢書集成續編》第 24 冊，新文豐出版公司 1988 年版，第 346 頁。翁元圻《困學紀聞注》，收入《續修四庫全書》第 1142 冊，上海古籍出版社 2002 年版，第 567 頁。萬希槐《困學紀聞集證合注》卷 5，早稻田大學藏嘉慶十八年埽葉山房刻本，第 33 頁。

〔註 71〕傅亞庶《劉子校釋》，中華書局 1998 年版，第 111 頁。

〔註 72〕從友從伐古字通，參見張儒、劉毓慶《漢字通用聲素研究》，山西古籍出版社 2002 年版，第 599 頁。

傅校：冢田虎曰：「怯，《晏子》作『壯』，非。」

按：《晏子・外篇》：「靈公汙，晏子事之以整齊；莊公壯，晏子事之以宣武；景公奢，晏子事之以恭儉。」盧文弨曰：「《孔叢・詰墨篇》作『怯』。案：《左傳》：『齊侯既伐晉而懼。』則『怯』字亦非誤。」〔註73〕盧氏意謂作「壯」不誤，非也。劉師培曰：「『宣』與『桓』同。《爾雅》：『桓桓，威也。』《廣雅》：『桓桓，武也。』」〔註74〕

## （13）景公祭路寢，聞哭聲

傅校：《晏子・外篇》：「景公上路寢，聞哭聲。」《墨子》佚文作「祭路寢」。疑作「登」者，爲涉《晏子》而改。

按：傅說非也。《晏子・內篇諫下》：「景公與晏子登〔路〕寢而望國。」〔註75〕又「景公登路寢之臺，不能終，而息乎陛。」路寢，即指路寢之臺，齊景公所作〔註76〕。「祭」當爲「登」字形誤。「登」與《外篇》「上」同義。《初學記》卷24引魏文帝《校獵賦》：「登路寢而聽政，總群司之紀綱。」亦其旁證。古「祭」字亦寫從「癶」作，「登」亦寫從「夕」作〔註77〕，故易訛也。傅氏所稱《墨子》佚文，是畢沅據本書此條所輯〔註78〕。傅氏引以證此文不誤，一何疏乎？

## （14）臣亟以聞，而君未肯然也

按：《晏子・內篇問上》作「臣數以聞，而君不肯聽也」。亟，猶數也。

## （15）臣聞孔子聖人，然猶居處勌惰，廉隅不修

按：《晏子・內篇問上》作「臣聞仲尼居處惰倦，廉隅不正」，「勌」同

〔註73〕盧文弨《晏子春秋補遺》，收入《群書拾補》，《續修四庫全書》第1149冊，上海古籍出版社2002年版，第457頁。
〔註74〕《晏子春秋校補》，收入《劉申叔遺書》，江蘇古籍出版社1997年版，第857頁。
〔註75〕「路」字據《御覽》卷492、《記纂淵海》卷74引補。
〔註76〕《晏子・內篇諫下》：「景公成路寢之臺。」又《內篇雜下》：「景公爲路寢之臺，成而不通焉。」
〔註77〕敦煌寫卷S.799《隸古定尚書》：「惟食喪祭。」S.0203《度仙靈錄儀等》：「係天師厶、治炁祭酒臣妾甲稽首再拜。」「祭」、「祭」即「祭」。Dx05961：「從明入明，長祭契菩提之路。」「祭」即「登」。S.1624V《天福七年某寺常住什物交曆》：「木燈樹壹。」「燈」即「燈」。
〔註78〕參見孫詒讓《墨子閒詁》，中華書局1986年版，第605頁。

「倦」。《意林》卷 1 引《晏子》作「處陋巷，廉隅不正」，蓋臆改。

## 《獨治》第十九

### （1）大丈夫不生則已，生則有云為於世者也

　　傅校：冢田虎曰：「『有云為』謂有事也。古者男子生，則懸弧於門，示其有事也。」

按：冢田說非也。云，猶所也〔註79〕。有云為，猶言有所作為，建功立業也。

### （2）尹曾謂子魚曰

按：尹曾，《御覽》卷 624 引作「尹魯」〔註80〕。俱無可考。

### （3）子魚曰：「顧有可懼者。」

　　傅校：冢田虎曰：「顧，念也。」

按：冢田說非也。顧，讀為固，猶言確實、的確。

### （4）陳勝、吳廣起兵於陳

按：「陳」當作「蘄」。《通典》卷 156：「秦二世初，天下亂，陳勝、吳廣起兵於蘄。」《通鑑》卷 7：「秋七月，陽城人陳勝、陽夏人吳廣起兵於蘄。」據《史記・陳涉世家》，陳勝、吳廣起事後攻下的第一座城池即蘄，故云起兵於蘄也。

### （5）陳王跪謝

按：謝，《通鑑》卷 8 同，《御覽》卷 491 引作「送」，蓋臆改。

### （6）繼之以姓而無別，醊之以食而無殊……雖百世，婚姻不通

　　傅校：冢田虎曰：「『醊』與『綴』通，連繫也。《家語》及《禮記》皆作『綴』。」

按：本書《雜訓》：「繼之以姓，義無絕也……是以綴之以食，序列昭穆，萬

---

〔註79〕 參見劉淇《助字辨略》，中華書局 1954 年版，第 61 頁；又參見裴學海《古書虛字集釋》，中華書局 1954 年版，第 201 頁。
〔註80〕 此據景宋本，四庫本引作「尹曾」。

世婚姻不通，忠篤之道然也。」亦作「綴」字。《禮記・大傳》：「繫之以姓而弗別，綴之以食而弗殊，雖百世，而昏姻不通者，周道然也。」〔註81〕《家語・曲禮子貢問》：「故繫之以姓而弗別，綴之以食而弗殊，雖百世，婚姻不得通，周道然也。」〔註82〕繼，讀爲繫。《戰國策・楚策四》：「繫己以朱絲而見之也。」《御覽》卷 457 引《新序》作「繼」〔註83〕。

## 《問軍禮》第二十

### （1）古者，大將受命而出則忘其國，即戎師陣則忘其家

傅校：《尉繚子》、《六韜》云云。

按：《說苑・指武》：「故受命而出忘其國，即戎忘其家。」

## 《答問》第二十一

### （1）必言經以自輔，援聖以自賢，欲以取信於群愚而度其說也

按：度，讀爲斁，《說文》：「斁，閉也。」《繫傳》：「斁，今借杜字。」《玉篇》：「斁，塞也。」字或作塗，《廣雅》：「塗，塞也。」字或作杜，《小爾雅》：「杜，塞也。」

### （2）武臣叉手跪謝，施施而退

傅校：宋咸注：「施施，猶俯傴然。」冢田虎曰：「施施，自得之貌。」

按：冢田說非也。施音移。《廣雅》：「施施，行也。」指斜行貌，斜行者彎身，故宋注云「猶俯傴然」。《詩・丘中有麻》：「將其來施施。」毛傳：「施施，難進之意。」鄭箋：「施施，舒行伺閒，獨來見己之貌。」《孟子・離婁下》：「而良人未之知也，施施從外來，驕其妻妾。」趙注：「施施，猶扁扁，喜悅之貌。」戴氏《六書故》：「施施，舒徐安肆貌也。」黃生曰：「以詩注觀之，則《孟子》『施施從外來』，形容齊人醉歸，欹斜偃蹇之狀可掬矣。趙注：『喜悅之貌。』朱因之，云：

---

〔註81〕孫之騄輯本《尚書大傳》卷 3 收之，蓋誤以「禮記大傳」爲「尚書大傳」也。
〔註82〕四庫本《家語》「綴」誤作「啜」。
〔註83〕今《新序・雜事二》作「纓」，讀爲嬰，繞也，義亦近。

『喜悅自得之貌。』詳施字於喜義不近，及觀《韻會》『訑』字釋云：『自得之意。』乃知趙讀施爲訑，故有此訓。『施施』用《詩》訓自佳，不必借訑義也。」〔註84〕《孟子》上文「蚤起，施從良人之所之」，趙注：「施者，邪施而行，不欲使良人覺也。」斯得之矣。朱起鳳曰：「施字古亦讀訑。」〔註85〕非也。施從即斜行尾隨之義。戴、黃二氏說是，然尙未得其本字。施，讀爲迤。《說文》：「迤，衺行也。」字亦作逶，《廣雅》：「迤，衺也。」「施施」即「迤迤」。字或作「晚晚」，專指日斜行貌。《說文》：「晚，日行晚晚也。」《玉篇》：「晚，晚晚，日行也。」《越絕書・荊平王內傳》：「日昭昭，侵以施，與子期甫蘆之碕。」〔註86〕「晚」即「施」增旁專字。黃生曰：「施，日斜也。」〔註87〕黃氏得其義，而尙未得其字。張宗祥曰：「施，讀日移。馳，施也。《吳越春秋》正作『侵已馳』。」〔註88〕張氏得其音，亦未得其字。《史記・賈生傳》：「庚子日施兮，服集予舍。」《集解》引徐廣曰：「施，一作斜。」《索隱》：「施，音移，施猶西斜也，《漢書》作『斜』也。」錢大昕曰：「施，古斜字。斜、邪音義同也。」〔註89〕「斜」爲俗字。字亦省作「余」，《隸釋》卷22《司隸楊君碑》：「余谷之川，其澤南隆。」洪适曰：「以余爲斜，漢人皆爾。」其說本於歐陽修《集古錄》卷3。段玉裁曰：「施即《說文》晚字也。晚晚，迤邐徐行之意。晚晚猶施施。」〔註90〕朱駿聲曰：「施，叚借爲晚。」〔註91〕字或作「延延」，《後漢書・五行志》：「桓帝之末，京都童謠曰：『白蓋小車何延延，河間來合諧，河間來合諧。』」「延」與「諧」韻，延當音夷，

〔註84〕黃生《義府》卷上，黃生、黃承吉《字詁義府合按》，中華書局1954年版，第139～140頁。

〔註85〕朱起鳳《辭通》，上海古籍出版社1982年版，第194頁。

〔註86〕《吳越春秋・王僚使公子光傳》作「日月昭昭乎侵已馳，與子期乎蘆之漪」。「馳」亦借字。

〔註87〕黃生《義府》卷下，黃生、黃承吉《字詁義府合按》，中華書局1954年版，第208頁。

〔註88〕轉引自李步嘉《越絕書校釋》，武漢大學出版社1992年版，第20頁。

〔註89〕錢大昕《潛研堂答問六》，收入《潛研堂集》卷9，上海古籍出版社1989年版，第132頁。

〔註90〕段玉裁《說文解字注》，上海古籍出版社1981年版，第304頁。

〔註91〕朱駿聲《說文通訓定聲》，武漢市古籍書店1983年版，第483頁。

諧當音奚〔註92〕。言小車之行施施然也。

### （3）今誠法之，則六國之不攜，抑久長之本

按：之不攜，四庫本作「定不攜」，是。攜，讀爲懕。《說文》：「懕，有二心也。」《玉篇》：「懕，變也，異也。」字或作攜，《玉篇》：「攜，貳也。」

### （4）王曰：「六國之後君，吾不能封也。遠世之王，于我何有？」

按：《左傳·僖公二十四年》：「除君之惡，唯力是視，蒲人、狄人，余何有焉？」《呂氏春秋·知接》：「人之情，非不愛其子也，其子之忍，又將何有於君？」何有，猶言何親。冢田虎解爲「于我何封之有」，非也。

### （5）故凡若晉侯、驪姬牀第之私，房中之事，不得掩焉

傅校：掩，一本作「捨」。

按：《史通》卷 11：「故晉獻惑亂驪姬夜泣，牀第之私，房中之事，不得掩焉。」是唐人所見，作「掩」字，與宋本合。

### （6）今此皆書實事，累累若貫珠，可無疑矣

按：累累，行列分明貌。《史記·樂書》：「累累乎殷如貫珠。」《御覽》卷7 引《禹時鈎命決》：「星累累若貫珠，炳炳如連璧。」「累累」、「炳炳」同義對舉。字或作「纍纍」，《事類賦注》卷 1、2 引《鈎命決》並作「纍纍」。《禮記·樂記》：「纍纍乎端如貫珠。」《釋文》：「纍，本又作累。」字或作「礧礧」，唐·杜甫《白沙渡》：「水清石礧礧，沙白灘漫漫。」字或作「磊磊」，《類聚》卷 56 引《古兩頭纖纖詩》：「兩頭纖纖月初生，半白半黑眼中精。膃膃膊膊雞初鳴，磊磊落落向曙星。」字或音轉作「歷歷」，《古詩十九首》：「玉衡指孟冬，眾星何歷歷。」《類聚》卷 57 引傅玄《敘連珠》：「欲使歷歷如貫珠，易覩而可悅，故謂之連珠也。」字或作「瓅瓅」，音轉爲「皪皪」，《集韻》：「瓅，

---

曘曘，目明。」又「曘，曘曘，目明。」字或音轉作「離離」，《類聚》卷55引《尚書大傳》：「《書》之論事，昭昭如日月之代明，離離如參辰之錯行。」「離離」、「昭昭」同義對舉。《晉書・衛恒傳》《字勢》：「雲委蚳而上布，星離離以舒光。」《唐開元占經》卷71引《帝覽嬉》：「流星夜見光，望之有尾，離離如貫珠，名曰天狗。」字或音轉作「鱳鱳」、「礫礫」、「礫礫」，《古文苑》卷1《石鼓文》：「涫魚鱳鱳。」章樵註：「按：鱳即礫字，音歷，的礫。白言泊中之魚礫礫然潔白，登之於俎，甚鮮也。」《詩・淇奧》鄭箋：「會謂弁之縫中，飾之以玉，礫礫而處，狀似星也。」《釋文》：「礫礫，本又作礫，音歷，又音洛。」唐・萬齊融《三日綠潭篇》：「素影沈沈對蝶飛，金沙礫礫窺魚泳。」胡文英曰：「礫礫，明光貌。吳諺謂物之明者曰亮礫礫。」〔註93〕字或音轉作「蠡蠡」，《楚辭・九歎》：「登長陵而四望兮，覽芷圃之蠡蠡。」王逸注：「蠡蠡，猶歷歷，行列貌也。」

## （7）梁人有陽由者，其力扛鼎，伎巧過人，骨騰肉飛，手搏蹻獸，國人懼之

傅校：宋咸注：「言其驍捷若骨騰肉飛然。」冢田虎曰：「言大骨肥肉也。」

按：冢田說非也。騰，《御覽》卷752引誤作「勝」。骨騰肉飛，狀其行動輕捷也。《吳越春秋・闔閭內傳》：「王曰：『慶忌之勇，世所聞也，筋骨果勁，萬人莫當，走追奔獸，手接飛鳥，骨騰肉飛，拊膝數百里，吾嘗追之於江，駟馬馳不及。』」《漢書・禮樂志》顏師古注引文穎曰：「舞者骨騰肉飛，如鳥之回翅而雙集也。」《文選・七命》李善註引黃伯仁《龍馬賦》：「或有嘘天慷慨，骨騰肉飛。」《隋書・地理志》：「濟南其俗好教飾子女淫哇之音，能使骨騰肉飛，傾詭（絕）人目。」〔註94〕唐・顧況《高皇受命造唐賦》：「附翼之馬，骨騰肉飛。」皆其例也。或倒言「肉飛骨騰」，《抱朴子內篇・極言》：「若令服食旬日，則肉飛骨騰。」又言「肉飛骨踴」，《御覽》卷359引傅玄《良馬賦》：「鞭不得搖，手不及動，忽然增逝，肉飛骨踴。」又言「骨騰肉輕」、「骨騰肉浮」，《雲笈七籤》卷12：「脩道行仁，骨騰肉輕；道成德就，

〔註93〕胡文英《吳下方言考》卷11，收入《續修四庫全書》第195冊，上海古籍出版社2002年版，第97頁。
〔註94〕《太平寰宇記》卷19引《十三州記》「詭」作「絕」。

雲車來迎。」又卷 20：「肉飛骨輕，駕景乘雲。」又卷 44：「骨騰肉浮，乘虛絡烟。」或省言「肉飛」，《後漢書・西南夷傳》《遠夷樂德歌》：「昌樂肉飛，屈伸悉備。」黃生曰：「昌、倡古字通用。肉飛，狀舞者之態也。」〔註95〕此以肉飛狀舞者之輕盈也。

### （8）妻不畏憚，浸相泄瀆

按：泄，讀爲媟。《說文》：「媟，嬻也。」《玉篇》：「媟，慢也，嬻也。」《漢書・五行志》引京房《易傳》：「夫妻不嚴，茲謂媟。」又「尊卑不別，茲謂媟取。」《賈子・道術》：「反恭爲媟。」《荀子・榮辱篇》：「憍泄者，人之殃也。」楊倞注：「泄與媟同，嫚也，慢也。」瀆，讀爲嬻。《說文》：「嬻，媟嬻也。」《玉篇》：「嬻，易也，媟也。」字或借作「渫瀆」，蔡邕《獨斷》卷上：「太史令司馬遷記事，當言帝，則依違但言上，不敢渫瀆言尊號，尊王之義也。」《類聚》卷 11 引作「泄瀆」，同此文。字或借作「渫黷」、「媟黷」，《公羊傳・桓公八年》何休注：「黷，渫黷也。」《漢書・枚皋傳》：「以故得媟黷貴幸。」《後漢書・爰延傳》：「上下媟黷，有虧尊嚴。」《御覽》卷 754 引作「渫黷」。字或借作「褻瀆」，《禮記・緇衣》鄭玄注：「相惠以褻瀆邪辟之物，是爲不歸於德。」

### （9）左手建杖，右手制其頭

傅校：冢田虎曰：「『建』與『揵』通，舉也。」

按：冢田說是，然尚未得本字。建讀爲捷，《說文》：「捷，相援也。」《玉篇》同。俗字作搹。

## 《連叢子上》第二十二

### （1）孝武皇帝重違難意，遂拜太常典禮（《敘書》）

傅校：原本「難」作「重」，「典」作「其」，據《索隱》改。

按：傅改「典」字是，而改「重」作「難」，則未達古訓。《漢書・陳湯傳》：「元帝內嘉延壽、湯功，而重違衡、顯之議。」又《孔光傳》：「上重違

---

〔註95〕黃生《義府》卷下，黃生、黃承吉《字詁義府合按》，中華書局 1954 年版，第 209 頁。

大臣正議。」顏師古注並曰：「重，難也。」例甚多，不備舉。《索隱》
作「難」者，蓋以意改之。

## （2）怖駭內懷，迷冒忹忪（《諫格虎賦》）

按：冒，讀爲眊，不明也，亂也。字或作瞀，《後漢書・宦者傳論》：「故能
回惑昏幼，迷瞀視聽。」李賢注：「瞀，亂，音茂。」《楚辭・九思》：「嗟
懷兮眩惑。」王逸注：「懷，懷王也，爲眾佞所欺眩，目盡迷瞀。」「迷
冒」即「迷瞀」。

## （3）局然自縛，或隻或雙（《諫格虎賦》）

傳校：局，冢田虎曰：「屈身也。」

按：局，讀爲痀。《說文》：「痀，曲脊也。」俗字亦作踘，《廣韻》：「踘，俛
也。」

## （4）故都邑百姓，莫不於邁（《諫格虎賦》）

按：於，當作「于」。「于邁」出《詩・泮水》：「無小無大，從公于邁。」

## （5）夭繞連枝，猗那其房（《楊柳賦》）

傳校：冢田虎曰：「夭繞，少茂貌。」

按：冢田說非也。「夭繞」即《淮南子・本經篇》「夭矯曾橈」之誼，曲折貌。

## （6）或拳局以逮下土，或擢跡而接穹蒼（《楊柳賦》）

按：句，四庫本作「局」，是。

## （7）綠葉累疊，鬱茂翳沈（《楊柳賦》）

按：翳沈，隱蔽深邃貌，此指茂盛貌。倒言則作「沈翳」，《初學記》卷 17
晉・摯虞《孔子贊》：「河圖沈翳，鳳鳥幽藏。」《三國志・諸葛亮傳》
裴松之注：「若使游步中華，騁其龍光，豈夫多士所能沈翳哉！」

## （8）南垂太陽，北被宏陰（《楊柳賦》）

傳校：宏，一本作「玄」。

按：「玄」字是。《隸釋》卷 8 漢《金鄉長侯成碑》：「將去白日，歸彼玄陰。」

《三國志・郤正傳》：「朱陽否於素秋，玄陰抑於孟春。」南朝・宋・謝惠連《雪賦》：「玄陰凝不昧其潔，太陽曜不固其節。」梁・江淹《燈賦》：「紫霞沒，白日沉；挂明燈，散玄陰。」皆以「玄陰」與「太陽」對舉，與此文正同。

（9）暑不御簟，淒而涼清（《楊柳賦》）

　　傅校：「淒」同「棲」，謂駐足。

　按：傅說非也。淒而，猶言淒然，涼清的形容詞。

（10）信道秉真（《鴞賦》）

　按：秉，《類聚》卷 92 引作「執」。

（11）逍遙諷誦，遂歷東園（《蓼蟲賦》）

　按：歷，《類聚》卷 82 引作「居」。

（12）覯茲茂蓼，結葩吐榮（《蓼蟲賦》）

　　　傅校：錢熙祚曰：「《藝文》卷 82、《御覽》卷 948『結』並作『紛』。」

　按：《類聚》卷 82、《御覽》卷 948 引作「紛葩吐榮」，《古今合璧事類備要》別集卷 36、《全芳備祖前集》卷 14、《山堂肆考》卷 201 引作「紛葩吐盈」。

（13）猗那隨風，綠葉紫莖（《蓼蟲賦》）

　按：紫，《類聚》卷 82、《古今合璧事類備要》別集卷 36、《全芳備祖前集》卷 14、《山堂肆考》卷 201 引作「厲」。「厲莖」不辭，蓋誤。

（14）於是悟物託事，推況乎人（《蓼蟲賦》）

　按：悟，《類聚》卷 82 引作「寤」。推，《御覽》卷 948 引作「以」。

（15）幼長斯蓼，莫或知辛（《蓼蟲賦》）

　按：莫或知辛，《御覽》卷 948 引作「莫知其辛」。

（16）頃來聞汝與諸友生講肆書傳，滋滋晝夜，衎衎不怠（《與子琳書》）

　　傅校：原本「肆」作「隸」，一本作「肆」，據改。

按：肆，《四庫全書》本、《四部叢刊》本作「肂」，《類聚》卷 55 引亦作「肂」。肂、肆，正、借字。滋滋，《類聚》、《戒子通錄》卷 3 引作「孜孜」。

（17）山霤至柔，石為之穿；蝎蟲至弱，木為之弊（《與子琳書》）

按：山霤至柔，《御覽》卷 607 引作「山溜至軟」。

（18）夫溜非石之鑿，蝎非木之鑿……豈非積漸之致乎（《與子琳書》）

按：《御覽》卷 607 引同，《記纂淵海》卷 55、66 引作「霤非石之鑽，蠍非木之蠹」，《戒子通錄》卷 3 引作「霤非石之鑿，蠍非木之鑽」，蓋皆臆改。《漢書·枚乘傳》《上書諫吳王》：「泰山之霤穿石，單極之絚斷幹。水非石之鑽，索非木之鋸，漸靡使之然也。」《說苑·正諫》：「泰山之溜穿石，引繩久之乃以齧木。水非石之鑽，繩非木之鋸也，而漸靡使之然。」《劉子·崇學》：「懸巖滴溜，終能穿石；規車牽索，卒至斷軸。水非石之鑽，繩非木之鋸，然而斷穿者，積漸之所成也。」考《御覽》卷 763 引《尸子》：「水非石之鑽，繩非木之鋸。」此為諸書所本。

（19）獨得掌御唾壺（《與子琳書》）

傅校：獨得，《淵鑑類函》卷 85 作「猶復」。錢熙祚曰：「《初學記》卷 12、《御覽》卷 703『獨得』並作『猶復』。」

按：獨得，《御覽》卷 219、《職官分紀》卷 6 引同，《書鈔》卷 58、135 引作「猶復」。「猶復」為形誤字。

（20）子建對曰：「其然。」（《敘世》）

按：「其」當作「甚」。甚，讀為諶，誠也、信也。甚然，猶言確實如此。《戰國策·秦策四》「左右皆曰：『甚然。』」《呂氏春秋·應言》「王曰：『甚然！』」《韓子·難三》「左右皆曰：『甚然！』」皆其比〔註96〕。

（21）府君從之，用格憲等（《敘世》）

傅校：用，猶而也。

按：用，猶因也。

---

〔註96〕參見蕭旭《古書虛詞旁釋》，廣陵書社 2007 年版，第 381 頁。

（22）建初元歲大旱（《敘世》）

　　　傅校：「元」下，《淵鑑類函》卷 22 有「年」字。錢熙祚日：「《藝文》卷
　　　100、《御覽》卷 624『元』下並有『年』字，則『歲』字屬下讀。」庶按：
　　　《御覽》卷 624 無「歲」字。

　　按：《後漢書・五行志》劉昭注引作「建初元年大旱」。

（23）臣聞為不善而災至，報得其應也；為善而災至，遭時運也（《敘
　　　世》）

　　按：上「至」字衍，「報」字上屬。《後漢書・五行志》劉昭注、《類聚》卷
　　　100 引作「臣聞爲不善而災報，得其應也；爲善而災至，遭時運也。」
　　　《御覽》卷 624 引作「爲不善而災至，得其應也」，無「報」字。今本
　　　蓋後人誤合二本爲一。

（24）陛下即位日新，視民如傷（《敘世》）

　　　傅校：冢田虎日：「日新，謂其修德也。」

　　按：冢田說非也。「即位日新」指剛即位不久。新，《類聚》卷 100 引同，《後
　　　漢書・五行志》劉昭注引作「淺」。

（25）昔成湯遭旱，因自責省故，散積減御損膳而大有年（《敘世》）

　　　傅校：故，《指海》本作「畋」，錢熙祚日：「『畋』原作『故』，依《御覽》
　　　改。」

　　按：「畋」字是，《後漢書・五行志》劉昭注引亦作「畋」。「省畋」當下屬。

（26）若乃貌濟內荏，高氣亢戾，多意倨跡，理不充分，業不一定，執
　　　志不果，此謂剛愎，非彊者也（《敘世》）

　　　傅校：濟，一本作「肅」，一本作「厲」。

　　按：「濟」字是其舊本。《國語・晉語五》：「今陽子之貌濟，其言匱，非其實
　　　也。」俞樾謂濟當讀爲齊，訓莊敬；王煦謂濟指有威儀〔註97〕，皆是也。
　　　韋昭注：「濟，成也。」非也。

---

〔註97〕 俞樾《國語平議》，收入《群經平議》卷 29，收入王先謙《清經解續編》，鳳
　　　凰出版社 2005 年版，第 6973 頁。王煦《國語釋文》，觀海樓藏版。

（27）惟析理即實爲得，不以濫麗說辭爲賢也（《敘世》）

按：說，四庫本作「費」。

（28）君子有酒，小人鼓缶；雖不可好，亦不可醜（《敘世》）

傅校：醜，一本作「配」。

按：「配」字誤。此語出《淮南子·說林篇》：「君子有酒，鄙人鼓缶；雖不見好，亦不見醜。」高注：「醜，惡也。」朱弁本《文子·上德》：「君子有酒，小人鞭缶；雖不可好，亦不可醜。」〔註98〕

（29）遂刪撮《左氏傳》之難者，集爲《義詁》，發伏闡幽，讚明聖祖之道，以祛後學（《左氏傳義詁序》）

按：伏，讀爲覆。《莊子·田子方》：「微夫子之發吾覆也，吾不知天地之大全也。」

## 《連叢子下》第二十三

（1）而九月既望，寢疾，浸而不瘳

按：四庫本無「浸而」二字，《御覽》卷385引同。

（2）遂還其車

按：車，《御覽》卷385引作「居」，同音借字。

（3）魯國孔氏好讀經，兄弟講誦皆可聽

按：講誦皆可聽，《御覽》卷385引作「誦講可不聽」。

（4）今之上計，並觀天子，有交燕之歡

按：《御覽》卷547引「並」引作「上」，「交燕之歡」作「交醮之忻」。「上」字是〔註99〕。

（5）上紀先君，下錄子弟

按：《御覽》卷547引「紀」作「記」，「錄」作「祿」。「祿」字音近而誤。

---

〔註98〕別本誤作「亦可以醜」。
〔註99〕四庫本《御覽》引「並觀」作「上勤」，「勤」字誤。

（6）為人謀如此，於義何居

　　　傅校：冢田虎曰：「居，語助。」

　按：「居」當爲動詞，而非語助。居，在也。

（7）今吾猥爲祿利之故，欲廢先君之道，此殆非所望也

　按：「吾」當從《四庫全書》本、《四部叢刊》本作「君」。

（8）物極則變，比百年之外，必當有明真君子，恨不與吾同世者

　　　傅校：眞，一本作「德」，一本作「愼」。「眞」、「愼」古通用，猶誠也。

　按：眞，《舊唐書・元行沖傳》引作「直」，《新唐書・儒學傳》引作「哲」。
　　　「德」古字作「悳」，「直」、「德」皆「愼」字譌誤。明愼，謂明察審愼。
　　　「明直」、「明德」皆不合文義。「明眞」不辭。

# 附　錄

## 傅輯《孔叢子》佚文補正

　　　傅亞庶《孔叢子校釋》附有《孔叢子佚文》，輯有佚文 31 條。傅氏但見
群書有引《孔叢子》文，而今本不見者，即以爲是《孔叢子》佚文，不辨眞
僞。和氏之璧，信爲寶也！琨珸之石，豈俱玉乎？昔容庚嘗言：「以僞爲眞，
去之尚易；以眞爲僞，補之則難，故于諸器非灼知其僞者輒爲收入。」〔註100〕
雖云至言，然確然可考知其僞者，則不當收爲佚文；或者雖收，而應有所考
證，方不致傳訛。茲考辨數則，以期去僞存眞。

### （1）儒有合志同方，營道同術（《初學記》卷 18 引《孔叢子》）

　按：此條孫少華、王兆萍誤輯〔註 101〕，傅氏又不辨其誤而從之。考二語見
　　　《禮記・儒行》、《家語・儒行解》，鄭注：「同方、同術，等志行也。」
　　　諸書引並作《禮記》，惟有《初學記》引作《孔叢子》，當是《初學記》
　　　誤記。

---

〔註100〕容庚《〈秦漢金文錄〉序》，北平，1931 年刊印。
〔註101〕孫少華、王兆萍《〈孔叢子〉輯佚考實》，《東方論壇》2008 年第 2 期。下引
　　　　同。

**（2）井里之厥。玉人琢之，為天子寶（《法苑珠林》引《孔叢子》）**

按：《法苑珠林》卷 28 注引《孔鄉子》：「井里之厥。」又：「王人琢之，爲天下寶。」「孔鄉子」當爲「孫卿子」之誤，即「荀子」也，不可以爲《孔叢子》佚文〔註102〕。此條孫少華、王兆萍誤輯，傅氏又不辨其誤而從之。《荀子·大略》：「和〔氏〕之璧，井里之厥也，玉人琢之，爲天子寶。」〔註103〕楊倞註：「和〔氏〕之璧，楚人卞和所得之璧也。井里，里名。厥也未詳。或曰：厥，石也。《晏子春秋》作『井里之困也』。」此即其所本。《荀子》之文，又本于《晏子》。《晏子春秋·內篇襍上》：「和氏之璧，井里之困也，良工修之，則爲存國之寶，故君子愼所修。」《晏子》「井里之困也」五字，《意林》卷 1 引作「井里璞耳」，《法苑珠林》卷 28、《御覽》卷 802、806 引並作「井里之朴耳」，希麟《續一切經音義》卷 10 引作「井里之朴」。《御覽》卷 802 有注：「《孫卿子》云：『井里之璞。』又云：『玉人琢之，爲天下寶。』」正作「孫卿子」，此可訂正《法苑珠林》之誤。傅山引《說文》「厥，發石也」以解之〔註104〕，非也。段玉裁曰：「礜或借厥，梱或借困。《荀卿》曰：『和之璧，井里之厥也。玉人琢之，爲天子寶。』《晏子》作『井里之困』。」〔註105〕段說一出，各家响應。盧文弨曰：「案：『厥』同『礜』，《說文》：『礜，門梱也。梱，門礜也。』《荀子》以『厥』爲『礜』，《晏子》以『困』爲『梱』，皆謂門限。《意林》不解，乃改爲『璞』矣。」〔註106〕盧文弨又曰：「厥即礜字之省，困即梱字之省，蓋門梱有以石爲之者，故《晏》、《荀》皆云然。」〔註107〕桂馥引段說，申說之語全同盧氏〔註108〕。孫星衍曰：「謝侍郎曰：『《說文》：「礜，

〔註102〕四庫本《法苑珠林》在卷37，注引正誤作「孔叢子」。此輯佚者所據也。據四庫之誤本，而不能考正，宜其誤也，何足怪乎！

〔註103〕「氏」字據《文選·答盧諶詩》李善注引補。

〔註104〕傅山《荀子評注》，收入《續修四庫全書》932 冊，上海古籍出版社 2002 年版，第 454 頁。

〔註105〕段玉裁《說文解字注》，上海古籍出版社 1981 年版，第 263 頁。

〔註106〕盧文弨、謝墉《荀子》校本，收入《諸子百家叢書》，上海古籍出版社影印浙江書局本 1989 年版，第 160 頁。

〔註107〕盧文弨《鍾山札記》卷 1「厥機」條，收入《續修四庫全書》第 1149 冊，上海古籍出版社 2002 年版，第 652 頁。

〔註108〕桂馥《說文解字義證》，齊魯書社 1987 年版，第 505 頁。

門梱也。梱，門橜也。」《意林》不解，乃改爲「璞」。』星衍案：宋人刻石稱門限爲石闑根，『厥』與『困』，蓋言石塊耳。」〔註109〕謝校即盧校。王念孫引盧說，並指出盧說本於段氏〔註110〕，而無異辭，是王氏亦取段說也。郝懿行引謝說，並申之云：「按此則厥與困一物，皆謂得石如門限木耳。」〔註111〕于鬯亦從謝說，並申之云：「橜者闌也……用以止門耳。」〔註112〕劉師培曰：「《御覽》卷 806、《希麟續音義》卷 6 並引『困』作『朴』〔註113〕，《法苑珠林》卷 28 引同。（自注曰：『《孔叢子》云「井里之厥」，又云「玉人琢之，爲天下寶」。』）《荀子·大略篇》楊注則云本書作『困』，據《三國志·魏文帝傳》裴注引《魏略》鄭稱拜官令曰：『和氏之璧，由井里之困。』（或本誤『田』），自以作『困』爲古。說詳《荀子》盧校。」〔註114〕井里，猶今言鄉下。《世說新語·言語》梁·劉孝標注引《韓氏》曰：「和氏之璧，蓋出於井里之中。」《隋書·潘徽傳》：「剖連城於井里，貢束帛於丘園。」「和氏之璧，井里之困（厥）也」是說和氏之璧不过是鄉下的一塊用作門梱的石頭罷了。《意林》、《御覽》引作「井里璞耳」，「璞」指玉之未理者，諸書引作「朴」，借字。「耳」爲語已辭，與「也」用法相同。盧氏、謝氏謂「《意林》不解，乃改爲『璞』」，則爲失考矣。《子華子·神氣》：「子華子自齊而歸，召子元而訓之曰：『吾之宗君薦其所以爲祥者，其族有三，曰井里之璞也，曰太山之器車也，曰唐叔異畆之禾也。」〔註115〕《子華子》雖云僞作，要亦唐以前古書，當有所據，此「璞」

〔註109〕孫星衍《晏子春秋音義》，收入《諸子百家叢書》，上海古籍出版社影印浙江書局本 1989 年版，第 94 頁。

〔註110〕王念孫《荀子雜志》，收入《讀書雜志》卷 12，中國書店 1985 年版，第 21 頁。

〔註111〕郝懿行《荀子補注》卷下，收入《四庫未收書輯刊》第 6 輯第 12 冊，北京出版社 2000 年版，第 32 頁。

〔註112〕于鬯《香草續校書》，中華書局 1963 年版，第 169～170 頁。

〔註113〕引者按，《希麟續音義》見卷 10，劉氏失檢。

〔註114〕劉師培《晏子春秋校補》，收入《劉申叔遺書》，江蘇古籍出版社 1997 年版，第 847 頁。

〔註115〕此據《叢書集成初編》、《叢書集成新編》所據《子彙》本之排印本，四庫本「井」誤作「并」。宋·王應麟《玉海》卷 78、87、125 三引《子華子》並作「井里之璞」，宋·王應麟《小學紺珠》卷 10 引《子華子》同。《玉海》卷 204 引《周瑞節銘》：「想夫井里之璞，禺（禹）氏之珍，追琢其章，虹氣孚

字不誤之證也。

（3）子思在衛，縕袍無表，田子方遺其狐白之裘。子思曰：「吾聞遺人
食物，不肯者受之，如棄物於溝壑中。吾雖無德，不敢以身為溝
壑。」遂不受，出（《白帖》卷12引《孔叢子》）

傅校：《淵鑒類函》卷374「表」作「裏」，「肯」作「義」，無「出」字。

按：《淵鑒類函》卷 374 引「聞」誤作「間」，傅氏失校。《古今合璧事類
備要》外集卷 35 亦引《孔叢子》，惟「表」作「裏」，其餘同《白帖》
所引。《書鈔》卷 129 引《孔叢子》：「孔伋縕袍無裏。」《白帖》卷 12
引文末云「出《孔叢子》」，「出」字非正文。如同卷「服袍者加襴」
條云「出《唐車服志》」，又卷 11「竹葉舟」條云「出《異聞實錄》」，
皆其例也。傅氏不辨，竟以「出」字為正文，並加校記，一何疏乎！
此條疑非《孔叢子》佚文，蓋《書鈔》、《白帖》、《事類備要》作者以
子思事，未檢原文，誤以為出《孔叢子》也。此條孫少華、王兆萍誤
輯，傅氏又不辨其誤而從之。考《說苑·立節》：「子思居於衛，縕袍
無表，二旬而九食。田子方聞之，使人遺狐白之裘，恐其不受，因謂
之曰：『吾假人，遂忘之；吾與人也，如棄之。』子思辭而不受。子
方曰：『我有子無，何故不受？』子思曰：『伋聞之，妄與，不如遺棄
物於溝壑。伋雖貧也，不忍以身為溝壑，是以不敢當也。」《文選·
雜詩》李善注、《類聚》卷 72、《書鈔》卷 143、《御覽》卷 426、478、
485、693、849、《記纂淵海》卷 61、《古今事文類聚》續集卷 17、《蒙
求集註》卷下、《喻林》卷 79、《淵鑒類函》卷 309 引並作《說苑》之
文〔註116〕。

---

達。」亦作「井」字。「咼」為「咼」形誤，「咼」為古「和」字。

〔註116〕諸書引《說苑》，有異文，錄於下。表，《文選》注、《類聚》卷 72、《書鈔》
卷 143、《御覽》卷 426、485、693、849、《蒙求集註》引作「裏」，《古今事
文類聚》引作「裘」。「表」字是。《莊子·讓王》：「曾子居衛，縕袍無表。」
《高士傳》卷上：「（曾參）居於衛，縕袍無表。」是其比也。《書敘指南》卷
4：「貧服曰縕袍無表。」妄，《文選》注、《御覽》卷 426 引作「忘」，與上文
「吾假人，遂忘之」相應，「妄」為借字。當，《古今事文類聚》引作「受」。
是以不敢當也，《文選》注引作「故不敢當」，下復有「卒不肯受」四字；《御
覽》卷引作「子思竟不受」。《蒙求集註》引「不如遺棄」上無「不」字。宋·
汪晫編《子思子外篇·無憂》取之，「表」作「裏」，「不如遺棄」上無「不」
字。無「不」字非也。《海錄碎事》卷 7 有此文，不言引自何書，作「忘（妄）

（4）智伯欲伐仇由，而道難不通，乃鑄大鍾遺仇由。仇由君悅，除道
將內之。赤章曼支諫曰：「不可。此小之所以事大，而今大以遺
小，卒必隨之，不可內。」不聽，遂內之。曼支因以斷轂而馳至
齊，十月而仇由亡（《御覽》卷 457 引《臺甲孔叢子》）

按：此文出《韓子·說林下》，惟「十月」作「七月」。疑《御覽》卷 457 誤
引出處，《元和郡縣志》卷 16、《御覽》卷 575、《記纂淵海》卷 78、《天
中記》卷 43 皆引作《韓子》。此條孫少華、王兆萍誤輯，傅氏又不辨其
誤而從之。

（5）繆公以女樂二八人與良宰遺戎王。戎王喜，迷惑大亂。由余驟諫
而不聽，因怒而歸繆公也（《御覽》卷 457 引《臺甲孔叢子》）

按：此文出《呂氏春秋·不苟》。《御覽》卷 568 引《墨子》：「秦繆公之時戎
強大，繆公遺之女樂二八與良宰，戎王大喜。以其故，數飲食，日夜不
休，左右有言秦寇之至者，因扞弓而射之。秦寇果至，戎王醉而臥於罇
下，卒生縛之。」〔註 117〕「扞」當作「扜」，形之誤也。扜弓，引弓〔註
118〕。扜讀爲弙（弙），《說文》：「弙，滿弓有所嚮也。從弓于聲。」

（6）趙簡子曰：「厥也愛我，鐸也不我愛。厥諫我必於無人之所，鐸
之諫我也喜質我於人中，必使我愧。」尹鐸對曰：「厥愛君之愧
也，而不愛君之過也；鐸也愛君之過，而不憂君之愧也。」此
簡子之賢也，人主賢則人臣之言直（《御覽》卷 457 引《諫木孔
叢子》）

按：此文出《呂氏春秋·達鬱》。《呂氏》「愧」作「醜」，其餘文同。孫少
華、王兆萍已引《呂氏》文。《說苑·臣術》：「簡子曰：『厥愛我，諫
我必不於眾人中；綽也不愛我，諫我必於眾人中。』尹綽曰：『厥也
愛君之醜，而不愛君之過也；臣愛君之過，而不愛君之醜。』」

（7）越饑，請食於吳。子胥諫曰：「不可與也。夫吳之與越，仇讎之
國，非吳喪越，越必喪吳。若燕、秦、齊、晉，山處陸居，豈能

施，猶棄物溝壑」。蓋以「猶」、「如」同義而改作，亦刪「不」字。
〔註 117〕《書鈔》卷 105 引「扞」作「彎」。
〔註 118〕另參見蕭旭《淮南子校補》，花木蘭文化出版社 2014 年版，第 13〜14 頁。

踰五湖九江、越十地以有吳哉？今將輸之粟，是長仇讎。財匱民怨，悔無及也。」（《御覽》卷 457 引《諫木孔叢子》）

按：此文出《呂氏春秋・長攻》：「越國大饑……乃使人請食於吳。吳王將與之，伍子胥進諫曰：『不可與也。夫吳之與越，接土鄰境，道易人通，仇讎敵戰之國也。非吳喪越，越必喪吳。若燕、秦、齊、晉，山處陸居，豈能踰五湖九江、越十七阸以有吳哉？故曰非吳喪越，越必喪吳。今將輸之粟，與之食，是長吾讎而養吾仇也。財匱而民恐，悔無及也。』」《說苑・權謀》：「越饑，句踐懼，四水進諫曰：『夫饑，越之福也，而吳之禍也。夫吳國甚富而財有餘，其君好名而不思後患，若我卑辭重幣以請糴於吳，吳必與我，與我則吳可取也。』越王從之，吳將與之。子胥諫曰：『不可。夫吳、越接地鄰境，道易通，仇讎敵戰之國也。非吳有越，越必有吳矣。夫齊、晉不能越三江五湖以亡吳、越，不如因而攻之……財匱而民怨，悔無及也。』」孫少華、王兆萍已引《呂氏》、《說苑》二文。《越絕書・請糴內傳》：「大夫種對曰：『君王卑身重禮，以素忠為信，以請糴於吳，天若棄之，吳必許諾。』於是乃卑身重禮，以素忠為信，以請於吳。將與，申胥進諫曰：『不可。夫王與越也，接地鄰境，道徑通達，仇讎敵戰之邦。三江環之，其民無所移。非吳有越，越必有吳……』」

## （8）竇皇后弟廣國曰：「姊去我西時，與我訣於傳舍中，沐我而去。」成帝遣定陶王之國，王辭去，上與相對涕泣而訣（《御覽》卷 489 引《孔叢子》）

按：《史記・外戚世家》：「（廣國）對曰：『姊去我西時，與我決於傳舍中，丐沐沐我，請食飯我乃去。』」《漢書・外戚傳》作「姊去我西時，與我決傳舍中，匃沐沐我，已飯我乃去」。《漢書・元后傳》：「定陶共王來朝……上不得已於鳳而許之。共王辭去，上與相對涕泣而決。」孫少華、王兆萍、李健以為是《孔叢子》佚文〔註119〕，傅氏又不辨其誤而從之。《類聚》卷 29「子高遊趙」條引《孔叢子》，下接引《漢書》，此二條相屬，《御覽》鈔自《類聚》，而鈔脫「漢書」二字，因以「又曰」承接。輯佚者不考，因誤以為《孔叢子》佚文，亦大疏也。《御覽》卷 395 引廣

〔註119〕李健《宋咸注本對古本〈孔叢子〉的改變》，《文教資料》2010 年 7 月號上旬刊。

國云云，即引自《漢書》。

（9）田駢以道術說齊王。王曰：「願聞國之政。」駢對曰：「臣之言無政而可以為政，譬若林木無林而可以為林，願王察其所謂而自取齊國之政焉。天地之間，六合之內，可陶冶而變化也，齊國之政，何足問哉！」（《淵鑒類函》卷125引《孔叢子》）

按：此非《孔叢子》佚文。此條張明誤輯，傅氏又不辨其誤而從之。《淵鑒類函》卷125上文皆引《淮南子》文，此條誤增「孔叢子」三字。輯佚者不考，因誤以爲《孔叢子》佚文，亦大疏也。《淮南子‧道應篇》：「田駢以道術說齊王，王應之曰：『寡人所有齊國也，道術難以除患，願聞國之政。』田駢對曰：『臣之言無政而可以爲政，譬之若林木無材而可以爲材，願王察其所謂而自取齊國之政焉。』己雖無除其患害，天地之間，六合之內，可陶冶而變化也。齊國之政，何足問哉？』」《淮南子》文又出自《呂氏春秋‧執一》。《淵鑒類函》所引「林木無林而可以爲林」九字，《御覽》卷624引《淮南子》誤同，下二「林」字當作「材」。《淵鑒類函》蓋鈔自《御覽》，故誤同也。然正可見其文當出自《淮南子》，《御覽》所引出處固不誤也。

（10）昔西域國有苑中有奈樹，生果，中有一女子，王收為妃女，乃以苑地施佛，為伽藍，故曰王奈苑（《淵鑒類函》卷316引《孔叢子》）

按：此言施佛事，固非《孔叢子》佚文，《淵鑒類函》誤列出處。張明誤輯，傅氏又不辨其誤而從之。《古今合璧事類備要》前集卷47引《雞跖集》：「昔西域國有奈樹，生果，果生有一女子，王收爲妃女，乃以苑地施佛爲伽藍，故曰奈樹。」《錦繡萬花谷前集》卷29引同，「奈」誤作「禁」，「生」作「中」。《韻府群玉》卷10「奈苑」條引《雞跖集》：「西域有奈樹，成果二，中有一女子，王收爲妃，以苑地柂（施）佛，故名奈苑。」《天中記》卷15引《雜集》略同。「雜」爲「雞」誤，又脫「跖」字。《天中記》卷36引出處正作「雞跖」。

（11）唐虞之世，麟鳳遊於田（《詩‧麟之趾》孔疏引《孔叢》）

按：此條傅氏未輯。《孔叢子‧記問》：「（孔子）乃歌曰：『唐虞世兮麟鳳遊，今非其時吾何求？麟兮麟兮我心憂。』」孔疏蓋隱括成文。

# 《越絕書》校補（續）

　　《越絕書》15 卷，《四庫全書總目提要》卷 66 從楊愼說，判定作者爲漢朝的袁康和吳平〔註1〕；余嘉錫《四庫提要辨證》認爲「此書非一時一人所作」，認同宋人陳振孫《直齋書錄解題》提出的「蓋戰國後人所爲，而漢人又附益之」的觀點〔註2〕。今人王鐵則推闡明人楊愼的考證，認爲是西漢末年的袁康、吳平據前代史料編輯而成〔註3〕。羅琴據薛綜注《文選》引《越絕書》，判定《越絕書》最晚成書當在赤烏六年（243）以前〔註4〕。

　　清人的整理研究著作，有錢培名《越絕書札記》〔註5〕，俞樾《讀越絕書》〔註6〕，孫詒讓《札迻·越絕書》〔註7〕；近人及今人，則有張宗祥《越絕書校注》〔註8〕，樂祖謀《越絕書》（點校）〔註9〕，李步嘉《越絕書校釋》、

〔註1〕 《四庫全書總目提要》卷 66，收入景印文淵閣《四庫全書》第 2 冊，臺灣商務印書館 1986 年初版，第 424 頁。

〔註2〕 余嘉錫《四庫提要辨證》，中華書局 1980 年版，第 382～383 頁。

〔註3〕 王鐵《〈越絕書〉末篇末章釋讀——論〈越絕書〉的編者與成書年代》，《古籍整理研究學刊》2012 年第 6 期，第 3～6 頁。

〔註4〕 羅琴《〈文選·二京賦〉薛綜注眞僞辨》，《文獻》2014 年第 1 期，第 169～175 頁。

〔註5〕 錢培名《越絕書札記》，收入《龍溪精舍叢書》；又收入《叢書集成初編》第 3697 冊，中華書局 1985 年影印；又收入《叢書集成新編》第 110 冊，新文豐出版公司 1985 年版。

〔註6〕 俞樾《讀越絕書》，收入《春在堂全書》，《曲園雜纂》卷 19。

〔註7〕 孫詒讓《札迻》卷 3《越絕書》，中華書局 1989 年版；齊魯書社 1989 年亦版。

〔註8〕 張宗祥《越絕書校注》，商務印書館 1956 年版。

〔註9〕 樂祖謀《越絕書》（點校），上海古籍出版社 1985 年版。

《越絕書研究》〔註10〕，俞紀東《越絕書全譯》〔註11〕，張仲清《越絕書校注》〔註12〕。李步嘉的《校釋》彙校眾本，彙集眾說，時出己見，最便學者。我以前作過《越絕書補注》、《越絕書校補》〔註13〕，當時限於學識與資料，甚爲簡質，且有錯誤。茲據《校釋》爲底本，重作《校補》，以爲續篇云爾。張仲清《校注》後出，而作者疏於小學，時多誤釋，本文但擇其要者訂正之，以節省篇幅耳。

# 卷　一

## 《越絕外傳本事》第一

### （1）蓋要其意，覽史記而述其事也

　　按：要，讀爲約。俞紀東曰：「要，通『徼』，求取。」非也。張仲清曰：
　　　　「要，重點、要點。此作動詞，提取要點。」亦拘於字形，未達通借
　　　　之指。

### （2）浮陵以付楚

　　　　李步嘉曰：浮陵，地名，其地不詳。

　　按：浮陵，本書卷 14《德序外傳記》同。《齊民要術》卷 10 引《荊州地記》：
　　　　「浮陵茶最好。」考《書鈔》卷 144「武陵最好」條引《荊州土地記》：
　　　　「武陵七縣通出茶，最好。」《漢書·地理志》：「武陵郡。」顏師古注：
　　　　「高帝置，莽曰建平，屬荊州。」《方輿勝覽》卷 36 記惠州郡名有「惠
　　　　陽、羅浮、龍川、浮陵」，注：「皮日休有《浮陵集》。」是「浮陵」即
　　　　「武陵」，確屬楚地，在今廣東、湖南交界處也。《水經注》卷 36 引《先
　　　　賢傳》：「潘京世長爲郡主簿，太守趙偉甚器之，問京：『貴郡何以名武
　　　　陵？』京答曰：『鄙郡本名義陵，在辰陽縣界，與夷相接，數爲所破。
　　　　光武時移治東山之上，遂爾易號。《傳》曰止戈爲武，《詩》云高平曰陵，

〔註10〕　李步嘉《越絕書校釋》，武漢大學出版社 1992 年版；李步嘉《越絕書研究》，
　　　　　上海古籍出版社 2003 年版。
〔註11〕　俞紀東《越絕書全譯》，貴州人民出版社 1996 年版。
〔註12〕　張仲清《越絕書校注》，國家圖書館出版社 2009 年版。
〔註13〕　蕭旭《越絕書補注》，《古籍整理研究學刊》2001 年古文獻專號；後增補而作
　　　　　《越絕書校補》，收入《群書校補》，廣陵書社 2011 年版，第 573～583 頁。

於是名焉。』《後漢書・郡國志》劉昭注引同。高帝祖置武陵，潘京說
誤也，辨見《學林》卷 6。張仲清曰：「浮陵，地名，疑即阜陵。」失
考也。

## （3）故曰越絕

張宗祥曰：張本有「絕」字，各本均無……當有。

按：張氏補「絕」，是也，明・楊慎《升菴集》卷 10《跋越絕》引正有「絕」
字。

## （4）率道諸侯

按：我舊說云：「率，勸也。道讀爲導。」今謂「率」亦導也，同義連文。
張仲清曰：「率，循。道，霸道。」失之。

## （5）越王句踐屬芻莝養馬

按：本書卷 15《篇敘外傳記》：「句踐何當屬莝養馬？」「芻」字當涉「屬」
音近而衍。本書卷 10《記吳王占夢》：「王恒使其芻莝秩（秣）馬。」
「屬莝」又誤作「芻莝」。《御覽》卷 431 引《東觀漢記》：「第五倫……
躬莝養馬。」莝字亦作剉，《吳越春秋・勾踐入臣外傳》：「（越王）斫
剉養馬。」屬，讀爲斸，字亦作钃、欘、櫡、劚。《說文》：「斸，斫也。」
又「欘，斫也。」「屬莝」即「斫剉」。《廣韻》：「剉，斫剉也。」俞紀
東曰：「屬，值，指所處地位。」張仲清解「屬」爲「屬於」，皆非也。

## （6）濕易雨，饑易助

按：此古成語。《淮南子・說林篇》、《文子・上德》並云：「幾易助也，濕易
雨也。」幾，讀爲飢，饑亦借字。李步嘉引《董子・同類相動》「今平
地注水，去燥就濕，均薪施火，去濕就燥」以說之，未切。

## （7）不侵不差，抽引本末

按：《說文》：「侵，漸進也。」差，猶言過分、過甚〔註14〕。俞紀東曰：「侵，
過火、過頭。差，失誤。」張仲清曰：「侵，通『浸』，擴展。差，欠缺、
短少。」皆失之。

---

〔註14〕 參見蕭旭《古書虛詞旁釋》，廣陵書社 2007 年版，第 390～391 頁。

## 《越絶荆平王內傳》第二

### （1）於是乃南奔吳

錢培名曰：奔，《書鈔》卷 106、《御覽》卷 343、571 引並作「走」。

按：《高士傳》卷上：「奢子員亡將奔吳。」亦作「奔」字。

### （2）日昭昭，侵以施，與子期甫蘆之碕

張宗祥曰：施，讀曰移。又：馳，施也，《吳越春秋》正作「侵已馳」。甫，此處作語助，《吳越春秋》作「乎」。碕，《吳越春秋》作「漪」，非。漪乃水波，碕爲曲岸。

李步嘉曰：昭昭，《御覽》卷 571 引作「炤炤」。蘆之碕，《御覽》卷 571 引脫「碕」字。

按：《御覽》卷 571 引作「炤炤侵以施，於子期甫蘆之〔碕〕」。《吳越春秋·王僚使公子光傳》「日」下有「月」字。施，張氏讀爲移、馳，並是也。《史記·賈生列傳》《服鳥賦》：「四月孟夏，庚子日施兮。」《集解》引徐廣曰：「施，亦作斜。」《索隱》：「施，音矢移反，猶西斜也。《漢書》作斜。」《文選》亦作「斜」，斜亦音移。「施」正與此文同。《六書故》：「《孟子》曰：『施從良人之所之。』謂迤邐，徐跡其後也。」人斜行爲施。日斜行亦爲施，其義一也。日西斜義的專字作「㫊」，《說文》：「㫊，日行㫊㫊也。」《玉篇》：「㫊，㫊㫊，日行也。」《慧琳音義》卷 98 引《韻英》：「㫊，日行皃也。」此爲《廣弘明集》卷 20 梁·蕭繹《梁簡文帝法寶聯璧序》《音義》，檢原文作「南龜異說，東㐌雜賦」，宋、元、明本「㐌」作「馳」，宮本作「馳」。《正字通》：「㫊，音移。㫊㫊，日行貌。古語呼日斜爲㫊。」引此文作「㫊」，蓋以意改。楊愼曰：「日斜曰㫊，音移。」〔註15〕字亦作「虒」，睡虎地秦簡《日書》甲種：「日虒見，令復見之。」整理者注：「虒，斜。」〔註16〕饒宗頤曰：「日虒當即日施……《說文》有『㫊』字云：『日行㫊㫊。』」

---

〔註15〕楊愼《轉注古音略》卷 1，收入景印文淵閣《四庫全書》第 239 冊，臺灣商務印書館 1986 年版，第 352 頁；說又見《秇林伐山》卷 2，收入《叢書集成初編》第 335 冊，中華書局 1985 年影印，第 9 頁。
〔註16〕《睡虎地秦墓竹簡》，文物出版社 1990 年版，第 208 頁。

〔註17〕字亦作倪，《廣雅》：「倪，衺也。」王念孫曰：「《說文》：『睨，衺視也。』《中庸》云：『睨而視之。』睨與倪同義。《莊子·天下篇》云：『日方中方睨。』是日斜亦謂之睨也。」〔註18〕《莊子》《釋文》：「李云：『睨，側視也。』《呂氏春秋·序意》：「以日倪而西望知之。」孫詒讓曰：「畢云：『倪與睨同。』案：『日倪』猶言日衺（衰）側。《廣雅》、《莊子·天下篇》云云。」〔註19〕俗字亦作「晲」、「昵」，《玉篇》：「晲，日跌也。昵，同上。」《集韻》：「晲，日昳。」《正字通》：「昵，同『睨』，省。」馬王堆帛書《出行占》：「……乙庚昵，丙辛夕，以行大凶。」馬王堆帛書《刑德》：「日兒，庚辛發。」「日兒」即「日晲」〔註20〕，亦即「日倪」。人斜視謂之睨、倪，日斜行亦謂之睨，固同源也。《莊子》之「睨」，即「晲」、「昵」，亦即「瞧」，此則王氏所未及也。黃生曰：「施，日斜也。碕，曲岸也。二字義較確。甫，當讀夫，音扶。」〔註21〕黃生甫讀夫，是也，孫詒讓亦曰：「甫與夫音近字通。」《吳越春秋》作「乎」，亦音之轉耳，信陽楚簡第1簡的「烏夫」就是「嗚呼」，是其證也。《御覽》卷69引《輿地志》作「灼灼兮侵已私，與子期兮蘆之崎」，《太平寰宇記》卷112、《方輿勝覽》卷28、《通鑑》卷164胡三省註引「崎」作「漪」，脫「日」字，「灼灼」為「炤炤」形誤，「私」為「馳」音誤，「崎」同「碕」。《廣韻》：「崎，曲岸。碕，上同。」

## （3）漁者渡於于斧之津

按：本書卷6《外傳紀策考》：「吾是于斧掩壺漿之子。」又卷15《篇敘外傳記》：「請救于斧漁子進諫子胥。」亦皆作「于斧」。《吳越春秋·王僚使公子光傳》作「千潯」，《御覽》卷1000引《吳越春秋》作「于潯」，

〔註17〕饒宗頤、曾憲通《雲夢秦簡〈日書〉研究》，香港中文大學出版社1982年版，第32頁。

〔註18〕王念孫《廣雅疏證》，收入徐復主編《廣雅詁林》，江蘇古籍出版社1992年版，第181頁。

〔註19〕孫詒讓《札迻》卷6，中華書局1989年版，第196頁。原文「衺」誤作「衰」，徑正。光緒廿年刊本亦誤，收入《續修四庫全書》第1164冊，第71頁。

〔註20〕參見施謝捷《簡帛文字考釋札記》，《簡帛研究》第3輯，廣西教育出版社1998年版，第177頁。

〔註21〕黃生《義府》卷下，《字詁義府合按》，中華書局1954年版，第208頁。

《御覽》卷343引此文作「千斧」。俞樾謂「千潯」誤。斧水即指武水，斧字亦音轉作潕、無、舞，《水經注·沅水》：「武陵有五溪，謂雄溪、樠溪、（朗溪）、無溪、酉溪、辰溪……又逕沅陵縣西，有武溪，源出武山……武水南流注於沅。」《後漢書·馬援傳》李賢注、《通鑑》卷44胡三省註作「潕溪」，李賢且云：「土俗雄作熊，樠作朗〔註22〕，潕作武，在今辰州界。」《宋書·夷蠻傳》作「舞谿」，《南史·夷貊傳》作「武溪」。武水當即伍子胥所渡者。徐天祐注：「潯當作尋，四尺曰仞，倍仞曰尋。」此據誤字爲說，未得也。錢培名曰：「滏水與吳、楚不相涉，由楚入吳，以潯爲近。」俞紀東曰：「于斧，渡口名。」張仲清曰：「于斧，疑即『于湖』。」斯皆失考矣。

（4）子胥遂行，至溧陽界中

　按：《御覽》卷826、《緯略》卷11引無「界中」二字。

（5）自縱于瀨水之中而死

　　李步嘉曰：縱，《御覽》卷826引作「投」，《吳越春秋·王僚使公子光傳》同。

　按：《緯略》卷11引亦作「投」。投，跳也，字或作透、趖、趒、跿、跠〔註23〕。

# 卷　二

## 《越絕外傳記吳地傳》第三

（1）昔者，吳之先君太伯，周之世，武王封太伯於吳，到夫差，計二十六世，且千歲

　按：《韓詩外傳》卷10：「太伯反吳，吳以爲君，至夫差，二十八世而滅。」言「二十八世」，與此不同。載籍佚缺，不可得詳。

（2）南城宮，在長樂里

---

〔註22〕　「樠作朗」者，段玉裁曰：「是皆認樠爲樠，未別其字，而強說其音也。」段玉裁《說文解字注》，上海古籍出版社1981年版，第247頁。

〔註23〕　參見蕭旭《敦煌寫卷〈王梵志詩〉校補》，收入《群書校補》，廣陵書社2011年版，第1271～1272頁。

按：各本皆作「南越宮」，錢培名、李步嘉據《吳越春秋·闔閭內傳》、《姑蘇志》卷 33 校作「南城宮」，皆是。《吳郡志》卷 8 亦云：「南城宮……以上悉吳闔廬故跡。」

### （3）旦食於紐山，晝遊於胥母

錢培名曰：組，原誤「紐」，依徐天祐引改。《吳越春秋》作「鉏」。

李步嘉曰：《文選·七發》李善注引《越絕書》與《吳越春秋》同。《吳郡圖經續記》卷上：「旦食蛆山，晝遊蘇臺。」按「組」、「鉏」、「蛆」聲符同而可假借，則今本「紐」字似誤。而究屬某字終不可遽定，存疑於此，以俟後考。

按：《御覽》卷 177、《吳郡志》卷 8 引《吳越春秋》作「鉏」，《吳郡志》卷 15：「魻山，吳王旦食於魻，即此山。」「魻」即「鉏」之謿。《海錄碎事》卷 3 引《續圖經》、卷 4 引《傳》亦並作「鉏」。錢校作「組」，是也。

### （4）吳古故從由拳辟塞，渡會夷，奏山陰

錢培名曰：《水經·漸江水注》「夷」作「稽」。

按：《水經注》卷 40 亦作「夷」字，作「稽」者乃四庫官本所改。俞樾曰：「會夷即會稽之異文也。」本書卷 8《外傳記〔越〕地傳》：「度之會夷。」亦同。由拳，亦作「由卷」，《三國志·孫權傳》：「由拳野稻自生，改為禾興縣。」《唐開元占經》卷 120、《御覽》卷 839 引作「由卷」。亦作「囚卷」，《水經注》卷 29 引《吳記》：「谷水出吳小湖，逕由卷縣……谷中有城，故由卷縣治也，即吳之柴辟亭，故就李鄉檇李之地。秦始皇惡其勢王，令囚徒十餘萬人，汙其土表，以汙惡名，改曰囚卷，亦曰由卷也。」《宋書·符瑞志上》：「于是秦始皇乃改金陵曰秣陵，鑿北山以絕其勢；至吳，又令囚徒十餘萬人，掘汙其地表，以惡名，故曰囚卷縣，今嘉興縣也。」字亦作「囚拳」，《輿地廣記》卷 23：「望氣者云有天子氣，始皇乃令囚徒十萬人，掘汙其地表，以惡名，改曰囚拳縣，後曰由拳，漢屬會稽郡。」其語源是「囚倦」，《太平寰宇記》卷 95：「故由拳縣，在今縣南五里。秦始皇見其山有王氣，出使諸囚合死者來鑿此山，其囚倦，並逃走，因號為囚倦山，因置囚倦縣。後人語訛，便名為由拳

山。」《方輿勝覽》卷 3：「秦爲由拳縣，始皇時，見山下出王氣，使諸囚鑿之，囚倦，後人訛爲由拳。」

### （5）柴辟亭到語兒就李

錢培名曰：辟，原誤「碎」，今改。

李步嘉曰：錢校甚是，《外傳記地傳》：「語兒鄉，故越界，名曰就李。吳疆越地以爲戰地，至於柴辟亭。」可證。

按：《咸淳臨安志》卷 16 引正作「辟」。《水經注》卷 29 引《吳記》：「谷中有城，故由卷縣治也，即吳之柴辟亭，故就李鄉檇李之地。」《漢書·地理志》顏師古注：「柴辟，故就李鄉，吳越戰地。」皆可證。本書卷3《吳內傳》：「吳人敗於就李。」「就李」即「檇李」，《史記·越王勾踐世家》：「吳師敗於檇李。」亦作「醉李」，《公羊傳·定公十七年》：「於越敗吳于醉李。」《釋文》：「醉李，本又作檇，音同。」又作「欈李」、「雋李」，《漢書·地理志》：「與吳王闔廬戰，敗之雋李。」顏師古曰：「雋，音醉，字本作檇，其旁從木。」《集韻》：「檇，《說文》：『以木有所擣。』引《春秋傳》『越敗吳於檇李』。或作欈。」疑當以「就里」爲正，古人名聚居處爲「就」，取會聚、集聚爲義。里耶秦簡 8-262：「☒江西就旁。」8-1014：「居貲士五巫南就路。」8-1328：「居貲士伍江陵東就斐。」〔註24〕就、聚、集，一聲之轉。夷吾、鮑叔的老家，叫管集、鮑集，這個「集」也就是秦簡的「就」。《續漢書·郡國志》載南陽郡宛縣有「南就聚」，「南就」是地名，猶言南集。「聚」則是邑聚、村落之名，小於鄉、邑、都。《說文》：「邑落云聚。」雖則「就」「聚」取義相同，而指稱有異。河東有「聞喜聚」，「聞喜」是地名，「聚」亦指邑聚、村落。語兒，古越語，猶言小兒，取其義爲地名也〔註25〕。

### （6）閶門外郭中冢者，闔廬冰室也

李步嘉曰：《初學記》卷 7 引作「吳閶門外郭中冢者，闔廬冰室」。按古代冰室多建於地下，起土似冢，《初學記》引誤。

〔註24〕陳偉主編《里耶秦簡牘校釋（第一卷）》，武漢大學出版社 2012 年版，第 124～125 頁。

〔註25〕參見蕭旭《「嬰兒」語源考》。

按：陳禹謨本《書鈔》卷 159 引作「吳閶門外郭中家者，闔廬冰室」，亦誤。
四庫本《書鈔》又誤作「巾家」。

## （7）扁諸之劍三千

按：扁諸，《姑蘇志》卷 29 引誤作「專諸」，《類聚》卷 8 引《吳越春秋》誤
作「專諸」，《御覽》卷 558 引《吳越春秋》又誤作「諸腸」。

## （8）時耗、魚腸之劍在焉

錢培名曰：時耗，《史記集解》、《御覽》卷 343、《事類賦注》並作「槃郢」，
與《吳越春秋》合。

張宗祥曰：《史記集解》引作「槃郢」，是。《吳越春秋》云云。

李步嘉曰：《吳郡志》卷 39、《姑蘇志》卷 34 引並作「盤郢」。按「槃」、「盤」
字通，張說是。

按：《御覽》卷 343 引作「磐郢」，《吳越春秋·闔閭內傳》同；《事類賦注》
卷 13、《吳都文粹》卷 9 引作「盤郢」，錢氏失檢。江淹《銅劍讚》引
《皇覽·帝王冢墓記》亦作「盤郢」，《錦繡萬花谷》前集卷 5、27、《平
江記事》作「槃郢」。陳禹謨本《書鈔》卷 92、《廣博物志》卷 7 引本
書作「時耗」〔註26〕，《說郛》卷 27 引楊奐《山陵雜記》亦作「時耗」。
「曹」或體作「曺」，形譌作「旹」，即「時」古字；「豪（毫）」音譌作
「耗」。因而「豪曹」倒譌成「時耗」。「豪曹」又名「磐郢」者，其故
不明。

## （9）闔廬子女冢……池廣六十步，水深丈五寸

按：「寸」當作「尺」，上文言「闔廬冢……下池廣六十步，水深丈五尺」，
作「尺」。

## （10）婁門外雞陂墟，故吳王所畜雞處

錢培名曰：《御覽》作「雞籠山外雞陂」。

李步嘉曰：錢引《御覽》見卷 193。按《御覽》卷 56 引作「吳門外雞坡
墟」。「婁門」作「吳門」。

---

〔註26〕孔本《書鈔》引《吳越春秋》作「盤郢」。

按：「婁門」不誤。《御覽》卷 192 引《吳地記》：「婁門外雞陂者，吳王養雞城。」〔註27〕又卷 833 引《吳越春秋》：「婁門外雞墟者，吳王牧雞處。」〔註28〕

**（11）莋碓山，故為鶴阜山，禹遊天下，引湖中柯山置之鶴阜，更名莋碓**

張宗祥曰：即岞崿山。

李步嘉曰：《姑蘇志》卷 9：「岞崿山……一名鶴阜山，又名莋雄山。」《書鈔》卷 160 引作「莋雒山」，皆與今本異。

按：《吳郡志》卷 15：「鶴阜山，亦名岞崿山。」「碓」、「雄」皆「雒」形誤〔註29〕。下文「莋碓山南有大石」，《書鈔》卷 160 引亦作「莋雒」。《水經注·沔水》：「楊泉《五湖賦》曰：『……岞嶺崔嵬，穹隆紆曲。』……太湖之東，吳國西十八里，有岞嶺山，俗說此〔山〕本在太湖中，禹治水，移進近吳。」二「岞嶺」，趙一清本分別作「岞崿」、「岞頠」。《類聚》卷 9 引楊泉《五湖賦》作「岞頠」，《玉海》卷 23 引楊修（泉）《五湖賦》作「岞雒」，《吳都文粹續集》卷 23 引楊泉《五湖賦》作「岞崿」。「岞」同「岞」，「莋」則借字。「雒」同「頠」，「雒」誤爲「雒」，又增山旁作「嶭」。「嶺」則「嶺」之形譌，「嶺」又「頠」之增旁字。熊會貞曰：「《類聚》作『岞頠』。《輿地紀勝》：『岞崿山，酈善長以爲岞嶺山。』考木玄虛《海賦》有『岞嶺』字，可證。嶺、頠音同，嶺、崿音近，此嶺與嶺形近，當爲傳鈔之誤，今訂。」斯皆得之，而熊會貞又謂「《書鈔》引作『雒』尤誤」〔註30〕，則爲失考也。《御覽》卷 46 引《吳興記》：「岞崿山……

---

〔註27〕《吳郡志》卷 8 引作「雞陂在婁門外，吳王養雞城也，又名雞陂墟」。

〔註28〕「墟」上《御覽》卷 918 引有「陂」字，《事類賦注》卷 18 引有「坡」。《事類賦注》引脫「吳」字。

〔註29〕《史記·越王勾踐世家》：「公孫雄。」公序本《國語·吳語》、《越語下》作「雄」，明道本作「雒」；《呂氏春秋·當染》、《御覽》卷 492 引《會稽典錄》亦並作「雄」，《墨子·所染》、《說苑·雜言》作「雒」，《韓子·說疑》作「頠」，《吳越春秋·夫差內傳》、《勾踐伐吳外傳》、《越絕書·請糴內傳》、《外傳記吳王占夢》並作「駱」。當以「駱」爲正字，「雒」、「頠」則借字，「雄」則誤字。駱，野獸也。古人多以虎豹熊羆爲名，是其比也。

〔註30〕楊守敬、熊會貞《水經注疏》（手稿影本），收入《續修四庫全書》第 727 冊，上海古籍出版社 2002 年版，第 425 頁。熊氏原稿「頠」、「嶺」之「各」部皆誤作「名」，徑正。江蘇古籍出版社 1989 年版排印本未能訂正，第 2443 頁。湖北人民出版社、

本在太湖中，禹治水移於此。」《太平寰宇記》卷 91 說同，是「岝嶺」
當作「岝嶺」，即「岝嶺」也。「頟」、「嶺（嶨）」音之轉也，《書·益稷》：
「罔晝夜頟頟。」《潛夫論·斷訟》：「晝夜鄂鄂，慢游是好。」顯然是用
的《書經》成語。《釋名》：「頟，鄂也，有垠鄂也，故幽州人則謂之鄂也。」
《慧琳音義》卷 60：「江東人呼頟爲訝，幽州人謂頟爲鄂，皆聲訛轉也。」
此皆其音轉之證也。《吳郡圖經續記》卷中：「岝嶨山，在吳縣西南一十
五里。《圖經》云：『形如獅子，今以此名山也。酈善長以爲岝嶺山。』」
《海錄碎事》卷 3 引《圖經》同。是宋代所見本《水經注》已誤作「岝
嶺」也。《廣韻》：「岝，岝嶨，山高。」《集韻》：「岝，岝嶨，山高兒。」
字亦作「岝崿」，《龍龕手鑑》：「岝，岝崿，山高貌。」字亦作「岝嶺」，
《文選·海賦》：「啟龍門之岝嶺，墋陵巒而嶄鑿。」李善注：「岝嶺，高
貌。」《古今合璧事類備要》前集卷 8 引作「岝嶺」，《玉海》卷 20 引亦
誤作「岝嶺」。唐·李白《明堂賦》：「爾乃劃岝嶺以嶽立，郁穹崇而鴻紛。」
字又作「岝峇」，《玉篇》：「岝，岝峇，山兒。」又「峇，岝峇。」《集韻》：
「峇、嶺：山高大兒，或从頟。」日本大谷大學藏本北魏·曇鸞《無量
壽經優婆提舍願生偈註》卷 1：「岝峇，山不齊。」字亦作「岝峇」，《鉅
宋廣韻》：「峇，岝峇，或作峇。」又「岝，岝峇，山兒。」《文選·南都
賦》：「岝峇靠嵬，嶔巇屹巇。」李善注引《埤蒼》：「岝峇，山不齊也。」
《玉篇殘卷》引《埤蒼》：「岝，岝峇，山不叁（齊）也。」字又作「柞
鄂」、「柞楀」，《集韻》：「柞，柞鄂，捕獸檻中機也。」《周禮·秋官·司
寇》鄭玄注：「攫，柞鄂也。」《禮記·中庸》孔疏：「攫，謂柞楀也。」
《白氏六帖事類集》卷 25 注：「樓爲柞楀也，設於穽中。」〔註31〕柞鄂
（楀）者，謂於陷阱之中施設參差之木，以係絆獸蹄者也，取「高而不
齊」爲義。賈公彥疏：「柞鄂者，或以爲豎柞於中，向上鄂鄂然，所以載
禽獸，使足不至地，不得躍而出，謂之柞鄂也。」賈氏未得其語源。胡
文英曰：「案：柞鄂，以木石作峻嶒以困獸也。吳中謂參差杈枒之處曰柞
鄂。」〔註32〕字亦作「柞格」，《國語·魯語上》：「設穽鄂。」韋昭注：「鄂，

---

湖北教育出版社 1997 年版《楊守敬集》第 4 冊亦未能訂正，第 1776 頁。

〔註31〕 白居易《白氏六帖事類集》（30 卷本，宋紹興刻本），文物出版社 1987 年版。
四庫本《白孔六帖》（100 卷本）在卷 85，作「攫謂柞楀也」，「柞」誤作「林」，
《四庫全書》第 892 冊，臺灣商務印書館 1986 年初版，第 391 頁。

〔註32〕 胡文英《吳下方言考》卷 11，收入《續修四庫全書》第 195 冊，上海古籍出

柞格，所以誤獸也。」宋・宋庠《國語補音》：「柞格，按《舊音》以格為額，疑緣上鄂字誤為訓耳，諸書未見格字為額者。柞鄂，捕獸檻中機也。」《舊音》以格為額，正得其讀，宋氏轉為失之。「格」本當作「額」，與「鄂」音轉，涉「柞」字類化而從木旁，其義遂晦。亦音轉作「作鄂」、「作咢」、「作詻」、「作噩」，《爾雅》：「太歲在酉曰作噩。」《釋文》：「噩，本或作咢，字同。《漢書》作『詻』。」《史記・天官書》：「作鄂歲。」《索隱》：「《爾雅》：『在酉為作鄂。』李巡曰：『作咢，皆物芒枝起之貌。』今案：下文云『作鄂有芒』，則李巡解亦近得。《天文志》云『作詻』。」又《曆書》：「尚章作噩二年。」《集解》：「噩，一作鄂。」《正義》引李巡曰：「作鄂，萬物皆落枝起之貌也。」物芒枝起者，亦取參差高出為義也。《淮南子・天文篇》：「作鄂之歲。」高誘注：「作鄂，零落也，萬物皆陊落。」高說非也。

## （12）蒲姑大冢，吳王不審名冢也

按：古名物多以「蒲姑」名之，亦作「薄姑」，《御覽》卷647引《尚書大傳》：「奄君薄姑謂祿父曰……」《書・蔡仲之命》：「成王既踐奄，將遷其君於蒲姑。」孔傳：「蒲姑，齊地。」《釋文》：「蒲，馬本作薄。」《左傳・昭公二十年》：「蒲姑氏因之。」《漢書・地理志上》顏注引作「薄姑」。《漢書・地理志下》：「殷末有薄姑氏。」《後漢書・郡國志四》：「博昌有薄姑城。」又作「亳姑」，《書・周官》序：「（周）公薨，成王葬于畢，告周公，作亳姑。」孔傳：「周公徙奄君於亳姑，因告柩以葬畢之義。」方以智曰：「僕姑遂作鏷辜，因《左傳》『金僕姑』而作此字，其實推古人于凡物頭員謂之孤都……則僕姑是大頭矢……矢曰僕姑，即不姑之聲也。古讀僕如逋，齊地薄姑，亦作蒲姑。」〔註33〕人名薄（蒲）姑，地名薄（蒲、亳）姑，矢名僕姑（鏷辜），其取義皆同；冢為圓形，故亦名蒲姑也。

## （13）夫差冢在猶亭西卑猶位，越王候干戈人一累土以葬之

孫詒讓曰：《史記・吳世家》《索隱》云：「猶亭，亭名。『卑猶位』三字共

---

版社2002年版，第96頁。

〔註33〕方以智《通雅》卷35，收入《方以智全書》第1冊，上海古籍出版社1988年版，第1067頁。

為地名，《吳地記》曰：『徐枕山，一名卑猶山。』是。」案：猶亭即以卑
猶山名亭，不必更云「卑猶位」，且山亦不當稱「位」，此必有誤。疑當作
「申酉位」。申酉，正是西方，此記墓所在方位，非山名也。候，當依《史
記集解》及《吳越春秋》作「使」。累，《集解》作「壈」。「累」即「虆」
之借字，「壈」則「虆」之俗也。《吳越春秋》作「隰」，則繆。《史記索隱》
云：「壈，音路禾反，小竹籠，以盛土。」小司馬所釋即「虆」字之義。《孟
子音義》云：「虆，土籠也，或作蔂。」

按：孫氏謂「候」當作「使」，是也，《吳郡志》卷 39 引作「令」，義同，
亦其證。孫氏說「累」、「壈」，亦是也，《吳郡志》卷 39、《吳郡圖經
續記》卷下引亦作「壈」，《吳郡志》有注：「壈，力秧反。」「秧」字
誤，當作「和」。《史記正義》：「壈，力和反。」字或作樏、虆、蔂、
壘，盛土籠也〔註34〕。孫氏據「位」字立說，謂「卑猶位」當作「申
酉位」，則恐未得。「位」疑「山」之譌。《吳越春秋・夫差內傳》：「越
王乃葬吳王以禮於秦餘杭山卑猶。」本書卷 5《請糴內傳》：「越王葬
於卑猶之山。」小司馬所見，已誤作「位」字。下句，《吳越春秋》作
「王使軍士集於我戎之功，人一隰土以葬之」，劉敦願謂「干戈」是「戎」
字誤分作二字，「戎人」即「戎工」（「戎之功」衍「之」），亦即「軍士」
〔註35〕。錄以備考。

## （14）白石山，故為胥女山

按：舊注：「石，一作公。」「石」字是，《吳郡志》卷 15：「胥女山在白石
山。」

## （15）以為桃夏宮

按：桃，錢培名據《初學記》卷 24、《御覽》卷 988 引改作「逃」；李步嘉
謂《姑蘇志》卷 22 引同今本，不改。《姑蘇志》卷 22、33 引亦同今
本，《天中記》卷 13 引作「逃夏宮」。《白氏六帖事類集》卷 11：「逃
夏宮，春申君造。」〔註36〕《玉海》卷 158 謂周秦時越有「逃夏宮」。

---

〔註34〕 參見蕭旭《敦煌寫卷 P.2569〈春秋後語〉校補》。
〔註35〕 劉敦願《讀〈越絕書〉與〈吳越春秋〉札記》，《東南文化》1987 年第 1 期，
　　　　第 46 頁。
〔註36〕 白居易《白氏六帖事類集》（30 卷本，宋紹興刻本），文物出版社 1987 年版。

桃讀爲逃，不煩改作也。《四庫全書考證》：「桃訛逃，據《越絕書》
改。」〔註37〕亦多此一舉。九店楚簡《叢辰》：「逃人不尋（得）。」
睡虎地秦簡《日書》甲種作「桃人不得」。《左傳·昭公四年》孔疏引
服虔曰：「桃所以逃凶也。」《韓詩外傳》卷 10：「是名二桃。桃之爲
言亡也。」「桃」皆「逃」之諧音借字。敦煌寫卷 S.4472V：「麁逃花
褐一丈八尺……淘花斜褐一丈六尺。」「逃花」、「淘花」皆即「桃花」。

## （16）巫門外罘罳者，春申君去吳，假君所思處也

按：罘罳，亦作「罘思」、「罳思」、「復罳」，指屛，諧音於「復思」。《漢書·
王莽傳》：「遣使壞渭陵延陵園門罘罳，曰：『毋使民復思也。』」《釋名》：
「罘罳，在門外。罘，復也。罳，思也。臣將入請事，於此復重思之也。」
《水經注·穀水》引作「罳思」，《集韻》引作「罘罳」。《廣雅》：「罘罳
謂之屛。」《水經注·穀水》引作「復思」，《御覽》卷 185 引作「復罳」，
《雲麓漫抄》卷 3 引作「復思」。《鹽鐵論·散不足》：「垣闕罘罳。」《水
經注·穀水》引作「罳思」。崔豹《古今注》卷上：「罘罳，屛之遺象也……
罘罳，復思也。」也作「浮思」，《周禮·考工記》鄭玄註：「宮隅城隅，
謂角浮思也。」《釋文》：「浮思，本或作罘罳。」

## （17）秦始皇造通陵南，可通陵道，到由拳塞，同起馬塘，湛以爲陂

按：當以「塞同起、馬塘」爲句。《元豐九域志》卷 5：「馬塘堰：《圖經》
云：『秦始皇三十年，東遊至此，改長水爲由拳縣，遏水爲堰，以厭水
市之謠，其堤既立，斬馬祭之，因名。』」與此可互證。「同起」無考，
疑當作「同古」。湛，疑「積」字之誤。《水經注·沭水》：「其水於邑，
積以爲陂。」言積壅之以爲陂塘也。《水經注·河水》：「古人壅其流以
爲陂水。」又《汝水》：「山有湧泉北流，畜之以爲陂。」又《淯水》：「堵
水於縣，堨以爲陂。」晉·陸雲《答車茂安書》：「遏長川以爲陂。」堨
（遏）亦壅蓄之義。俞紀東曰：「湛，同『沉』，沉沒。」張仲清曰：「由
拳塞，見『由拳辟塞』。同，同時。起馬塘，建塘壩。湛以爲陂，深挖
成爲池。」皆非也。

---

四庫本《白孔六帖》（100 卷本）在卷 38，文同。
〔註37〕《四庫全書考證·子部》卷 58《太平御覽考證》，第 1499 冊，臺灣商務印書
館 1986 年初版，第 281 頁。

# 卷　三

## 《越絕吳內傳》第四

**（1）闔廬曰：「士之甚，勇之甚。」**

按：士，《公羊傳·定公四年》同，《穀梁傳》、《新序·善謀》作「大」。俞樾曰：「『士』當作『大』。」石光瑛曰：「俞樾《公羊平議》云：『士當作大。』俞說是。」〔註38〕張宗祥謂「士」疑當作「智」，非也。

**（2）蔡昭公南朝楚，被羔裘，囊瓦求之，昭公不與**

按：孫詒讓據《公羊傳》、《穀梁傳》、《新序》、《吳越春秋》，謂「羔裘」當作「美裘」，李步嘉說同，是也。《史記·管蔡世家》記此事云：「昭侯十年，朝楚昭王，持美裘二，獻其一於昭王，而自衣其一。楚相子常欲之，不與。」亦作「美裘」。

**（3）事來應之，物來知之**

按：《太白陰經·廟勝篇》同。《管子·白心》：「是以聖人之治也，靜身以待之，物至而名自治之。」又《心術》：「故物至則應，過則舍矣。」《荀子·不苟》：「物至而應，事起而辨。」〔註39〕《淮南子·繆稱篇》：「物來而名，事來而應。」又《主術篇》：「物至而觀其象，事來而應其化。」又《詮言篇》：「聖人內藏，不爲物先倡，事來而制，物至而應。」《文子·道原》：「事來而循之，物動而因之。」《論衡·實知篇》：「儒者論聖人，以爲前知千歲，後知萬世，有獨見之明，獨聽之聰，事來則名，不學自知，不問自曉，故稱聖。」並足參證。

**（4）天下莫不盡其忠信，從其政教**

按：教，《太白陰經·廟勝篇》作「令」。

**（5）地道施而不德，勞而不矜其功者也**

李步嘉曰：「地道施而不德」句，未見他書，惟《越語下》「勞而不矜其功」句下韋昭注：「不自大其功，施而不德也。」

〔註38〕石光瑛《新序校釋》，中華書局 2001 年版，第 1146 頁。
〔註39〕《荀子·解蔽》同。

按：《淮南子‧時則篇》：「衡之為度也，緩而不後，平而不怨，施而不德，弔而不責。」又《詮言篇》：「人主好仁，則無功者賞，有罪者釋；好刑則有功者廢，無罪者誅；及無好者，誅而無怨，施而不德，放準循繩，身無與事。」《後漢紀》卷6：「君子則不然，勞而不伐，施而不德。」蓋皆本於地道。

（6）是所施而不德，勞而不矜其功者矣

　　錢培名曰：「所」疑當作「謂」，或下有「謂」字。「矣」字亦疑衍。

按：錢氏前說是，後說非也。上文「故曰天道盈而不溢，盛而不驕者也」，是其比，「矣」亦「也」也。

（7）管仲張弓射桓公，中其帶鉤，桓公受之，赦其大罪，立為齊相，天下莫不向服慕義

按：受，當作「愛」，字之誤也。《韓子‧外儲說右下》：「昔者齊桓公愛管仲，置以為仲父，內事理焉，外事斷焉，舉國而歸之。」向，趨歸也。

（8）瓲怒紛紛者，怒貌也，怒至。士擊高文者，躍勇士也

　　錢培名曰：「文」疑當作「丈」。

按：當「怒至士〔也〕」為句，與下「躍勇士」對舉，脫一「也」字。「至」讀為志。紛紛，讀為「忿忿」。《廣雅》：「忿，怒也。」俞紀東曰：「『文』疑為『鼓』字之訛。」然「高鼓」不辭。「文」讀為「墳」。擊，治也，築也。築高墳者，以示必死之心也。躍，猶言鼓舞。張仲清曰：「高文，當是在高處刻劃的標記。躍，跳躍。」非也。

（9）文王以務爭者

　　張宗祥曰：此「務」字當作《易》「開物成務」之「務」。

按：《爾雅》「務，強也。」實讀為敄。《說文》：「敄，彊也。」猶言勸勉、勤勉。俞紀東、張仲清並曰：「務，事務。」非也。

（10）不言同辭，不呼自來

按：《御覽》卷84引同今本，本書卷9《外傳計倪》：「不謀同辭，不呼自

來。」《呂氏春秋·義賞》：「文公用咎犯之言。」高誘注：「言，謀也。」
《淮南子·人間篇》：「言出君之口，入臣之耳，人孰知之者乎？」《韓
子·十過》、《戰國策·趙策一》、《通鑑》卷 1「言」作「謀」。又《人
間篇》：「無害子之慮無中於策，謀無益於國。」《文子·微明》作「言
雖無中於策，其計無益於國」。言，謀慮也。《書鈔》卷 13 引本書「不
言同辭」，又接引《帝王世紀》「不占自來」。疑「不占自來」亦本書
之文，「占」當作「召」，字之誤也。《說文》：「召，評也。」《廣雅》：
「召，呼也。」《老子》第 73 章：「不召而自來。」《書·泰誓》孔疏
引《泰誓》佚文：「八百諸侯，不召自來，不期同時，不謀同辭。」

# 卷　四

## 《越絕計倪內經》第五

### （1）波濤濬流

按：「濬」同「浚」，並讀爲駿，急疾也。《慧琳音義》卷 14：「浚
流：詢俊反，《考聲》云：『水急流也。』或作濬。」俞紀東、張仲清並曰：「浚，
深。」非也。

### （2）伏弩而乳，郅頭而皇皇

張宗祥曰：乳，言如乳子不敢動。郅，揭也。言舉頭皇皇然。

按：上文言「饑饉不可以動，神氣去而萬里」，下文言「彊（彊）弩不殼，
發不能當」，皆謂戰士沒有糧食，以致拉不動弓弩。乳，當讀爲懦，《說
文》：「懦，駑弱者也。」《廣雅》：「懦，弱也。」《類篇》：「懦，劣弱也。」
「郅」無上舉義。俞紀東謂「郅」由「登陟」義引申爲「擡起」，亦非。
我舊說讀郅爲低〔註40〕，低頭與伏弩義亦相應。張仲清亦曰：「郅頭，
爲越地方言，猶言低頭。」

### （3）彊（彊）弩不殼，發不能當

李步嘉曰：當，敵也。謂己軍弱力射出的箭，不能抵擋敵軍的進攻。

按：《呂氏春秋·知度》：「射魚指天，而欲發之當也。」高注：「當，中也。」

---

〔註40〕蕭旭《越絕書校補》，收入《群書校補》，廣陵書社 2011 年版，第 575 頁。

「彊」當作「彊」。下文「或彊或怯」，又「彼日以弱，我日以彊」，亦同。以下不再出之。

## （4）前頓後僵

按：僵亦頓也，仆也。俞紀東解爲「僵死不活」，張仲清曰：「頓，以頭或腳叩地。僵，斃命。」皆非也。

## （5）王興師以年數，恐一旦而亡，失邦無明，筋骨爲野

按：明，讀爲名。

## （6）饑饉在問，或水或塘

李步嘉曰：問，訊也，告也。

按：在問，猶言存問、慰問，在亦問也。

## （7）因熟積以備四方

按：熟，讀爲蓄，上文「興師者必先蓄積食錢布帛，不先蓄積，士卒數饑」，正作「蓄」字。《易・小畜》，馬王堆帛書作「少藍」。

## （8）應變而動，隨物常羊

張宗祥曰：常羊，即「徜羊」，猶逍遙也。

按：張說是也，字亦作「徜徉」、「倘佯」、「尚羊」、「常羊」、「相羊」、「相徉」、「儴徉」、「儀佯」、「襄羊」、「倡佯」、「常翔」、「相翔」、「彷徉」、「仿佯」、「方佯」、「方羊」、「方洋」、「仿洋」、「滂洋」、「尚陽」、「倣佯」、「儻佯」、「儻徉」等形。《淮南子・道應篇》：「徐馮曰：『事者應變而動，變生於時。』」〔註41〕

## （9）計倪對曰：「太陰三歲處金則穰，三歲處水則毀，三歲處木則康，三歲處火則旱。」

錢培名曰：《史記・貨殖列傳》引計然曰：「故歲在金，穰；水，毀；木，饑；火，旱。」處木則康，與《史》「木饑」互異。或說「康」即「糠」字，《周書・謚法解》：「凶年無穀曰糠。」是其證。俟考。

---

〔註41〕《文子・道原》引作「老子曰」。

李步嘉曰：《論衡・明雩篇》：「范蠡計然曰：『太歲在於水，毀；金，穰；木，饑；火，旱。』」此說同於《史記》所載。

按：《史記・天官書》：「必察太歲所在，在金，穰；水，毀；木，饑；火，旱。此其大經也。」亦足參證。或說「康」即「糠」，是也，孫人和亦曰：「按康與糠同。」〔註42〕從「康」之字多有空虛義，「饑」義之專字則作「歉」。《說文》：「歉，飢（饑）虛也。」《繫傳》：「臣鍇曰：歉猶康，空也。」《穀梁傳・襄公二十四年》：「四穀不升謂之康。」范寧注：「康，虛。」《玉篇殘卷》：「《穀梁傳》：『四穀不升謂之歉。』劉兆曰：『歉，虛也。』」《廣雅》：「四穀不升曰歉。」音轉又為「荒」，《韓詩外傳》卷8：「四穀不升謂之荒。」

### （10）故散有時積，糴有時頜，則決萬物不過三歲而發矣

張宗祥曰：「頜」疑當作「頒」，言聚散均有時也。

按：明・方以智《物理小識》卷2引作「糴有時斂」，未知所據何本？下文云「聖人動而應之，制其收發。常以太陰在陰而發，陰且盡之歲，亟賣六畜貨財，以益收五穀，以應陽之至也。陽且盡之歲，亟發糴，以收田宅、牛馬，積斂貨財，聚棺木，以應陰之至也」，即與此文相應，則作「糴有時斂」是也。我舊說云：「頜讀為憐，哀憫之義，此文猶言救恤。」〔註43〕張仲清曰：「頜，要頜。」呼敘利申證張宗祥說〔註44〕，皆非也。

### （11）夫人主利源流……守法度，任賢使能，償其成事，傳其驗而已

按：下文「父母利源流，明其法術，以任賢子，徼成其事而已」，是其比。「償其成事」當作「徼成其事」。徼，謀求。李步嘉曰：「義謂獎賞成功的人。」張仲清曰：「償其成事，獎賞那些成功的人。徼，通『激』，其義與『償』同。」皆失之。

### （12）計倪對曰：「是故不等。」

按：故，讀為固。上文云：「計倪對曰：『人固不同。』」是其比。

---

〔註42〕孫人和《論衡舉正》，上海古籍出版社1990年版，第67頁。
〔註43〕蕭旭《越絕書校補》，收入《群書校補》，廣陵書社2011年版，第576頁。
〔註44〕呼敘利《〈越絕書校注〉簡評》，《紹興文理學院學報》2010年第1期，第99頁。

（13）志意侵下

　按：侵，讀爲沈，俗作沉〔註45〕。沉下，猶言低沉。《楚辭‧哀時命》：「志沉抑而不揚。」我舊說云：「侵疑當作侵、侵，形之誤也。」〔註46〕俞紀東曰：「侵，容貌醜陋，此指低劣。」張仲清曰：「侵，侵蝕。」皆非是。

# 卷 五

## 《越絕請糴內傳》第六

（1）越王去會稽，入官於吳

　　張宗祥曰：《國語》、《吳越春秋》均作「入臣」。

　　李步嘉曰：《越絕‧外傳記地傳》：「句踐入官於吳。」亦作「入官」，是此書本作「入官」之證，所記與他書異。

　按：《國語‧越語下》作「入宦於吳」，韋昭注：「宦，爲臣隸也。」張氏失檢。《外傳記地傳》之「官」，《御覽》卷194引作「宦」。宦、官皆指爲臣僕而言〔註47〕，屬同義字，與他書記載無異。《吳越春秋》作「入臣」，下文文種曰：「王雖牽致，其後無殃。」《說文》：「臣，牽也。」「臣」即取義於所牽之人〔註48〕。木舌、張仲清並謂「官」爲「宦」之誤〔註49〕，失之。

（2）吳甚富而財有餘……且夫吳王又喜安佚而不聽諫，細誣而寡智，信讒諛而遠士，數傷人而亟亡之，少明而不信人，希須臾之名而不顧後患

　　張宗祥曰：細，煩碎意。言夫差好聽煩碎之誣也。

〔註45〕例證參見蕭旭《〈史記‧陳涉世家〉「沈沈」疏證》，《澳門文獻信息學刊》第7期，2012年出版，第93～94頁。

〔註46〕蕭旭《越絕書校補》，收入《群書校補》，廣陵書社2011年版，第575頁。

〔註47〕參見蕭旭《尸子校補》、《國語校補》，並收入《群書校補》，廣陵書社2011年版，第73、214、216頁。

〔註48〕參見楊樹達《臣牽解》，收入《積微居小學金石論叢》卷4，上海古籍出版社2007年版，第116～117頁。

〔註49〕木舌《〈點校本《越絕書》校勘拾遺〉補》，《古籍整理研究學刊》1988年第3期，第27頁。

按：考《呂氏春秋・長攻》：「夫吳國甚富而財有餘，其王年少，智寡材輕，好須臾之名，不思後患。」「智寡材輕」對應此文「細誣而寡智」，「細誣」當爲「德輕」形誤。《左傳・哀公十三年》司馬寅言吳「夷德輕」，此即「德輕」連文之證。本文上文言吳「其德衰而民好負善」，亦「德輕」之誼。《漢書・楚元王傳》：「無德寡知。」《論衡・命祿》：「知寡德薄。」皆即此文「德輕寡智」之誼。《國語・越語下》：「今吳王淫於樂而忘其百姓，亂民功，逆天時，信讒喜優，憎輔遠弼。」可與此文互證。張仲清曰：「細誣，瑣碎而無實話。」失之。

## （3）是養寇而貧邦家也

按：《吳越春秋・勾踐陰謀外傳》作「是養生寇而破國家者也」。《左傳・哀公元年》：「違天而長寇讎。」又《僖公三十三年》：「墮軍實而長寇讎。」《玉篇》：「養，長也。」動詞。《鶡冠子・近迭》：「養非長失。」養、長同義對舉。《戰國策・楚策一》：「此所謂養仇而奉讎者也。」亦同。《呂氏春秋・長攻》：「是長吾讎而養吾仇也。」當作「是長吾仇讎也」〔註50〕，今本是存異文而誤。

## （4）句踐既服為臣，為我駕舍，却行馬前，諸侯莫不聞知

按：《吳越春秋・勾踐陰謀外傳》作「勾踐氣服，爲駕車，却行馬前，諸侯莫不聞知」。氣，讀爲既。却行，退行。張仲清曰：「却，通『趨』。」失之。

## （5）其德章而未靡

按：靡，讀爲摩。《方言》卷13：「摩，滅也。」俞紀東曰：「未靡，無邊。」失之。

## （6）鼠忘壁，壁不忘鼠

李步嘉曰：其義蓋謂鼠穿牆而行，使壁有所毀損，鼠自不覺，而壁懷其仇。

按：宋・歐陽修《峴山亭記》：「古語云：『鼠忘壁，壁不忘鼠。』謂其實有穴在也。」此歐陽公所解。

---

〔註50〕《類聚》卷24引作「是長吾仇讎」，《御覽》卷457引作「是長仇讎」。

（7）子毋以事相差

　按：差，楚嫁切，讀去聲，歧出也，俗作岔、叉，言毋岔以他事也〔註51〕。

（8）且有知不竭，是不忠；竭而顧難，是不勇；下而令上，是無法

　按：無，讀爲侮，輕慢也〔註52〕。侮法，言輕法。

（9）親之乎？彼聖人也，將更然有怨心不已

　按：更，讀爲骾，《說文》：「骾，食骨留咽中也。」引申爲骨骾、剛戾之
　　義。字亦作鯁，王念孫曰：「《漢書‧王莽傳》：『朱虛之鯁。』鯁與梗
　　通。」〔註53〕《韓子‧難言》：「鯁固愼完。」字亦作梗，《方言》卷
　　2：「梗，猛也，韓、趙之間曰梗。」《廣雅》：「梗，強也。」「強」即
　　「勥」本字。俗字亦作哽，《集韻》：「哽，恨也。」《字彙》、《正字通》、
　　《重訂直音篇》並云：「哽，音梗，恨也。」「恨」同「很」，亦強戾
　　之義。

（10）王曰：「寡人屬子邦，請早暮無時。」

　按：古「時」、「待」音同，此讀爲怠。早暮無時，謂無懈怠。我舊說讀時
　　爲偲〔註54〕；俞紀東注：「時，窺伺、留意。無，語助詞。」並失之。

# 卷　六

## 《越絕外傳紀策考》第七

（1）聖人前知乎千歲，後覩萬世

　按：《論衡‧實知》：「儒者論聖人，以爲前知千歲，後知萬世。」

（2）誠。秉禮者探幽索隱。明告寡人

　　李步嘉曰：張宗祥、樂祖謀均作「誠秉禮者探幽索隱」，如此則語義似扞格

---

〔註51〕參見蕭旭《〈越絕書〉古吳越語例釋》。
〔註52〕參見蕭旭《國語校補》、《漢書校補》，並收入《群書校補》，廣陵書社 2011 年
　　　版，第 81、425 頁。
〔註53〕王念孫《廣雅疏證》，收入徐復主編《廣雅詁林》，江蘇古籍出版社 1992 年版，
　　　第 319 頁。
〔註54〕蕭旭《越絕書補注》，《古籍整理研究學刊》2001 年古文獻與古文化研究專刊，
　　　第 2 頁。

難通。「誠」字前後疑有脫文。

按：張、樂二氏讀是也。誠，讀爲請。當點作「誠秉禮者探幽索隱，明告寡人」。《晏子春秋・內篇襍上》：「嬰誠革之。」王念孫曰：「誠，讀爲請。」〔註55〕《戰國策・趙策三》：「王曰：『誠聽子割矣。』」《史記・虞卿傳》、《新序・善謀》「誠」作「請」。《吳越春秋・勾踐伐吳外傳》：「寡人誠更其術。」《國語・越語上》「誠」作「請」。又「誠聞（問）於戰，何以爲可？」又《夫差內傳》：「員誠前死。」二例《國語・吳語》「誠」作「請」。又《夫差內傳》：「臣誠東見越王，使出師以從下吏。」《史記・仲尼弟子列傳》、《家語・屈節解》、本書卷7《內傳陳成恒》「誠」作「請」。《吳越春秋・勾踐入臣外傳》：「大王屈厄，臣誠盡謀。」本書卷10《外傳記吳王占夢》：「公孫聖令寡人得邦，誠世世相事。」亦其例。張仲清曰：「誠，誠實無欺或眞實無妄。」非也。

## （3）臣始入邦，伏見衰亡之證

按：證，讀爲徵，徵兆。《禮記・中庸》：「雖善無徵。」鄭注：「徵，或爲證。」下文「物有相勝，此乃其證」，本書卷8《外傳記地傳》「子胥獨見可奪之證」，又卷15《篇敘外傳記》「道獲麟，周盡證也」，皆同。

## （4）兩邦同城，相亞門戶

李步嘉曰：亞，次也，近也。

按：李說是也。亞，相挨、靠近。字或作倞、惡〔註56〕。孫詒讓謂「城」當作「域」，亦是也。

## （5）車敗馬失

按：失，讀爲駃，《說文》：「駃，馬有疾足也。」《玉篇》：「駃，馬疾走也。」字亦借作逸、軼、佚，本字皆當爲駃。

---

〔註55〕王念孫《晏子春秋雜志》，收入《讀書雜志》卷9，中國書店1985年版，第7頁。

〔註56〕參見蕭旭《杜詩「惡臥」正詁》。

（6）大船陵居，小船沒水

按：陵，古吳楚語，陸也〔註57〕，非陵阜之陵。

（7）太公曰：「臣聞以彗鬭，倒之則勝。」

李步嘉曰：《尉繚子・天官》：「天官曰……豈紂不得天官之陳哉？楚將公子心與齊人戰，時有彗星出，柄在齊，柄所在勝，不可擊。公子心曰：『彗星何知？以彗鬭者，固倒而勝焉。』」知「以彗鬭，倒之則勝」，乃違天官書之說也。

按：《論衡・異虛》：「晉文公將與楚成王戰於城濮，彗星出楚，楚操其柄，以問咎犯。咎犯對曰：『以彗鬭，倒之者勝。』」亦足參證。《說苑・權謀》：「城濮之戰，文公謂咎犯曰：『彗星見，彼操其柄，我操其標。』咎犯對曰：『彗星見，彼操其柄，我操其標，以掃則彼利，以擊則我利。』」以彗鬭倒之則勝者，言不操彗之柄，而操彗之標末以擊，則胜也。非謂違天官書之說也。

（8）（范蠡）內視若盲，反聽若聾

按：本書卷14《德序外傳記》亦有此語。《老子》第15章河上公章句：「道德深遠，不可識知，內視若盲，反聽若聾，莫知所長。」「內視、反聽」乃道家修煉之術。反聽，謂聽之以心也。《莊子・人間世》：「無聽之以耳而聽之以心，無聽之以心而聽之以氣。聽止於耳，心止於符。」《文子・上德》：「夫道者，內視而自反。」注：「反聽內視。」又按《史記・商君傳》：「趙良曰：『反聽之謂聰，內視之謂明。』」《董子・同類相動》：「故聰明聖神，內視反聽。」范蠡內視若盲，反聽若聾，非眞盲眞聾，專精內守，實聰明也。張仲清解爲「自己的行爲當作看不見，別人的批評當作聽不見。意思是我行我素」，皆妄說耳。

（9）種躬正內，蠡治出外

按：蠡治出外，此從樂祖謀誤本，各本皆作「蠡出治外」。

---

〔註57〕參見李步嘉《越絕書研究》，上海古籍出版社2003年版，第165頁。又參見蕭旭《〈越絕書〉古吳越語例釋》。

# 卷 七

## 《越絕外傳記范伯》第八

### （1）大夫石買

李步嘉曰：他書似未見。

按：《文選・求自試表》李善注作「石賈」。考古人多以「買」取名，「賈」
當爲「買」形誤。宋・姚寬《西溪叢語》卷上引李善注作「石賈」，是
宋人所見已誤。《左傳・襄公十七年》衛有石買〔註58〕，又《僖公二十
八年》魯有公子買〔註59〕，又《哀公十四年》陳有轅買，《公羊傳・昭
公十九年》許悼公名買〔註60〕，又《昭公三十一年》魯有梁買子，皆其
證也。

### （2）衒女不貞，衒士不信

按：《墨子・公孟》：「（君子）譬若鍾然，扣則鳴，不扣則不鳴……譬若美女
處而不出，人爭求之；行而自衒，人莫之取也。」

### （3）成大功者不拘於俗，論大道者不合於眾

按：《商子・更法》引《郭偃之法》：「論至德者不和於俗，成大功者不謀於
眾。」《新序・善謀九》引同，《戰國策・趙策二》、《史記・趙世家》、《商
君傳》亦同。疑「拘」爲「和」形誤。

### （4）傷賢喪邦，蔽能有殃

按：《黃石公三略》卷下：「傷賢者殃及三世，蔽賢者身受其害。」〔註61〕

## 《越絕內傳陳成恒》第九

### （1）諸侯有相伐者，尚恥之

按：尚，《吳越春秋・夫差內傳》作「常」。常，讀爲尚。

---

〔註58〕　《公羊傳》、《穀梁傳》同。
〔註59〕　《公羊傳》、《穀梁傳》同。
〔註60〕　《穀梁傳》同。
〔註61〕　《後漢書・襄楷傳》李賢注、《類聚》卷20、《初學記》卷17、《白帖》卷27、
　　　　《御覽》卷402引「受」作「當」。

（2）子貢曰：「其城薄以卑，池狹而淺。」

　　錢培名曰：《史記・仲尼弟子傳》作「其地狹以泄」，《索隱》：「《越絕書》其『泄』字作『淺』。」按《吳越春秋》亦作「淺」，疑史文「地」字、「泄」字俱誤。

　按：《長短經・懼誠》同《史記》。王念孫謂「地」爲「池」之譌，「泄」爲「淺」之譌。裴學海曰：「王說不確。地爲池之借字，是同聲符通假也。淺與泄是古韻『寒』、『曷』對轉。」〔註62〕此篇與《史記・仲尼弟子傳》、《吳越春秋・夫差內傳》、《家語・屈節解》文可互參。下引三書，不出篇名者，即此。

（3）重器精弩在其中

　　李步嘉曰：《史記》作「重器精兵盡在其中」，《吳越春秋》作「器飽弩勁」。「飽」當爲「精」字之譌。

　按：李說非也。孫詒讓曰：「『飽』當爲『飭』，形近而誤。」張覺曰：「《史記》蓋即此文所本，『重器』即寶器，故此文之『飽』當爲『寶』之音誤。」〔註63〕此文及《史記》之「重器」非指寶器，當指守城之裝備，孫說近之，張說非也。《墨子・備梯》：「雲梯者，重器也，其動移甚難。」岑仲勉曰：「重器猶今言重兵器。」〔註64〕

（4）是君上於主有卻，下與大臣交爭也

　按：於，《吳越春秋》同，《史記》、《長短經・懼誠》作「與」。於亦與也。卻，《史記》、《長短經》同，《吳越春秋》作「遽」。張覺曰：「遽，窘也。」〔註65〕遽，讀爲趮，《集韻》：「趮，犯也。」《類篇》同，《篆隸萬象名義》誤作「趮，把也」〔註66〕。猶今言衝突。

〔註62〕 裴學海《評高郵王氏四種》，《河北大學學報》1962 年第 2 期，第 91 頁。
〔註63〕 張覺《吳越春秋全譯》，貴州人民出版社 1993 年版，第 171 頁。張覺《吳越春秋校注》，嶽麓書社 2006 年版，第 108 頁。
〔註64〕 岑仲勉《墨子城守各篇簡注》，中華書局 1958 年版，第 44 頁。
〔註65〕 張覺《吳越春秋全譯》，貴州人民出版社 1993 年版，第 171 頁。張覺《吳越春秋校注》，嶽麓書社 2006 年版，第 109 頁。
〔註66〕 呂浩《篆隸萬象名義校釋》已據《集韻》訂正，學林出版社 2007 年版，第 165 頁。

（5）如此，則君立於齊，危於重卵矣

按：立，《史記》、《吳越春秋》同，當讀爲位〔註67〕。《家語》：「如此，則子之位危矣。」《長短經‧懼誠》同，正作「位」字。

（6）且夫吳明猛以毅，而行其令

按：而，讀爲能，《吳越春秋》正作「能」。

（7）今君悉擇四疆之中，出大臣以環之

按：中，《吳越春秋》同，徐乃昌曰：「中，他本作甲。」〔註68〕張覺曰：「甲，四部叢刊本作中，據四庫全書本改。」〔註69〕檢龍谿精舍叢書本、古今逸史本《吳越春秋》並作「中」。作「中」是也，「四疆之中」猶言四境之內。下文「悉擇四疆之中，出卒三千，以從下吏」，《史記》作「請悉起境內士卒三千人」，《吳越春秋》作「請悉四方之內士卒三千人」，是其確證也。環，謂環列。孫詒讓據誤本作「甲」，因謂環借爲擐，亦非。我舊說云：「作甲是也。」〔註70〕失之。

（8）是君上無彊臣之敵，下無黔首之士

按：彊臣之敵，《史記》同，當據《吳越春秋》作「彊敵之臣」。

（9）孤立制齊者，君也

按：立，李步嘉據《史記》、《吳越春秋》校作「主」，是也。《長短經‧懼誠》、《資治通鑑外紀》卷9、《通志》卷88亦作「主」。

（10）子待吾伐越而還

按：《史記》、《吳越春秋》作「子待我伐越而聽子」。「還」當作「聽」，字之譌也，其下脫「子」字。本篇下文正作「子待我伐越而聽子」。《家語》作「子待我先越，然後乃可」，「先」下脫「伐」字，《長短經‧懼誠》正作「子待吾先伐越」。下文「君以伐越而還，即齊也亦私魯矣」，

〔註67〕 參見惠棟《九經古義》卷10，收入《叢書集成初編》第255冊，中華書局1985年影印，第111頁。
〔註68〕 轉引自周生春《吳越春秋輯校匯考》，上海古籍出版社1997年版，第77頁。
〔註69〕 張覺《吳越春秋全譯》，貴州人民出版社1993年版，第172頁。張覺《吳越春秋校注》，嶽麓書社2006年版，第109頁。
〔註70〕 蕭旭《越絕書校補》，收入《群書校補》，廣陵書社2011年版，第578頁。

「還」字當據《吳越春秋》作「不聽臣」，今本有脫誤。

（11）且臣聞之，仁人不困厄，以廣其德；智者不棄時，以舉其功

按：困厄，龍谿精舍叢書本、叢書集成初編本、小萬卷樓叢書本作「因厄」，
《吳越春秋》作「因居」。考《太白陰經・鑒才篇》：「仁人不因困厄，
無以廣其德；智士不因棄時，無以舉其功。」則「因厄」、「因居」皆是
「困厄」形譌。《史記》：「仁者不窮約，智者不失時。」《家語》同。「窮
約」亦「困厄」之誼。

（12）今君存越勿毀，親四鄰以仁

按：《史記》作「今存越，示諸侯以仁」，《家語》作「今存越，示天下以仁」。
「親」字各本皆同，當作「視」，形之譌也。「視」同「示」。

（13）越王句踐稽首再拜

按：再，四庫全書本、古今逸史本作「載」，古通用。《吳越春秋》亦作
「再」。

（14）臨財分利則使仁，涉危拒難則使勇，用眾治民則使賢，正天下定
　　　諸侯則使聖人

按：涉危拒難，《吳越春秋》作「涉患犯難」。《鶡冠子・天則》：「臨利而後
可以見信，臨財而後可以見仁，臨難而後可以見勇，臨事而後可以見術
數之士。」又《道端》：「故臨貨分財使仁，犯患應難使勇，受言結辭使
辯，慮事定計使智，理民處平使謙（廉），賓奏贊見使禮，用民獲眾使
賢，出封越境適絕國使信，制天地（下）御諸侯使聖。」《說苑・尊賢》：
「故士之接也，非必與之臨財分貨，乃知其廉也；非必與之犯難涉危，
乃知其勇也。」皆可以參證。

（15）君無惜重器，以喜其心；毋惡卑辭，以尊其禮，則伐齊必矣

按：尊，《吳越春秋》作「盡」。「盡其禮」是吳方言，「盡」讀即忍切（jǐn），
俗作「儘」。今吳語「儘他格禮」，猶讀此音。

（16）昔者吳王分其人民之眾，以殘伐吾邦，殺敗吾民，屠吾百姓，夷
　　　吾宗廟

按：俞樾曰：「分字無義，乃介字之誤。此介字當訓恃。」《吳越春秋》亦作「分」，我舊讀分爲扮，訓合併、握持；又讀分爲奮，訓動〔註71〕。張仲清亦疑「分」爲「奮」之訛。今復疑分爲矜脫誤，自負也。屠，一本作「圖」，是也。《吳越春秋》作「鄙」，又「圖（啚）」之音借〔註72〕。我舊說「圖爲鄙形誤。屠讀爲諸，羞窮也，後俗字作諸」，皆非。

## （17）大夫有賜，故孤敢以疑，請遂言之

錢培名曰：句不可解。《吳越春秋》作「故孤敢以報情」，「報情」尤不辭。蓋即「疑請」之誤。或云「故」字衍，敢以疑，言不敢疑也，「請」字屬下讀。

按：徐天祜曰：「《越絕》作『以疑請』者是。」徐氏誤以「請」字屬上讀。「故」非衍文。以，猶有也。遂，猶盡也。言大夫有賜教，故孤敢有疑問，請盡言之。

## （18）願一與吳交天下之兵於中原之野

李步嘉曰：《吳越春秋》作「願一與吳交戰於天下平原之野」。

按：《國語·吳語》作「吾欲與之徼天之衷」，韋注：「徼，要。」《呂氏春秋·順民》作「願一與吳徼天下之衷」，高注：「徼，求。衷，善。」畢沅曰：「『下』字疑衍。」〔註73〕疑本書及《吳越春秋》未達其意，而妄爲改作也。

## （19）與吳王整襟交臂而奮

李步嘉曰：《吳越春秋》作「正身臂而奮吳」，《呂氏春秋·順民》作「孤與吳王接頸交臂而僨」。

按：《吳越春秋》有脫誤，「吳」字當下屬爲句，李氏誤也。《呂氏春秋》高注：「僨，僵也。」奮，讀爲僨。「整襟」疑「接頸」之誤。張仲清曰：

---

〔註71〕蕭旭《越絕書校補》，收入《群書校補》，廣陵書社 2011 年版，第 578 頁。下同。

〔註72〕參見施謝捷《點校本〈越絕書〉校勘拾遺》，《古籍整理研究學刊》1988 年第 3 期，第 25～26 頁。

〔註73〕畢沅《呂氏春秋新校正》，收入《叢書集成新編》第 20 冊，新文豐出版公司 1985 年版，第 540 頁。

「整襟，衣襟相碰。奮，格鬥。」皆非是。

## （20）吳、越之士，繼蹟連死

錢培名曰：蹟，《吳越春秋》作「踵」，《史記》作「徒欲與吳王接踵而死」。

按：《家語》同《史記》。「蹟」爲「踵」形譌。

## （21）孤雖要領不屬，手足異處

李步嘉曰：手足異處，《吳越春秋》同，《呂氏春秋·順民》「手」作「首」。

按：「手」、「首」皆通。《韓子·說疑》：「雖身死家破，要領不屬，手足異處，不難爲也。」

## （22）夫吳王之為人，賢彊以恣下，下不能逆

李步嘉曰：句不可解，俟考。

按：《史記》、《家語》作「吳王爲人猛暴，群臣不堪」，「猛暴」即「賢彊」之誼也。《廣雅》：「賢，堅也。」《御覽》卷402引《風俗通》：「賢，堅也，堅中廉外。」字本作「臤」，《說文》：「臤，堅也，古文以爲賢字。」又「堅，剛也。」《爾雅》：「堅，固也。」《隸釋》卷5漢《潘乾校官碑》：「親臤寶暜（智）。」又卷6漢《國三老袁良碑》：「優臤之寵，于斯盛矣。」洪适曰：「臤即賢字。」《公羊傳·成公四年》：「鄭伯堅卒。」《釋文》：「堅，本或作臤。」徐彥疏：「《左氏》作堅字，《穀梁》作賢字，今定本亦作堅字。」今《穀梁》作「堅」。《後漢書·天文志》：「陰城公主堅得。」《後漢書·順帝紀》李賢注引《東觀記》「堅」作「賢」。惠棟曰：「古堅字、賢字，皆省作臤。」〔註74〕字或作掔，《爾雅》、《說文》並云：「掔，固也。」《廣韻》：「掔，牢也。」《玄應音義》卷13：「掔我：《三蒼》亦牽字，苦田反。引前也。」《集韻》：「掔，牽也。」蓋謂牽持之固也。《史記·鄭世家》：「鄭以城降楚，楚王入自皇門，鄭襄公肉袒掔羊以迎。」《左傳·宣公十二年》作「牽羊」。《莊子·徐無鬼》：「君將黜嗜欲，掔好惡，則耳目病矣。」《釋文》：「掔，《爾雅》云：『固也。』崔云：『引去也。』司馬云：『牽也。』」字或作㩻，《廣韻》：「㩻，

---

〔註74〕惠棟《九經古義》卷14，收入《叢書集成初編》第255冊，中華書局1985年影印，第156頁。

束縛。」蓋謂束縛之緊也。字或作緊，《說文》：「緊，纏絲急也。」《管子·問》尹注：「緊，謂其堅彊者。」上博楚簡（四）《曹沫之陳》：「人之甲不緊，我甲必緊。」李零讀緊爲堅〔註75〕。字或作綹、綑，《廣韻》：「綹，緊也。」《集韻》：「綹，緊也，或作綑，通作堅。」字或作㹃，《說文》：「㹃，牛很，不從引也，讀若賢。」《廣雅》：「㹃，很也。」字或作窒，《玉篇》、《廣韻》並云：「窒，不動也。」字或作㝫，《篆隸萬象名義》：「㝫，臥。」《集韻》：「㝫，獸很，不動貌。」窒、㝫蓋謂獸之很戾，故訓臥、不動也，皆「㹃」之分別俗字。今吳語、中原官話謂强爲㹃〔註76〕，吳方言有「㹃茄臭憨」之語〔註77〕。字或作鑒、煡，《說文》：「鑒，剛也。」《繫傳》：「鑒，淬刀劍刃使堅也。」《集韻》：「煡，灼鐵淬之。」字或作磝、碹，《說文》：「磝，餘堅者。」《集韻》：「磝，剛也。」《鹽鐵論·水旱》：「器多堅碹。」蓋謂石之堅也。《禮記·緇衣》：「輕絕貧賤而重絕富貴，則好賢不堅而惡惡不著也。」上博楚簡（一）《緇衣》作「好仁不臤」，郭店楚簡《緇衣》作「好仁不㓞」。字或作娙，《說文》：「娙，美也。」此即女子賢美義之專字。張舜徽曰：「蓋娙之言臤也，謂肌肉堅實也。女體堅實，亦自一美，故許以美解之。」〔註78〕娙言德之美，非謂體之堅，張說失之也。字或作㙬，《玉篇》：「㙬，高也。」蓋謂田之堅者，故訓高也。字或作鞙，《玉篇》：「鞙，堅也。」蓋謂革之堅也。字或作慳，《慧琳音義》卷51引《蒼頡篇》：「愛財不捨曰慳。」又卷3引《韻英》：「慳悋，固惜也。」蓋謂心之堅，故爲吝嗇義也。字或作鏗，《慧琳音義》卷91：「《聲類》：『鏗，堅也。』投瑟之聲也。」蓋謂堅物相擊之聲也。字或作𩉵，《廣韻》：「𩉵，皮厚皃。」蓋謂皮之堅也。字或作鬖，《廣韻》：「鬖，堅鬖。」《集韻》：「鬖，堅也。」蓋謂髮之堅也。字或作𥞃，《玉篇》：「𥞃，穈也。穈，稷也。」《廣韻》：「𥞃，稷別名也。」《呂氏春秋·本味》：「飯之美者……陽山之穄。」高注：「穄，關西謂之糜，冀州謂之𥞃。」《爾雅翼》卷1、《會稽志》

---

〔註75〕馬承源主編《上海博物館藏戰國楚竹書（四）》，上海古籍出版社2004年版，第268頁。

〔註76〕參見許寶華、宮田一郎《漢語方言大詞典》，中華書局1999年版，第3340頁。

〔註77〕「茄」爲記音字，本字待考。

〔註78〕張舜徽《說文解字約注》卷24，中州書畫社1983年版，第23頁。

卷 17、《證類本草》卷 26 引「堅」作「鬗」，《通志》卷 75 亦作「鬗」。《穆天子傳》卷 2 郭璞注：「穄，似黍而不粘。」不粘，即取堅爲義，故製專字作鬗也。字或作嚽、礥，黎本《玉篇殘卷》：「礥，《大玄經》：『物生之礥。』宋忠曰：『礥，難也。』《聲韻（類）》：『堅皀（皃）也。』」《玉篇》：「礥，難皃。嚽，難也。」《廣韻》：「礥，艱險，又剛強也。嚽，難也。」《集韻》：「礥，難也。《太玄》有礥首。一曰地險也。或作嚽。」又「礥，堅也。」《三國志·孫休傳》裴松之注引《吳錄》：「䨳音如《玄》礥首之礥。」《御覽》卷 362 引二「礥」並作「嚽」，注：「嚽，音玄。」蓋事之艱、地之險，皆謂之嚽、礥也。字或作菣、藖、蕒，《爾雅》：「蒿菣。」郭璞注：「今人呼青蒿香中炙啖者爲菣。」《說文》：「菣，香蒿也。藖，菣或从堅。」蒿之言槁，物槁枯則堅，故取爲名也。《玉篇》：「蕒，堅也。」蓋謂草槁枯則堅也。字或作簤，《玉篇》：「簤，枯。」《集韻》：「簤，竹枯也。」竹枯則堅也。字或作櫫，《正字通》：「櫫，音緊，木文理密緻也。」《御覽》卷 402 引《物理論》：「在金石曰堅，在草木曰緊，在人曰賢。」段玉裁曰：「堅者土之臤，緊者絲之臤，鋻者金之臤。」〔註 79〕諸字皆「臣」之孳乳字〔註 80〕，《廣雅》：「臣，堅也。」《御覽》卷 621 引《孝經說》：「臣者堅也。」《白虎通義·三綱六紀》：「臣者繵堅也，屬志自堅固。」〔註 81〕張仲清曰：「賢，疑爲『堅』字之訛。」未達通假之指。「疆」同「彊」。賢彊，即「堅彊」，指性格剛彊。《老子》第 76 章：「人之生也柔弱，其死也堅強。」堅強，馬王堆帛書甲本作「賢強」，《說苑·敬慎》引作「剛彊」。帛書「賢強」，與《越絕》同，即「堅強」，亦即「剛彊」之誼，惟所指有別耳。字亦作「賢長」、「賢良」，長、良，並讀爲彊。《家語·困誓》：「孔子弟子有公良儒者，爲人賢長，有勇力。」《御覽》卷 433 引作「賢良」，《史記》作「長賢」。恣下，猶言恣於下，指對下任性。

〔註 79〕段玉裁《說文解字注》，上海古籍出版社 1981 年版，第 702～703 頁。沈兼士《右文說在訓詁學上之沿革及其推闡》取其說，收入《沈兼士學術論文集》，中華書局 1986 年版，第 93 頁。

〔註 80〕參見章太炎《文始》卷 3，《章氏叢書》本，第 85 頁。

〔註 81〕二例王念孫《廣雅疏證》已引，收入徐復主編《廣雅詁林》，江蘇古籍出版社 1992 年版，第 106 頁。

（23）數戰伐，士卒不能忍

按：《史記》作「國家敝於數戰，士卒弗忍」，《吳越春秋》作「吳王爲數戰伐，士卒不恩」，徐天祜曰：「《國語》恩作息。」蔣光煦所見宋本「恩」作「息」〔註82〕。《吳越春秋》有脫文，「爲」字下當據此文補「人，賢疆以恣下，下不能逆」十字。「恩」、「忍」皆爲「息」字形譌。

（24）死且不忘，何謀敢慮

李步嘉曰：《吳越春秋》作「何謀之敢」，《史記》作「何謀之敢慮也」。按本篇「謀」下疑脫「之」字，《吳越春秋》「敢」後當脫「慮」字。

按：李說是也。《淮南子‧氾論篇》：「湯武救罪之不給，何謀之敢慮？」〔註83〕《鹽鐵論‧險固》：「則勾踐不免爲藩臣海崖，何謀之敢慮也？」《史記‧蒙恬傳》「臣乃何言之敢諫，何慮之敢謀？」並其證也。《左傳‧襄公二十八年》：「其何勞之敢憚？」又《昭公七年》：「何蜀之敢望？」又「何位之敢擇？」《戰國策‧楚策一》：「又何新城、陽人之敢求？」《史記‧李斯傳》：「百姓救過不給，何變之敢圖？」《後漢書‧蔡邕傳》《釋誨》：「何光芒之敢揚哉？」《漢紀》卷19：「何賊之敢生？」文例皆同。

（25）屈盧之矛

張宗祥曰：《典略》云：「周有屈盧之矛。」《說文》云：「矛，酋矛也，建于兵車，長二丈。」按：張說本《吳越春秋‧勾踐伐吳外傳》徐天祜注。「屈」或音誤爲「鈌」，「鈌」又形誤作「鈇」，《史記》二存之，遂作「鈇屈盧之矛」或「鈌屈盧之矛」；「鈌盧」又音轉作「勃盧」、「物盧」〔註84〕。

（26）孤請自被堅執銳，以受矢石

李步嘉曰：《吳越春秋》作「以前受矢石」，本篇似脫「前」字。

按：《吳越春秋》「前」皆讀爲「先」，《史記》正作「以先受矢石」。

---

〔註82〕轉引自徐乃昌《〈吳越春秋〉札記》，收入《叢書集成續編》第26冊，上海書店1994年版，第629頁。
〔註83〕此據《治要》卷41引，今本「慮」誤作「當」，王念孫已訂正。
〔註84〕參見蕭旭《「屈盧之矛」考辨》。

（27）臣聞之，慮不先定，不可以應卒；兵不先辨，不可以勝敵

　　李步嘉曰：《史記》同，《吳越春秋》作「臣聞慮不預定，不可以應卒；兵不預辦，不可以勝敵」。

　按：此蓋先秦古成語。《墨子·七患篇》：「城郭不備全，不可以自守；心無備慮，不可以應卒。」《鄧子·無厚篇》：「慮不先定，不可以應卒；兵不閑習，不可以當敵。」《漢書·辛慶忌傳》引《司馬法》：「夫將不豫設，則亡以應卒；士不素厲，則難使死敵。」《史記·范雎傳》：「夫物不素具，不可以應卒。」《說苑·叢談》：「兵不豫定，無以待敵；計不先慮，無以應卒。」《鹽鐵論·世務》：「事不豫辦，不可以應卒；內無備，不可以禦敵。」《後漢書·馮衍傳》：「故曰『德不素積，人不爲用；備不豫具，難以應卒。』」皆可參證。「辨」同「辦」，並讀爲辯，《說文》：「辯，治也。」

（28）修兵休卒以待吳

　　李步嘉曰：休，《史記》同，《吳越春秋》作「伏」。

　按：「休」非其誼，當爲「伏」字形譌。《說苑·雜言》：「飛禽萃焉，走獸休焉。」《初學記》卷 5、《御覽》卷 38 引作「伏」。《家語·困誓》：「君子息焉，小人休焉。」《荀子·大略》同，《列子·天瑞》「休」作「伏」。《鶡子·撰吏篇》：「故賢人得焉，不肖者休焉。」《賈子·大政下》「休」作「伏」。三例「休」皆「伏」形誤，是其比。張覺謂「伏」爲「休」誤〔註85〕，傎矣。

（29）大敗齊師

　按：敗，《史記》作「破」。

# 卷　八

## 《越絕外傳記〔越〕地傳》第十

　　錢培名曰：原脫「越」字，今依《記吳地篇》例補。

---

〔註85〕張覺《吳越春秋全譯》，貴州人民出版社 1993 年版，第 184 頁。張覺《吳越春秋校注》，嶽麓書社 2006 年版，第 116 頁。

按：錢說是也，《御覽》卷 184 引《越地傳》：「勾踐宮有百戶。」又卷 556
引《越地傳》：「禹井，井者，法也。」皆此篇文，篇名正作「越地傳」。
梁・宗懍《荊楚歲時記》：「五月五日競渡……《越地傳》云『起於越
王勾踐』。」《白帖》卷 4：「競渡：《越地傳》云『起於越王勾踐』。」
《御覽》卷 919 引《越地傳》：「越人為競渡。」即今本「（越）以船為
車，以楫為馬」之文，亦可證此篇名當有「越」字也。《史記・夏本紀》
《集解》、《書鈔》卷 94、《御覽》卷 558、《會稽志》卷 1 引《越傳》：
「到大越。」《周禮・職方氏》賈公彥疏、《書鈔》卷 160、《玉海》卷
70 引《越傳》：「禹到越。」亦此篇文。《書鈔》卷 145 引《越傳》：「孔
子之魯，燔俎無肉，蘇蒸不熟。」見今本《敘外傳記》。「越傳」則為
「越絕書內傳」或「越絕書外傳」的省稱，錢培名謂「越傳」為「越
絕」之誤，非也。

## （1）黃帝造衣裳

李步嘉曰：《史記・五帝本紀》《正義》：「黃帝之前，未有衣裳屋宇，及黃
帝造屋宇，制衣服，營殯葬，萬民故免存亡之難。」

按：李氏引徵過晚。《淮南子・氾論篇》：「伯余之初作衣也。」高注：「伯
余，黃帝臣。《世本》曰：『伯余製衣裳。』一曰：伯余，黃帝。」一
說「伯余」即「黃帝」是也。《路史》卷 14 羅苹注：「《世本》云：『伯
余製衣裳。』《淮南子》：『伯余之初作衣。』許註亦云：『黃帝。』」《潛
夫論・五德志》：「黃帝軒轅……是始制衣裳。」《漢書・百官公卿表》
顏師古注引應劭曰：「黃帝氏作衣裳。」《論衡・對作》：「伯余之衣，
以辟寒暑。」

## （2）大越海濱之民，獨以鳥田

按：下文解釋說：「（禹）無以報民功，教民鳥田，一盛一衰。當禹之時，
舜死蒼梧，象為民田也。」《吳越春秋・越王無余外傳》：「禹崩之後，
眾瑞並去，天美禹德而勞其功，使百鳥還為民田。」《文選・吳都賦》：
「象耕鳥耘。」李善註引《越絕書》：「舜葬蒼梧，象為之耕；禹葬會
稽，鳥為之耘。」《史記・五帝本紀》《集解》引《傳》曰：「舜葬蒼
梧，象為之耕。」《類聚》卷 11 引《帝王世紀》：「（禹）葬于蒼梧九
疑山之陽……有群象為之耕。」王充則駁斥此說，《論衡・書虛》：「傳

書言：『舜葬於蒼梧，象爲之耕；禹葬會稽，鳥爲之田。』……考實之，殆虛言也……實者，蒼梧多象之地，會稽眾鳥所居……天地之情，鳥獸之行也。象自蹈土，鳥自食蘋（草），人隨種之，世俗則謂爲舜、禹田。」又《偶會》：「傳曰：『舜葬蒼梧，象爲之耕；禹葬會稽，鳥爲之佃。』失事之實，虛妄之言也。」酈道元《水經注・漸江水》釋其事云：「昔大禹即位十年，東巡狩，崩於會稽，因而葬之，有鳥來爲之耘，春拔艸根，秋啄其穢，是以縣官禁民不得妄害此鳥，犯則刑無赦。」唐・陸龜蒙又提出新解，其《象耕鳥耘辯》云：「象耕鳥耘之說，吾得於農家，請試辯之：吾觀耕者行端而徐起，墢欲深，獸之形魁者，無出於象，行必端，履必深，法其端深，故曰象耕；耘者去莠，舉手務疾而畏晚，鳥之啄食，務疾而畏奪，法其疾畏，故曰鳥耘。試禹之績大成，而後薦之於天，其爲端且深，非得於象耕乎？去四凶，恐害於政，其爲疾且畏，非得於鳥耘乎？」陸氏說不可信。

（3）（禹）到大越，上茅山，大會計，爵有德，封有功，更名茅山曰會稽

　按：二「茅」字，《史記・夏本紀》《集解》、《周禮・職方氏》賈公彥疏、《書鈔》卷 160、《玉海》卷 70、《會稽志》卷 1、《通志》卷 3 引作「苗」，《御覽》卷 558 引上「茅」作「苗」，下「茅」字脫。茅、苗一聲之轉也〔註 86〕。

（4）上無漏泄，下無即水

　按：即，讀爲漬，浸泡。《史記・夏本紀》《集解》引作「邸水」，「邸」當是「即」字形譌。《書鈔》卷 94、《御覽》卷 558 引作「流水」，蓋皆妄改。俞紀東、張仲清訓即爲靠近，我舊說讀即爲次〔註 87〕，皆失之。

（5）壇高三尺，土階三等，延袤一畝，尚以為居之者樂，為之者苦

　按：《吳越春秋・越王無余外傳》作「墳高三尺，土階三等，葬之後曰無改畝，以爲居之者樂，爲之者苦」。「墳」爲「壇」之誤。《家語・相魯》：「所爲壇位，土階三等。」壇指土堂，《賈子・退讓》：「堂高三尺，壤

---

〔註 86〕 參見蕭旭《淮南子校補》，花木蘭文化出版社 2014 年版，第 666～667 頁。
〔註 87〕 蕭旭《越絕書校補》，收入《群書校補》，廣陵書社 2011 年版，第 579 頁。

陛三粲，茆茨弗剪，采椽弗刮，且翟王猶以作之者大苦，居之者大佚。」《史記‧太史公自序》：「墨者亦尙堯舜道，言其德行曰堂高三尺，土階三等。」是其證也。《韓詩外傳》卷 8：「吾君有治位之坐，土階三等，茅茨不翦，樸椽不斷者，猶以謂爲之者勞，居之者泰。」《列女傳》卷 6：「昔帝堯茅茨不剪，采椽不斷，土階三等，猶以爲爲之者勞，居之者逸也。」

## （6）井者，法也

按：《說文》：「荊，罰辠也。從井從刀。《易》曰：『井，法也。』」《後漢書‧五行志一》引《易》曰：「井者，法也。」《易‧井》《釋文》引鄭注：「井，法也。」〔註 88〕《初學記》卷 7 引《風俗通》：「井者，法也，節也，言法制居人，令節其飲食，無窮竭也。」〔註 89〕《玉篇》：「井，法也。」

## （7）句踐伐吳，霸關東，徙瑯琊，起觀臺，臺周七里，以望東海

錢培名曰：徙，原誤「從」，依《後漢書‧郡國志》注改。

李步嘉曰：錢說是。《會稽志》卷 18 引亦作「徙」，據改。

按：《古文苑》卷 11 酈炎《對事》章樵註、《明一統志》卷 24、《山東通志》卷 9 引並作「徙」。《路史》卷 27：「瑯邪：漢縣故城，在密之諸城東，句踐圖霸，徙此，起觀臺。」亦作「徙」。徙瑯琊者，謂越王徙都於瑯琊，以霸中國也。此篇下文云：「允常子句踐，大霸稱王，徙瑯琊，都也。」又云：「今南里獨山大冢者，句踐自治以爲冢，徙瑯琊，冢不成。」本書卷 2《外傳記吳地傳》：「越王句踐徙瑯邪。」又「句踐徙瑯邪。」《竹書紀年》卷下：「元年癸酉，於越徙都瑯琊。」《水經注‧漸江水》：「句踐霸世，徙都瑯邪。」又《濰水》：「句踐并吳，欲霸中國，徙都琅邪。」皆其明證也。《吳越春秋‧勾踐伐吳外傳》：「越王既已誅忠臣，霸於關東，從瑯邪，起觀臺，周七里，以望東海。」作「從」亦誤，《史記‧秦始皇本紀》《正義》引作「徙都琅邪」，《御覽》卷 160 引作「徙都瑯琊」，作「徙」不誤；《太平寰宇記》卷 24

---

〔註 88〕《玉海》卷 24 引同。
〔註 89〕《書鈔》卷 159、《御覽》卷 189 引同。

引已誤作「從」〔註90〕。

## （8）死士八千人，戈船三百艘

按：《吳越春秋・勾踐伐吳外傳》同。沈自南《藝林彙考・稱號篇》卷6：
「《留青日札》：死士，賈逵曰：『死罪人。』鄭眾曰：『欲以死報恩者。』
惟杜預曰『敢死之士也』爲是。」「戈船」眾說紛紜：《史記・南越尉
佗傳》：「爲戈船下厲將軍。」《集解》引張晏曰：「越人於水中負人船，
又有蛟龍之害，故置戈於船下，因以爲名也。」又引臣瓚曰：「伍子胥
書有戈船，以載干戈，因謂之戈船。」《漢書・武帝紀》顏師古注：「以
樓船之例言之，則非爲載干戈也。此蓋船下安戈戟，以御蛟鼉水蟲之
害，張說近之。」採用張晏說。劉攽曰：「船下安戈，既難措置，又不
可以行，且今造舟船甚多，未嘗有置戈者，顏北人，不知行船，故信
張說。予謂瓚說是。」宋祁曰：「戈船將軍，當時所建之官，如驃騎虎
牙之類是也。戈船，今有之，設干戈於船上以禦敵也。」《學林》卷3：
「夫船下安戈，雖大江滄海，猶不免挂觸，而況于山谿石險之水乎？
戈船者，將軍之號也，言能乘船而用戈以戰，故謂之戈舩將軍，以其
善水戰也，亦非載干戈者也。」《六書故》：「戈，又胡瓜切，漢有戈船
將軍，別作划、找。鄭漁仲曰：『進篙謂之划。』」方以智曰：「划船：
撑小舟曰划，音華。今俗呼小舟爲划子。按漢有戈船將軍，音划，合
溪主之。漁仲：『划，胡瓜切，舟進篙謂之划。』今《通志》刻作『進
竿』，古麻與歌通，當轉華音。《漢・武紀》、《南粵傳》皆云『置戈』，
師古以張晏之說，謂以戈置船下以驅蛟鼉，此則謬矣。」〔註91〕所引
鄭漁仲說，見《通志》卷32：「戈，胡瓜切，舟進竿謂之划。」宋・
張淏《雲谷雜紀》卷1：「予按戈船，其來久矣。《吳越春秋》云：『樓
船之卒三千人。』又云：『戈船三百艘。』《西京雜記》云：『昆明池中
有戈船〔註92〕、樓船各數百艘，樓船上建樓櫓，戈船上建戈矛，四角
悉垂幡旄旍葆麾蓋，照灼涯涘，予少時猶憶見之（原註：「予，劉歆

〔註90〕 《太平寰宇記》點校本疑「從」爲「徙」誤，是也。中華書局2007年版，第
507頁。
〔註91〕 方以智《通雅》卷49，收入《方以智全書》第1冊，上海古籍出版社1988
年版，第1466頁。
〔註92〕 《御覽》卷770引「戈船」誤作「弋船」，下文不誤。

也。」）。』觀《西京雜記》所載，則戈船之義甚明，奚假他說其事？又見于《三輔故事》及《三輔黃圖》。」所引《西京雜記》見卷 6。《三輔黃圖》卷 4 引《三輔舊事》：「昆明池，地三百三十二頃，中有戈舡各數十，樓舡百艘，舡上建戈矛。」《玉海》卷 147、171 引曹毗《志經》：「樓船上建樓櫓，戈船上建戈矛。」皆明言「戈船上建戈矛」，劉歆漢人，去古不遠，曾親見之，其說當可信。臣瓚、劉攽、宋祁說是也。曹錦炎謂「戈船」當作「弋船」，形近致訛；舉《文選・七命》李善注、《御覽》卷 315 引《越絕書》佚文《伍子胥水戰兵法內經》「翼船」分大、中、小「三翼」爲證，謂「翼船」即「弋船」的異名，取義於「弋射」〔註 93〕。曹說不足信也。考《文選・七命》李善注引《越絕書》佚文所載《伍子胥水戰兵法內經》：「大翼一艘，長十丈。中翼一艘，長九丈六尺。小翼一艘，長九丈。」《文選・車駕幸京口三月三日侍游曲阿後湖作一首》李善注：「翼，謂舟也。」又引《越絕書》載《伍子胥水戰兵法內經》：「大翼一艘，廣一丈五尺二寸，長十丈。中翼一艘，廣一丈三尺五寸，長五丈六尺。小翼一艘，廣一丈二尺，長九丈。」二文李周翰注並曰：「翼，艘也。」《御覽》卷 315 引《越絕書》載《伍子胥水戰法》：「大翼一艘，廣丈六尺，長十二丈，容戰士二十六人，櫂五十人，舳艫三人，操長鉤矛斧者四，吏僕射長各一人，凡九十一人，當用長鉤矛長斧各四，弩各三十四，矢三千三百，甲兜鍪各三十二。」尺寸略有不同，此不考訂〔註 94〕。吳越皆習水戰，其水軍之三翼，猶陸軍之三翼也。《初學記》卷 25 引《越絕書》：「越爲大翼小翼中翼，爲船軍戰。」〔註 95〕大、中、小三翼，即陸戰之三翼。又考《書鈔》卷 137 引《越記》佚文：「舡軍之備何如？對曰：『舡名大翼、小翼、突冒、樓舡。舡軍之教，比于陵軍之法，乃可用之。大翼當陵軍之重車，小翼當陵軍之輕車。』」《御覽》卷 770 引《越絕書》，其文尤爲詳細，云：「闔閭見子胥：『敢問船運（軍）之備何如？』對曰：『船名大翼、小翼、突冒、樓船、橋船。今船軍之教，比陵軍之法，

---

〔註 93〕 曹錦炎《〈越絕書〉「戈船」釋義》，《文史》第 36 輯，1992 年版，第 46 頁。
〔註 94〕 《容齋四筆》卷 11、《錦繡萬花谷》前集卷 25、《韻語陽秋》卷 20、《海錄碎事》卷 20 所記尺寸各不盡同，小有差異。
〔註 95〕 《玉海》卷 147 引同，《事類賦注》卷 16 引作「越爲大翼中翼小翼，船以戰」。

乃可用之。大翼者，當陵軍之〔重〕車；小翼者，當陵軍之輕車；突冒者，當陵軍之衝車；樓船者，當陵軍之行樓車也；橋船者，當陵軍之輕足驃定騎也。」〔註96〕古吳楚語謂「陸」爲「陵」，「陵軍」即「陸軍」〔註97〕。亦言「陵師」，《左傳·定公六年》：「又以陵師敗于繁陽。」杜注：「陵師，陸軍。」孔疏：「上云舟師，水戰；此言陵師，陸軍。南人謂陸爲陵，此時猶然。」〔註98〕水戰乃以船爲三翼，「翼」字決不得借爲「弋射」之「弋」，斷可知也。《文選》李善注明云：「翼，謂舟也。」周翰注明云：「翼，艘也。」曹氏不引，掩沒不利於己說的證據，尤非爲學之道。

## （9）居無幾，躬求賢聖

按：《吳越春秋·勾踐伐吳外傳》作「射求賢士」。「射」爲「躬」形譌。張覺曰：「射，逐取，追求。」〔註99〕失之。周生春亦失校〔註100〕。

## （10）句踐乃身被賜夷之甲

錢培名曰：賜，原注：「一作陽，又音唐。」按《記寶劍篇》作「腸」，《文選·吳都賦》「暘夷勃盧之旅」，註引此文作「暘」，《吳越春秋》作「唐」，皆因形聲相近，傳寫互異。《書鈔》卷 121、123 並作「賜」，已與今本同。

李步嘉曰：樂祖謀本作「賜」。《書鈔》卷 121 引《越地傳》作「啄禹之甲」，《文選·七啓》李善注引作「賜夷之甲」，《玉海》卷 151 引作「暘夷之甲」，又引作「棠夷之甲」。

按：賜夷，《吳越春秋·勾踐伐吳外傳》作「唐夷」。《吳都賦》之「暘夷」，陳本《書鈔》卷 124 引作「腸夷」，《御覽》卷 353 引作「賜夷」。《吳越春秋·王僚使公子光傳》：「王僚乃被棠銕之甲。」《御覽》卷 302、356 引作「棠夷」。「賜」爲「賜」俗譌字，「賜」當作「暘」或「腸」，形之譌也。俞樾謂「賜當作暘，古文唐字」，亦可。暘、腸、唐、棠，

〔註96〕《書鈔》卷 138 引《越絕書》「橋船」作「篙舡」。
〔註97〕《四庫》本《御覽》逕改作「陸軍」，則非其舊文矣。
〔註98〕參見蕭旭《〈淮南子〉古楚語舉證》，《東亞文獻研究》總第 6 輯，2010 年 8 月出版，第 92～93 頁。
〔註99〕張覺《吳越春秋校注》，嶽麓書社 2006 年版，第 286 頁。
〔註100〕周生春《吳越春秋輯校匯考》，上海古籍出版社 1997 年版，第 176 頁。

並一聲之轉。「唐夷」、「暘夷」、「棠銕」、「棠夷」，皆「唐鯢」之借。唐，大也。鯢，鯨魚也。唐鯢爲甲名者，言取大鯨魚之皮所製之甲也。後音轉作「唐猊」、「猻猊」，脈望館鈔本《古今雜劇》元・關漢卿《單鞭奪槊》第 1 折：「雖然他那身邊不掛唐猊鎧。」明・臧晉叔《元曲選》作「猻猊」，《音釋》：「猻，音唐。猊，音移。」〔註 101〕「猊」爲獅子，此非吳越所有，附會之言也。金・董解元《西廂記諸宮調》卷 2：「甲掛唐夷兩副。」凌景埏注：「唐夷，就是『唐猊』，古代一種兇猛的野獸，用它的皮製甲，非常堅厚。後來一般就用『唐夷』作爲甲的代詞。」〔註 102〕凌說本末倒置，非也。張覺曰：「棠，疑指棠谿。銕，古『鐵』字。棠銕，指棠谿出產的好鐵。或作『唐夷』，字通。」〔註 103〕亦未得。

（11）孔子對曰：「丘能述五帝三王之道，故奉雅琴至大王所。」

　　　錢培名曰：奉，《吳越春秋》作「奏」。

　按：「奏」爲「奉」形譌，上文云「奉先生雅琴」。

（12）銳兵任死，越之常性也

　按：《吳越春秋・勾踐伐吳外傳》作「悅兵敢死，越之常也」，脫「性」字。銳，讀爲悅。悅兵，喜戰也。任，讀爲能，亦敢也。張仲清曰：「武器精良，又不怕死。任，任俠。」非是。

（13）越王夫鐔以上至無餘，久遠，世不可紀也。夫鐔子允常，允常子句踐

　　　錢培名曰：原注：「一作『鐸』。」《吳越春秋》作「譯」，皆形近致誤。

　　　李步嘉曰：《漢唐地理書鈔》錄顧野王《輿地志》：「有越侯夫譚。」則又作「譚」。

　按：錢培名原文作「《吳越春秋》作『譚』」，李氏誤錄作「譯」。《輿地志》見《史記・越世家》《正義》所引。《吳越春秋・越王無余外傳》：「壬生無睪，睪專心守國，不失上天之命，無睪卒，或爲夫譚，夫譚生元常。」

〔註101〕臧晉叔《元曲選》，中華書局 1989 年版，第 1176 頁。
〔註102〕凌景埏校注《董解元西廂記》，人民文學出版社 1980 年版，第 53 頁。
〔註103〕張覺《吳越春秋校注》，嶽麓書社 2006 年版，第 51 頁。

－1143－

《路史》卷 23 羅苹注引作「壬生睼」。「鐸」、「睪」、「睼」皆「譚」形訛。字亦作鐔，《會稽志》卷 18 引《舊經》作「大鐔」。徐天祐注：「元，當作允。」《路史》卷 23：「暨元常而始伯。」羅苹注：「元，王命之。或作允常，非。」二說相反。考《史記·越世家》：「後二十餘世，至於允常。」《正義》引《輿地志》：「有越侯夫譚，子曰允常。」《漢書·古今人表》：「越王允常，夏少康後。」《國語·越語下》韋注：「先人，允常。」又《吳語》韋注：「句踐，允常之子。」《左傳·定公十四年》杜注：「句踐，越王允常子。」《舊唐書·地理志》：「諸暨，漢縣，屬會稽郡，越王允常所都。」《通典》卷 182：「諸暨，漢舊縣，越王允常居。」皆作「允常」。《吳越春秋·闔閭內傳》：「越王元常使歐冶子造劍五枚。」徐天祐注：「《左傳》、《史記》俱作允常。」《類聚》卷 60 引作「允常」。徐說是也。

## （14）句踐子與夷

按：《吳越春秋·勾踐伐吳外傳》：「勾踐寢疾將卒，謂太子興夷曰。」《史記·越世家》：「勾踐卒，子王鼫與立。」《索隱》引《紀年》：「於粵子句踐卒，次鹿郢立，六年卒。」又引樂資云：「《越語》謂鹿郢為鼫與也。」《左傳·哀公二十四年》作「適郢」，金文有《者汈鐘》，陳夢家疑「者汈」即「與夷」，亦即「鹿郢」〔註104〕。「興」為「與」形誤。

## （15）句踐小城，山陰城也

錢培名曰：《後漢書·郡國志》注、《寰宇記》卷 96 並作「山陰是也」。

李步嘉曰：《路史·國名紀》注引作「山陰是」，《會稽志》卷 1、《浙江通志》卷 44 引皆作「山陰城也」。

按：《浙江通志》卷 7 引作「山陰城也」，《通典》卷 182、《通鑑地理通釋》卷 5 引作「山陰是也」。

## （16）東南司馬門，因以炤龜

按：炤，《浙江通志》卷 44 引作「照」，《會稽志》卷 9、《浙江通志》卷

---

〔註104〕參見方詩銘、王修齡《古本竹書紀年輯證》，上海古籍出版社 2005 年版，第 88 頁。

15 引作「灼」。「炤」同「炤」，爲「灼」形誤。下文「炤龜龜山」、「善炤龜」，皆誤。《會稽三賦》卷上宋人周世則注引作「東海司馬門，所以灼龜」，「海」字雖誤，「灼」則不誤。張仲清曰：「炤，同『灼』。」非也。

（17）兵法曰：「視民如嬰兒，故可與赴深溪。」

按：《孫子・地形》：「視卒如嬰兒，故可與之赴深谿；視卒如愛子，故可與之俱死。」

（18）越謂齊人多

李步嘉曰：《會稽志》卷 18 引「齊人」下多一「曰」字。

按：《明一統志》卷 45 引亦有「曰」字，是也。

（19）富中大塘者，句踐治以為義田，為肥饒，謂之富中

按：《文選・吳都賦》劉淵林注、《會稽志》卷 10 引作「故謂之富中」，《會稽志》卷 18、《太平寰宇記》卷 96 引作「故曰富中」，今本脫「故」字，《御覽》卷 472、821 引已脫。饒，《文選》劉淵林注、《御覽》二引、《會稽志》卷 10 同，《會稽志》卷 18、《寰宇記》卷 96 引作「美」。

（20）犬山者，句踐罷吳，畜犬獵南山白鹿，欲得獻吳，神不可得，故曰犬山，其高為犬亭

按：其高爲犬亭，《會稽志》卷 9 引同，言於犬山高處築犬亭也。李步嘉謂「高」當作「亭」，非也。

（21）民西大冢者，句踐客秦伊善炤龜者冢也

按：炤，《會稽志》卷 18、《廣博物志》卷 22、《浙江通志》卷 197 引同，《會稽志》卷 6、《百越先賢志》卷 1、《浙江通志》卷 238 引作「灼」。「炤」爲「灼」形誤。善，《會稽志》卷 18 引誤作「喜」。

（22）射卒陳音死，葬民西，故曰陳音山

按：《會稽志》卷 10 引作「射率陳音死，葬浦西五里」。考《吳越春秋・勾踐陰謀外傳》：「陳音死，越王傷之，葬於國西，號其葬所曰陳音山。」此文「卒」爲「率」形誤，「民」爲「圀」脫誤，「圀」爲「國」俗字。

明道本《國語·周語下》：「夫合諸侯，民之大事也。」公序本作「國」，《漢書·五行志》作「民」，《賈子·禮容語》作「國」〔註105〕。《韓子·飭令》：「利出十空者，民不守。」《商子·靳令》「民」作「國」。「民」皆「圉」脫誤。上文「民西大冢者」，「民」字亦誤。張宗祥曰：「在民山西，故云民西。」非也。

### （23）葬之三蓬下

按：《吳越春秋·勾踐伐吳外傳》作「或入三峰之下」，「蓬」即「峰」音譌。張宗祥引《漢書·賈山傳》晉灼注「東北人名土塊爲蓬顆」，謂葬之苟簡，其說非也。吳越語言，不得謂土塊爲蓬。《類聚》卷6、《御覽》卷37引《博物志》：「徐州人謂塵土爲蓬塊，吳人謂塵土爲埃坱。」方言顯然不同。葬之三峰下，言葬之深山之中也。

### （24）巫山者，越魖神巫之官也

按：魖，《會稽志》卷9引作「魖」。二字字書、韻書皆失載，待考。《繹史》卷96引臆改作「魖」字。

### （25）獨婦山者，句踐將伐吳，徙寡婦致獨山上，以為死士示，得專一也。去縣四十里。後說之者，蓋句踐所以游軍士也

按：致，讀爲置。《會稽志》卷9引作「置婦女於山」，《太平寰宇記》卷96引作「置婦女山上」，《會稽三賦》卷上宋人周世則注引《舊經》作「置婦女於山上」。「示」字下屬爲句。遊，《會稽志》、《寰宇記》引誤作「邀」。《御覽》卷47引《吳越春秋》佚文：「濁（獨）女山者，諸寡婦女淫泆犯過者，皆輸此山上。越王將伐吳，其士有憂思者，令遊山上，以喜其意。」《會稽志》卷9引《十道志》：「句踐以寡婦居此，令軍人遊焉，一名獨婦山。」亦皆作「遊」字。

### （26）馬嗥者，吳伐越，道逢大風，車敗馬失，騎士墮死，疋馬啼嗥，事見吳史

錢培名曰：下「嗥」，原作「皋」，依上文改。

李步嘉曰：《會稽志》卷18引作「車敗失」，恐脫。錢校是，《會稽志》卷

〔註105〕《國語》例由郭萬青博士檢示，謹此致謝。

18 引正作「嘷」。

按：本書卷 6《外傳紀策考》：「吳王夫差興師伐越，敗兵就李，大風發狂，日夜不止，車敗馬失，騎士墮死。」《至元嘉禾志》卷 14 引作「陣敗馬驚」，亦臆改耳。此文或本作「皋」字，後人加「口」旁作「嘷」字。「嘷」、「皋」並讀爲號，緩聲而長引之也〔註106〕。

## （27）女陽亭者，句踐入官於吳，夫人從道產女此亭，養於李鄉，句踐勝吳，更名女陽，更就李為語兒鄉

按：官，《御覽》卷 194 引作「宦」，義同，已詳《請糴內傳》校補。李步嘉謂字訛，非也。「語兒」本作「禦兒」、「蘍兒」、「藥兒」，爲「牙兒」音轉，古越語，猶言小兒也〔註107〕。施謝捷曰：「『官』疑是『臣』字之誤。『李鄉』前脫一『就』是。」〔註108〕前說非，後說是。

## （28）（秦始皇帝）以其三十七年，東遊之會稽

按：東，《西溪叢語》卷下引誤作「來」。上文「洹江以來屬越」，《會稽志》卷 18 引「來」作「東」，是其比。

## （29）刻文立於越棟山上

錢培名曰：原本「文立」二字作「丈六」，「棟」作「東」，並誤。《書鈔》作「刻立於大越棟山上」，疑《書鈔》脫「文」字，此脫「大」字。或此「文」字即「大」字之訛，又錯簡在「立」字上耳。《水經注・漸江水》：「會稽山又曰棟山。《越絕》云：『棟，猶鎮也。』」今本無此句，疑當在此。「棟」字與《書鈔》合，作「東」非也。

李步嘉曰：《會稽續志》卷 7 引作「刻文立於越東山上」，「東」當作「棟」。

按：《書鈔》見卷 160。考《水經注・漸江水》：「會稽之山，古防山也，亦謂之爲茅山，又曰棟山。《越絕》云：『棟猶鎮也。』蓋《周禮》所謂揚州之鎮矣。」〔註109〕熊會貞曰：「作『棟』與《書鈔》同。今《越

〔註106〕參見惠士奇《禮說》卷 7，收入《叢書集成三編》第 24 冊，新文豐出版公司 1997 年版，第 360 頁。

〔註107〕參見蕭旭《〈越絕書〉古吳越語例釋》。

〔註108〕施謝捷《點校本〈越絕書〉校勘拾遺》，《古籍整理研究學刊》1988 年第 3 期，第 26 頁。

〔註109〕《御覽》卷 47 引「鎮」下有「山」字，今《周禮・夏官・職方氏》云：「東

絕》卷 8 作東，非也。《御覽》卷 47 引此作揀，亦誤。」〔註110〕《太平寰宇記》卷 96 引《郡國志》：「東南有會稽山，一名茅山，一名覆釜，亦曰苗山，又云揀山，即會稽一峯，《周禮》：『其山鎮曰會稽也。』」《路史》卷 22：「遂致群臣于鍾山。」羅苹注：「即會稽前山，一曰揀山。《越絕書》云：『揀，猶鎮也。』」《路史》卷 37：「所戮者會稽棟山也。」「揀山」即「棟山」之譌，棟、鍾皆言重也，與「鎮」義相會。《廣雅》、《玉篇》並云：「鎮，重也。」故《越絕》佚文云「棟，猶鎮也」。本書卷 9《越絕外傳計倪》：「進兵圍越會稽墳山。」孫詒讓讀墳爲鎮，張仲清說同，而未列出處。《咸淳臨安志》卷 86 引作「刻丈六於越東山」，誤同今本。《會稽續志》卷 7、《寶刻叢編》卷 13 引作「刻文立於越東山上」，《西溪叢語》卷下引作「刻文於大越東山上」，《會稽志》卷 11 引作「刻石于東山上」，又卷 16 引作「刻於越東山上」，《浙江通志》卷 279 引作「刻文於越東山上」。皆誤作「東山」。

# 卷　九

## 《越絕外傳計倪》第十一

### （1）乃脅諸臣而與之盟

錢培名曰：《吳越春秋》作「召」，義較優。

按：《御覽》卷 469 引《會稽典略》仍作「脅」，「而」下有「欲」字。我舊說讀脅爲協〔註111〕，張仲清說同，並失之。

### （2）奈何有功

李步嘉曰：《吳越春秋‧勾踐陰謀外傳》作「奈何而有功乎」。

按：《御覽》卷 469 引《會稽典略》亦有「而」字。

### （3）何大夫易見而難使也

按：見，《吳越春秋‧勾踐陰謀外傳》、《御覽》卷 469 引《會稽典略》並同，當作「尋」，古「得」字。易，《會稽典略》誤作「而」。《戰國策‧齊策

南曰揚州，其山鎮曰會稽。」
〔註110〕楊守敬、熊會貞《水經注疏》，江蘇古籍出版社 1989 年版，第 3309 頁。
〔註111〕蕭旭《越絕書校補》，收入《群書校補》，廣陵書社 2011 年版，第 580 頁。

四》：「士何其易得而難用也？」《韓詩外傳》卷 7：「何士大夫易得而難用也？」〔註 112〕《說苑・尊賢》：「何士大夫之易得而難用也？」文義並同。張仲清曰：「見，通『現』。」非是。

## （4）夫官位財幣，王之所輕；死者，是士之所重也。王愛所輕，責士所重，豈不艱哉

李步嘉曰：《吳越春秋・勾踐陰謀外傳》作「夫官位財幣金賞者，君之所輕也；操鋒履刃，艾命投死者，士之所重也。今王易財之所輕，而責士之所重」，徐天祜注：「易字不通，疑舍字之誤，舍、吝同。」

按：徐說非也，「易」、「舍」形聲俱遠，無緣致譌。《戰國策・齊策四》：「且財者，君之所輕；死者，士之所重。君不肯以所輕與士，而責士以所重事君，非士易得而難用也。」《意林》卷 1 引《魯連子》：「財者，君之所輕；死者，士之所重。君不能以所輕與士，欲得士之所重，不亦難乎？」《韓詩外傳》卷 7：「且夫財者，君之所輕也；死者，士之所重也。君不能行君之所輕，而欲使士致其所重，猶譬鉛刀畜之，而干將用之，不亦難乎？」《說苑・尊賢》：「且夫財者，君之所輕也；死者，士之所重也。君不能用所輕之財，而欲使士致所重之死，豈不難乎哉？」《新序・雜事二》：「財者，君之所輕；死者，士之所重也。君不能施君之所輕，而求得士之所重，不亦難乎？」並可參證。《吳越春秋》「易」字上脫「不能」二字，「財之所輕」當據《外傳》及《新序》作「君之所輕」，亦與上文對應成文。「易」與《新序》「施」字，並讀爲賜，賜予也，與《戰國策》、《魯連子》之「與」，《外傳》之「行」，《說苑》之「用」同義。諸書言「不肯與」、「不能與」、「不能行」、「不能用」、「不能施」，與此文之「愛」亦同義。《說文》：「賜，予也。」《商子・錯法》：「夫離朱見秋毫百步之外，而不能以明目易人；烏獲舉千鈞之重，而不能以多力易人。」《弱民篇》同。孫詒讓曰：「易，賜之借字，古鐘鼎款識皆以易爲賜。易人猶言賜予人。」〔註 113〕《廣雅》：「施，予也。」《集韻》：「施，與也。」王引之曰：「施舍之言賜予也。」又曰：「舍之爲言予也，施之爲言賜也，賜亦予也，故名舍

〔註 112〕盧文弨、俞樾校《吳越春秋》，並改作「得」字，並轉引自周生春《吳越春秋輯校匯考》，上海古籍出版社 1997 年版，第 145 頁。俞氏已引此二例。
〔註 113〕孫詒讓《商子札迻》，收入《札迻》卷 5，中華書局 1989 年版，第 143 頁。

字施。」〔註 114〕皆其證。張覺曰：「易，治也。」〔註 115〕我舊說讀易爲惕，訓愛〔註 116〕。皆未得。

## （5）正身之道，謹選左右

按：《吳越春秋‧勾踐陰謀外傳》脫「選」字，當據此補。《漢書‧王吉傳》：「故謹選左右，審擇所使。左右所以正身也，所使所以宣德也。」可以互證。

## （6）遠使，以效其誠

錢培名曰：《吳越春秋》作「遠使以難，以效其誠」，此脫二字。

按：此不必補「以難」二字。《大戴禮記‧文王官人》：「遠使之，以觀其不貳。」《逸周書‧官人解》：「遠之，以觀其不二。」《莊子‧列禦寇》：「故君子遠使之，而觀其忠。」皆可相證。《大戴禮記‧文王官人》：「考其陰陽，以觀其誠。」《六韜‧龍韜‧選將》：「與之間諜，以觀其誠。」說則不同也。

## （7）內告以匿，以知其信

按：《吳越春秋‧勾踐陰謀外傳》同。《大戴禮記‧文王官人》：「考之，以觀其信。」又「覆其微言，以觀其信。」匿，藏也，指隱秘之事。俞紀東曰：「匿，通『慝』，惡，壞。」非也。

## （8）與之講事，以觀其智

李步嘉曰：《吳越春秋‧勾踐陰謀外傳》作「與之論事，以觀其智」。

按：《大戴禮記‧朝事》：「與之圖事，以觀其能。」《逸周書‧官人解》：「設之以謀，以觀其智。」

## （9）飲之以酒，以觀其態

錢培名曰：《吳越春秋》作「飲之以酒，以視其亂；指之以使，以察其能；示之以色，以別其態」，此似有脫文。

〔註 114〕王引之《國語述聞》、《春秋名字解詁》，並收入《經義述聞》卷 20、22，江蘇古籍出版社 1985 年版，第 488、540 頁。

〔註 115〕張覺《吳越春秋校注》，嶽麓書社 2006 年版，第 226 頁。

〔註 116〕蕭旭《吳越春秋補注》，《古籍整理研究學刊》2000 年第 4 期，第 39 頁。

按：此無脫文。《六韜・龍韜・選將》：「醉之以酒，以觀其態。」與此文正同。《大戴禮記・文王官人》：「醉之，以觀其不失也。」《逸周書・官人解》：「醉之酒，以觀其恭。」《莊子・列禦寇》：「醉之以酒，而觀其側。」側，邪僻不正也。《釋文》：「側，不正也。王云：『側謂凡爲不正也。』側或作則。」《慎子外篇》亦作「則」。《詩・賓之初筵》孔疏引《莊子》作「態」，與《六韜》同。「態」讀爲「慝」，《釋名》：「慝，態也，有姦態也。」《吳越春秋》作「亂」字，義亦近。俞樾謂「側」當從一本作「則」，法則也〔註117〕，非是。

## （10）激河泉井，示不獨食

按：《紺珠集》卷 10 引僧贊寧《物類相感志》引《越絕書》：「勾踐出行，有獻酒一壺者，王曰：『吾獨飲之，若三軍何？』洒投于川，命三軍飲之，三軍皆告醉。」《呂氏春秋・順民》：「越王苦會稽之恥，欲深得民心，以致必死於吳……有酒流之江，與民同之。」《水經注・漸江水》引《呂氏春秋》：「越王之栖于會稽也，有酒投江，民飲其流，而戰氣自（百）倍。」〔註118〕《列女傳》卷 1：「子不聞越王句踐之伐吳耶？客有獻醇酒一器者，王使人往（注）江之上流，使士卒飲其下流。味不及加美，而士卒戰自五也。」〔註119〕《太平寰宇記》卷 96：「箪醪河，在縣南西三里，勾踐投醪之所也。」此當即句踐激河不獨食之事。「泉井」未詳，疑有誤。《御覽》卷 280 引《史記》以爲楚莊王事，又卷 281 引《符子》以爲秦穆公伐晉事，蓋傳聞異辭。考《類聚》卷 72 引《黃石公記》：「昔者良將用兵，人有饋一箪醪者。使投之於河，令將士迎流而飲之。夫單醪不能味一河水，三軍思爲之死，非滋味及之也。」〔註120〕蓋古兵家造作此法以激勵兵眾也。《方輿勝覽》卷 52 引《舊經》：「蜀主征西番，有野人以壺酒獻王，王使

---

〔註117〕俞樾《莊子平議》，收入《諸子平議》卷 19，上海書店 1988 年版，第 383 頁。
〔註118〕《會稽志》卷 10 引「自」作「百」，是也。
〔註119〕「及」字衍。「往」當據《渚宮舊事》卷 3、《類聚》卷 59、《御覽》卷 281、《記纂淵海》卷 80、81 引校作「注」。美，《渚宮舊事》卷 3 引同，當據《類聚》、《御覽》、《記纂淵海》二引校作「喙」。「喙」與下文「甘不踰嗌而戰自十也」之「嗌」對舉。王照圓《列女傳補注》已據《類聚》所引訂正，收入《續修四庫全書》第 515 冊，上海古籍出版社 2002 年版，第 672 頁。
〔註120〕《文選・七命》李善注引「單」作「箪」，正字。

投之江中，三軍飲之，皆醉。」蜀主亦效此法也。激，詰弔切，疑讀為澆，沃也。

## （11）師眾同心，得天之中

按：中，讀為衷。《國語・吳語》：「越王勾踐曰：『吾欲與之徼天之衷。』」《吳越春秋・勾踐伐吳外傳》作「中」，亦借字。《呂氏春秋・順民》：「願一與吳徼天下之衷。」畢沅曰：「『下』字疑衍。」〔註121〕《左傳・僖公二十八年》：「以誘天衷。」又《定公四年》：「以獎天衷。」《後漢紀》卷30：「乃誘天衷。」天衷，猶言天心、天意。

## （12）乃此禍晉之驪姬，亡周之褒姒，盡妖妍於圖畫，極凶悖於人理。傾城傾國，思昭示於後王；麗質冶容，宜求監於前史

按：《貞觀政要》卷4唐・李百藥《贊道賦》：「乃有禍晉之驪姬，喪周之褒姒，盡妖妍於圖畫，極凶悖於人理。傾城傾國，思昭示於後王；麗質冶容，宜永鑒於前史。」《文苑英華》卷60「喪」作「亡」，「鑒」作「監」，「妍」作「邪」。即本此文。「邪」為「妍」之誤，「求」為「永」之誤。

## （13）古人云：「苦藥利病，苦言利行。」伏念居安思危，日謹一日

按：舊校：「下『苦』，一作忠。」李步嘉據《韓子・外儲說左上》謂「忠」字是。考《舊唐書・張玄素傳》玄素上書諫曰：「古人云：『苦藥利病，苦言利行。』伏惟居安思危，日慎一日。」《通鑑》卷196同，《貞觀政要》卷4作「苦藥利病，苦口利行」。即本此文。是唐人所見本固作「苦」字，不煩改作也。《史記・商君傳》：「商君曰：『語有之矣：貌言華也，至言實也，苦言藥也，甘言疾也。』」《文子・上德》《纘義》引古語：「苦語利行，苦藥利病。」

## （14）進有退之義，存有亡之幾，得有喪之理

按：《舊唐書・房玄齡傳》用此文，「幾」作「機」，古字通用。

---

〔註121〕畢沅《呂氏春秋新校正》，收入《叢書集成新編》第20冊，新文豐出版公司1985年版，第540頁。

# 卷　十

## 《越絕外傳記吳王占夢》第十二

### （1）晝臥姑胥之臺

李步嘉曰：《吳越春秋・夫差內傳》作「因過姑胥之臺」。

按：《吳越春秋》作「因過姑胥之臺，忽晝假寐於姑胥之臺」。

### （2）見兩鑈炊而不蒸，見兩黑犬嘷以北，嘷以南

錢培名曰：《吳越春秋》作「蒸而不炊」，義較近。

按：《太平廣記》卷 276 引作「吳王夫差夜夢三黑狗號以南，以北，炊甑無氣」，雖屬臆改，然可證當作「炊而不蒸」。嘷，讀爲號，已詳《記〔越〕地傳》校補。

### （3）見兩鐯倚吾宮堂

按：《吳越春秋・夫差內傳》作「兩鋙殖吾宮墻」，徐天祜注：「鋙，音吳，刀名，鋘鋙山出金，作刀，可切玉。」盧文弨曰：「觀下太宰嚭、公孫聖兩解，則鋙非刀也，乃臿耳，可以起土者。《方言》：『殖，立也。』」〔註122〕盧說是也，而猶未盡。鋙、鐯字同，本作茶、釪（鈈），《說文》：「茶，兩刃臿也，宋魏曰茶也。鈈，或從金從於。」《方言》卷 5：「臿，宋魏之閒謂之鏵。」《玉篇》：「茶，兩刃臿也，今爲鏵。」又「鏵，鐯鍫也。鈈，同上。」《玄應音義》卷 11：「鏵，或作鋙，同。」又卷 14：「釪，古文鏵字。」又卷 16：「鋙，此《古文奇字》鏵。」又卷 18：「古文茶（茶）、鏵二形，今作鈈，《古文奇字》作鋙，同。」〔註123〕《淮南子・齊俗篇》：「脩脛者使之蹠钁。」許慎注：「長脛以蹠插（臿）者，使入深。」《御覽》卷 37、764 引「钁」作「鏵」。《後漢書・戴就傳》：「又燒鋙斧。」李賢注引何承天《纂文》：「臿，今之鋙也。」音轉又作鉔、鎘，《說文》：「鉔，臿金也。」〔註124〕《淮南子・精神篇》：「揭钁臿。」高誘注：「臿，鏵也，青州謂之鏵，有刃也；三輔謂之鎘也。」

---

〔註122〕盧文弨校語轉引自徐乃昌《吳越春秋札記》，收入《叢書集成續編》第 272 冊，新文豐出版公司 1988 年版，第 495 頁。

〔註123〕《玄應音義》卷 3 引郭訓《古文奇字》。

〔註124〕《廣韻》引「金」作「屬」。

王念孫曰：「茉、釪、鏵、鍱並字異而義同，今俗語猶謂舌爲鏵鍱……鎘、鏵語之轉。《釋言篇》云：『蔦、譌，譁也。』蔦、譌之轉爲譁，猶鎘之轉爲鏵矣。」〔註125〕段玉裁曰：「茉字亦作鍱。」王筠曰：「茉之或體作鍱，見《吳越春秋》。」錢繹曰：「謂鏵者不獨宋魏之閒也。鏵、鎘語之轉耳……茉、釪、鍱並與鏵同。」〔註126〕皆引《吳越春秋》之文，與盧說可互證。殖，讀爲植。《論語・微子》：「植其杖而芸。」孔安國曰：「植，倚也。」

## （4）見後房鍛者扶挾鼓小震

按：《吳越春秋・夫差內傳》作「後房鼓震篋篋有鍛工」。此文「扶挾」當作「挾挾」，形之譌也；「小」字衍文。鼓震，猶言搖動振打，指扇風鍛擊。挾、篋，並讀爲「欻」。欻欻言喘息氣粗也。下文解云「後房鍛者鼓小震者，大息也」，《吳越春秋》作「後房鼓震篋篋者，坐太（大）息也」，「大息」云者，即喘息氣粗之義。《廣雅》：「欻欼，息也。」《玉篇殘卷》引《埤蒼》：「欻，久欻也。」《玉篇》：「欻，欻欼，氣逆也。」蔣斧本《唐韻殘卷》：「欻，氣逆。」《集韻》：「欻，喘息。」字亦作鼩、鮯、歈，《玉篇》：「鼩，鼩駒，鼻息也。鮯，同上。」蔣斧本《唐韻殘卷》：「鮯，鮯駒，鼻息。」〔註127〕《集韻》：「鼩、鮯、歈，鼩駒，或從合從欠。」《六書故》：「鼩，駒鼩，喘息氣粗也。別作鮯、歈、欻。」《字彙》：「歈，與鮯同，又鼻中氣麤細不停。」字亦作歆，《廣韻》：「歆，歆歆，鼻息。」字亦作悇，《文選・馬汧督誄》：「悇悇窮城，氣若無假。」李善注：「王逸《楚辭》曰：『悇悇小息，畏罹患禍者也。』」〔註128〕呂延濟注：「悇悇，小息貌。」義兼二端，大息、小息，皆得言欻欻。張覺曰：「震，當作橐，形近而誤。篋篋，象聲詞，形容鼓風的聲音細小。」〔註129〕俞紀東曰：「挾，疑當作鋏，鉗子。」皆未得其誼而妄

〔註125〕王念孫《廣雅疏證》，收入徐復主編《廣雅詁林》，江蘇古籍出版社1992年版，第656頁。

〔註126〕段玉裁《說文解字注》，上海古籍出版社1981年版，第258頁。王筠《說文解字句讀》，中華書局1988年版，第211頁。錢繹《方言箋疏》，上海古籍出版社1984年版，第332～333頁。

〔註127〕敦煌寫卷P.2011王仁昫《刊謬補缺切韻》「鮯駒」作「駒鮯」。

〔註128〕今本《楚辭・哀時命》王注「悇悇」作「陠腹」。

〔註129〕張覺《吳越春秋校注》，嶽麓書社2006年版，第117頁。

為改字。張仲清曰：「扶挾，拿，持。」亦非也。

## （5）何若子性之大也

錢培名曰：「大」字疑誤。《吳越春秋》作「子何性鄙」。

按：大，讀為孃，癡愚也。字亦作儓、佁、騃，俗作呆、獃，懗〔註130〕。

## （6）夫好船者溺，好騎者墮，君子各以所好為禍

按：《吳越春秋・夫差內傳》作「好船者必溺，好戰者必亡」。《淮南子・原道篇》：「夫善游者溺，善騎者墮，各以其所好，反自為禍。」〔註131〕與本文同。考《管子・樞言》：「凡國之亡也以其長者也，人之自失也以其所長者也。故善游者死于梁池，善射者死於中野。」此《吳越春秋》所本也。

## （7）持籠稻而飡之

按：籠，讀為襲、嚨。襲稻，謂稻有病不結實也，故《吳越春秋・夫差內傳》改作「生稻」。襲、嚨之言蒮，字或作粮〔註132〕。

## （8）吳王大怖，足行屬腐，面如死灰色

按：屬，讀為觸，接觸也。或為「履」字形譌，踐也。《淮南子・兵略篇》：「涉血屬腸。」顧廣圻曰：「『屬』疑『履』。」〔註133〕是其比。言吳王步行踐踏到腐爛之物也。

## （9）胥為人先知、忠信，中斷之入江

按：依下文之例，句末當補「此非大過者一乎」七字。《吳越春秋・夫差內傳》作「有忠臣伍子胥忠諫而身死，大過一也」，亦可證。

## （10）夫越王句踐，雖東僻，亦得繫於天皇之位，無罪，而王恒使其鈠莖秩馬，比於奴虜

按：恒，當作「常」，避諱所改。常，讀為嘗。「鈠莖」當作「屬莖」，已詳

---

〔註130〕 參見蕭旭《〈越絕書〉古吳越語例釋》。
〔註131〕 《文子・符言》同，《意林》卷1引《文子》作「善遊者必溺，善騎者必墜」。
〔註132〕 參見蕭旭《〈越絕書〉古吳越語例釋》。
〔註133〕 顧廣圻《淮南子校補》，轉引自何寧《淮南子集釋》，中華書局1998年版，第1056頁。

《外傳本事》校補。孫詒讓謂「秩」當作「秼」，是也。俞紀東曰：「秩，指官吏的職位。」張仲清曰：「恒，經常。」皆非也。

## （11）不亦繆乎

按：繆，讀爲謬。張仲清讀爲摎，訓絞，斯爲妄說也。

# 卷十一

## 《越絕外傳記寶劍》第十三

### （1）使取毫曹

按：毫曹，或作「豪曹」，乃「敖曹」、「昂藏」音轉，高貌〔註134〕。寶劍名豪曹者，取高昂爲義耳。《說文》：「敷，讀若豪。」

### （2）金錫和銅而不離

按：銅，《文選・七命》李善注引同，當據《書鈔》卷122、《御覽》卷343、《事類賦注》卷13引《吳越春秋》作「同」。張世超謂「銅」用爲動詞，義爲「熔和」〔註135〕。張說非也，「銅」無動詞用法。「金」即後世之銅，金錫和同者，指銅錫混合而成的合金。

### （3）王取純鈞

錢培名曰：鈞，漢魏叢書本作「鉤」，與《博物志》合。

李步嘉曰：《三國志・郤正傳》裴松之注引亦作「純鉤」，《文選・七命》李善注、《文選・吳都賦》劉淵林注引与今本合。

按：純鈞，字亦作「淳鈞」、「淳均」、「醇鈞」。寶劍名純鈞者，取純淨爲義耳〔註136〕。

### （4）薛燭聞之，忽如敗，有頃，懼如悟

按：二「如」，猶然也。懼如，猶言「瞿然」、「懧然」，驚視貌也。《史記・日者列傳》：「賈誼瞿然而悟。」

---

〔註134〕參見蕭旭《「狼抗」轉語記》。
〔註135〕張世超《釋「銅」》，《古籍整理研究學刊》1989年第2期，第16頁。
〔註136〕參見蕭旭《越王劍名義考》。

（5）簡衣而坐望之

按：簡，讀爲斂。斂衣，猶言整衣。

（6）手振拂揚，其華捽如芙蓉始出

按：樂祖謀本點同，皆誤。當「揚其華」爲句，與下文對舉。捽，《廣博物志》卷 32 引作「淬」，當讀爲翠。李白《古風》：「茲山何峻秀，綠翠如芙蓉。」俞紀東曰：「捽，衝突，此指抖動、晃動。」張仲清曰：「捽，通『灼』。」皆非也。宋‧吳曾《能改齋漫錄》卷 6 引此文作「光乎如屈陽之華，沈沈如芙蓉，往觀於湖」，考《初學記》卷 22 引《吳越春秋》佚文：「光乎如屈陽之華，沉沉如芙蓉始生於湖。」〔註137〕蓋吳氏誤記出處，又誤「始生」爲「往觀」。沉沉、沈沈，並讀爲「湛湛」。

（7）觀其釽，爛〔爛〕如列星之行

按：釽，四庫本、古今逸史本作「鈲」，四部叢刊本作「鈲」，小萬卷樓叢書本、龍谿精舍叢書本、叢書集成初編本作「鈲」，《文選‧七命》李善注引作「釧」，《三國志‧郤正傳》裴松之注引作「劍鈔」。「鈔」、「釧」、「鈲」、「鈲」皆爲「釽」譌。「釽」同「劈（劈）」，疑當讀爲鈹，《說文》：「鈹，一曰劍如刀裝者。」此指劍鋒之光芒。《正字通》作「鈲」，解爲「劍鋒」；《古音餘》卷 5 作「鈲」，解爲「劍鋒」；《古音獵要》卷 5 作「釽」，解爲「劍脊」。「爛」字當據裴注、《冊府元龜》卷 770 引作重文，李善注引已脫。星，裴注引作「宿」。《初學記》卷 22、《類聚》卷 60、《玉海》卷 151 引《吳越春秋》：「觀其文，如列星之行。」〔註138〕《事類賦注》卷 13 引作「其文如列星之行」。

（8）觀其光，渾渾如水之溢於塘

按：《三國志‧郤正傳》裴松之注引「溢」上有「將」字，餘同。孔本《書

---

〔註137〕《類聚》卷 60、《玉海》卷 151 引作「沉沉如芙蓉始生於湖」，蓋節引；孔本《書鈔》卷 122、《御覽》卷 343、《事類賦注》卷 13 引「沉沉」作「沈沈」。孔本《書鈔》引「屈陽」作「屈楊」（陳本作「屈陽」，「光」誤作「恍」）；《事類賦注》卷 13 引「光」誤作「恍」；《御覽》卷 343 引「湖」誤作「湘」。《書鈔》卷 122 又引作「屈陽之華，芙蓉始生」。

〔註138〕孔本《書鈔》卷 122 引作「觀其文，如列星」，陳本《書鈔》卷 122、《御覽》卷 343、《群書考索》卷 46 引「行」作「芒」。

鈔》卷 122、《類聚》卷 60、《御覽》卷 343、《玉海》卷 151 引《吳越春秋》：「觀其光，如水之溢塘。」《初學記》卷 22 引作「觀其光，如水溢於塘事類賦」，《事類賦注》卷 13 引作「其光如水之溢塘」，《群書考索》卷 46 引作「觀其芒，如水之溢塘」。「芒」字誤。「渾渾」同「混混」，俗作「滾滾」。

### （9）觀其斷，巖巖如瑣石

按：孔本《書鈔》卷 122 引作「觀其斷割，嚴如鑠石之芒」。「嚴」爲「巖」省借。鑠讀爲瑣，經傳皆作瑣，細小也，細碎也。專字作碩，《玉篇》、《廣韻》：「碩，小石。」《玉篇殘卷》：「碩，且果反，《埤蒼》：『（缺文）。』」是其訓出《埤蒼》也。《篆隸萬象名義》：「碩，山石。」「山」乃「小」形誤。字亦作磪，《集韻》：「碩，小石，或作磪。」張仲清曰：「瑣，通『索』，孤單、孤立。」非也。

### （10）觀其才，煥煥如冰釋

按：《三國志・郤正傳》裴松之注、《文選・七命》李善注引「才」作「文」，李步嘉謂「才」是「文」形誤，是也。《類聚》卷 60 引《吳越春秋》：「觀其文色，渙渙如冰將釋，見日之光。」孔本《書鈔》卷 122 引作「觀其文色，若冰將釋，見日之光」，《御覽》卷 343、《群書考索》卷 46 引作「觀其色，渙如冰將釋，見日之光」〔註139〕，《玉海》卷 151 引作「觀其文，煥煥如冰將釋，見日之光」。張仲清曰：「才，通『材』，材料質地。」非也。

### （11）客有直之者

按：《三國志・郤正傳》裴松之注引同，《文選・七命》李善注引作「客有買之者」。《古今合璧事類備要》外集卷 57 引裴注、李注作「客有價者」。考《吳越春秋・闔閭內傳》：「客有酬其直者。」《玉海》卷 151 二引，一引同，一引作「客有買之者」；《編珠》卷 2、《書鈔》卷 122、《御覽》卷 343 引作「客有買此劍者」，《類聚》卷 60 引作「客有賣此劍者」。「買」即「直」之形誤，「賣」、「價」又涉「買」而誤。「直」同「值」，用爲動詞，言計其價值也。作「買」，則與下文「市」字犯複。

---

〔註139〕陳本《書鈔》卷 122 引同。

## （12）有市之鄉二，駿馬千疋，千戶之都二

李步嘉曰：《三國志・郤正傳》裴松之注、《文選・七命》李善注引作「有市之鄉三」，則今本「二」爲「三」之訛。

按：《文選・七命》：「價兼三鄉，聲貴二都。」李善注引此文同今本，亦誤作「二」，李步嘉失檢。張協正文云「價兼三鄉」，是所見固作「三」字也。考《吳越春秋・闔閭內傳》：「有市之鄉三十，駿馬千匹，萬戶之都二。」衍「十」字，「千」誤作「萬」。《編珠》卷 2、《類聚》卷 60、《御覽》卷 343 引亦衍「十」字，而「千」字不誤。《玉海》卷 151 二引，一引誤同今本；一引不誤，作「有市之鄉三，駿馬千匹，千戶之都二」。《事類賦注》卷 13 引《吳越春秋》作「其客有以鄉三十、駿馬千匹、千戶之都二賈此劍」，亦衍「十」字，「賈」即「市」義。

## （13）赤堇之山，破而出錫

李步嘉曰：《御覽》卷 812 引作「赤堇山」，《類聚》卷 84 引作「鄞山」，《三國志・郤正傳》裴松之注、《文選・七命》李善注、《御覽》卷 813 引與今本同。

按：《山海經・中山經》郭璞注、《兩漢刊誤補遺》卷 8 引與今本同。赤堇，梁・江淹《銅劍讚》引作「赤墐」。文又見《吳越春秋》佚文，《編珠》卷 2、《書鈔》卷 122、《類聚》卷 60、《事類賦注》卷 13、《玉海》卷 151 引同此文，《白帖》卷 95 引作「赤墐」，《初學記》卷 30、《古今合璧事類備要》別集卷 63 引作「赤瑾」。《御覽》卷 343 引形誤作「赤董」。

## （14）若耶之溪，涸而出銅

李步嘉曰：溪，《御覽》卷 813、《東觀餘論》卷上引作「谷」，裴注、李注引與今本同。

按：《御覽》卷 67、《太平寰宇記》卷 96、《會稽志》卷 9、10 引與今本同。《山海經・中山經》郭璞注、《兩漢刊誤補遺》卷 8 引「溪」亦作「谷」。「谷」爲「谿」脫誤，「溪」同「谿」。梁・江淹《銅劍讚》、《文選・七命》李善注引正作「谿」。文又見《吳越春秋》佚文，《編珠》卷 2、《書鈔》卷 122、《御覽》卷 343、《玉海》卷 151 引同此文，《類聚》卷 60、《事類賦注》卷 13 引「溪」作「谿」。又考《御覽》卷 67、《太平寰宇記》卷 96 引《戰國策》佚文：「涸若耶以取銅，破堇山而出錫。」

爲此文所本。

### （15）雨師掃灑，雷公擊橐

錢培名曰：掃灑，《七命》注倒。

李步嘉曰：掃灑，《三國志・郤正傳》裴松之注引與今本同。擊橐，裴注引作「擊鼓」。

按：《文選・七命》李善注引作「當造此劍之時，雨師洒掃，雷公擊橐」，多「當造此劍之時」六字，疑今本脫。文又見《吳越春秋》佚文，《書鈔》卷 122 二引，一作「時雨師灑道，雷公鼓橐」，一僅引「雷公鼓橐」四字。《書鈔》存一「時」字，《類聚》卷 60 引句首存「吉日良時」四字，都是說明今本有脫文的線索。《類聚》卷 60、《御覽》卷 343、《事類賦注》卷 13、《玉海》卷 151 引並作「雨師灑道，雷公發鼓」，《玉海》注：「發鼓，一云擊橐。」《初學記》卷 30、《白帖》卷 95、《古今合璧事類備要》別集卷 63 僅引「雷公擊橐」四字。《白帖》卷 13 引《蜀志》作「雨師灑塵，雷公擊橐」，當是裴松之注引此文；又卷 16：「雨師灑掃，雷公擊橐。」未著出處，當即此文。考《吳越春秋・闔閭內傳》：「使童女童男三百人鼓橐、裝炭。」則此文當作「擊橐」，或一本作「鼓橐」，因存異文，故訛作「擊鼓」；復訛作「發鼓」，文愈不可通也。《書鈔》卷 122 引潘尼《武庫賦》：「雷公鼓橐，蛟龍捧爐。」當本此文，亦作「鼓橐」。鑄劍無須擊鼓，自可斷其必爲誤文。

### （16）蛟龍捧爐，天帝裝炭

按：《文選・七命》李善注引此文同。《白帖》卷 16 引亦同，未著出處，當即此文。文又見《吳越春秋》佚文，《初學記》卷 30 引同此文，《類聚》卷 60 引「爐」作「鑪」，「裝」省作「壯」；《書鈔》卷 122、《御覽》卷 343 引「裝」亦作「壯」，《玉海》卷 151 引「裝」譌作「變」。

### （17）太一下觀，天精下之

李步嘉曰：《三國志・郤正傳》裴松之注引與此文同。

按：文又見《吳越春秋》佚文，《書鈔》卷 122 三引，一作「太一下觀，天精下降」，一作「天精下降，太一下觀」，一作「百神臨觀，天精下降」。此文「之」當作「降」。《吳越春秋・闔閭內傳》作「百神臨觀，天氣

（精）下降」，亦其確證。《白帖》卷 95 引作「太一下觀之」，《事類賦注》卷 13 引作「太一下觀，示之湛盧」，並有脫誤。《初學記》卷 30、《類聚》卷 60、《御覽》卷 343 皆僅引「太一下觀」四字。

## （18）歐冶乃因天之精神

錢培名曰：《吳都賦》注引作「因天地之精」。

李步嘉曰：《三國志·郤正傳》裴松之注引亦作「因天地之精」。

按：裴松之注引作「因天之精」，無「地」字，李氏失檢。文又見《吳越春秋》佚文，《編珠》卷 2、《類聚》卷 60 引作「因天地之精」，《御覽》卷 343 引作「曰天地之精」；《書鈔》卷 122 二引，一作「因天地之精」，一作「因天地之功」。此文當作「因天地之精」，脫「地」字，「神」字衍文；「曰」則爲「因」形誤。

## （19）一曰湛盧，二曰純鈞，三曰勝邪，四曰魚腸，五曰巨闕

按：五劍命名之由，另文考證〔註 140〕。

## （20）湛盧之劍，去之如水，行秦過楚

錢培名曰：《吳郡志》「如」作「入」，「過」作「湊」。

李步嘉曰：《文選·七命》李善注、《玉海》卷 151 引「如」作「入」，「行秦過楚」作「行湊楚」。疑今本「秦」乃「湊」字之訛，「過」乃衍文。又《白帖》卷 4 引作「湛盧之劍乃去吳之楚」，與各本不同。

按：《吳郡志》卷 47 引作「湛盧去而水行以如楚」，錢氏失檢。李氏謂「『秦』乃『湊』字之訛，『過』乃衍文」是也，但未得其句讀。當「去之如水行」爲句，「湊楚」爲句。如，猶而也，一聲之轉耳。張仲清曰：「如，當爲『入』。」非也。湊，讀爲走。《文選》注引作「去之，入水，行湊楚」，《玉海》卷 151 引作「去之，入水，行秦過楚」，「入」字乃臆改，已誤讀其文。《吳越春秋·闔閭內傳》作「乃去而出，水行如楚」，正「水行」連文，《吳郡志》引亦然，是其確證也。如楚，往楚也。

## （21）楚王臥而寤，得吳王湛盧之劍，將首魁漂而存焉

張宗祥曰：「漂」疑「標」字之訛。標，表識也。

---

〔註 140〕參見蕭旭《越王劍名義考》。

按：《文選・七命》李善注引作「楚王臥而設湛盧之劍也」，「設」爲「得」
誤。《吳越春秋・闔閭內傳》作「楚昭王臥而寤，得吳王湛盧之劍於
牀」，《御覽》卷 467 引張勃《吳錄》作「湛盧之劍，夜飛去楚，楚昭
王覺，劍在其床首」。此文「將」讀爲「牀」。「將」從「爿」得聲，
章太炎謂「爿」即「牀」古字，黃侃從之〔註 141〕。「牀首」二字上脫
「於」字，屬上爲句。「魁」字涉「首」而誤衍。「漂」讀爲標，不必
以爲誤字。《戰國策・齊策三》：「傷此若髮漂。」姚宏注：「別本『髮
標。』」此例則借爲「標末」字。俞紀東曰：「首魁，第一，最好的。」
張仲清曰：「首魁，首領，此指劍把。漂，洗。」未得其讀，妄說耳。

## （22）今赤堇之山已合，若耶溪深而不測

按：李步嘉據《三國志・郤正傳》裴松之注引，於「溪」上補「之」字，是
也。《吳越春秋・闔閭內傳》：「赤堇之山已令（合）無雲，若耶之溪深
而莫測。」〔註 142〕亦有「之」字。此文疑脫「無雲」二字，裴注引已
脫。

## （23）雖復傾城量金，珠玉竭河，猶不能得此一物

按：《三國志・郤正傳》裴松之注引「猶」作「獨」，餘同。《文選・七命》
李善注引作「雖傾城量金，珠玉滿河，猶不得此一物」。「獨」爲「猶」
形譌，「竭」疑「滿」字形譌。《吳越春秋・闔閭內傳》作「雖傾城量
金，珠玉盈河，猶不能得此寶」，《類聚》卷 60、《御覽》卷 343 引作
「雖有傾城量金珠玉，不可與」，《御覽》卷 803、《事類賦注》卷 9
引作「雖傾城量珠玉，猶未可與也」，各有脫誤；《事類賦注》卷 13
引作「雖傾城量金，珠玉滿河，不借一觀」，《玉海》卷 151 二引，一
作「珠玉滿河」，一作「珠玉盈河」。

## （24）寡人願齎邦之重寶，皆以奉子，因吳王請此二人作鐵劍

按：吳王，《書鈔》卷 122、《御覽》卷 343 引同，皆誤。《史記・蘇秦傳》《集

〔註 141〕王寧整理《章太炎說文解字授課筆記》，中華書局 2010 年版，第 294 頁。黃
侃《說文段注小箋》，收入《說文箋識》，中華書局 2006 年版，第 196 頁。
〔註 142〕徐天祜注：「令字當作合。」《類聚》卷 60、《御覽》卷 343、《事類賦注》卷
13、《會稽志》卷 9、10 引正作「合」字。

解》、《戰國策・韓策一》鮑彪注引《吳越春秋》並作「寡人欲因數請此二人作劍」。「吳王」二字誤，當作「子」，指代風胡子。

### （25）三曰工布

按：布，錢培名據《初學記》卷 22、《書鈔》卷 122、《文選・東京賦》注、《御覽》卷 343、《事類賦注》卷 13 所引及《博物志》卷 6，校作「市」，是也。《文選・七命》李善注、《甘泉賦》李善注、《玉海》卷 151、《群書考索》卷 46 引皆作「市」字，《小學紺珠》卷 10、《錦繡萬花谷》前集卷 33 亦作「工市」。

### （26）鈒從文起，至脊而止，如珠不可衽，文若流水不絕

按：《書鈔》卷 122 引作「觀其鍔，順文間起，至脊而止，珠流不絕」，《初學記》卷 22 引作「鈒從文起，至脊而止，如珠而不可枉，文若流而不絕」，《御覽》卷 343 引作「觀其鍔，從文間起，至脊而止，如珠而不可枉，文若流而不絕」，《錦繡萬花谷》前集卷 33 作「從文起，至脊，如珠枉，文若流而不絕」。「從文」即「順文（紋）」，指順的紋理。此文脫「間」字。「衽」、「柱」當作「枉」，「流而」當作「流水」，皆形之譌也。《初學記》卷 22 引亦作「流水」。順文間起云云，指順的紋理間或出現，若隱若現，不可枉曲，其紋理如流水不斷絕。張仲清曰：「衽，通『紉』，貫穿連綴。」非也。

### （27）猛獸歐瞻，江水折揚

按：《書鈔》卷 122、《類聚》卷 60 引同。疑「歐瞻」為「毆（嘔）膽」之誤，猶言喪膽。《漢語大詞典》：「歐瞻，奔走驚視。歐，通『毆』。」〔註 143〕張仲清曰：「歐，通『謳』，叫。瞻，向前或向上望。」疑皆未得。折揚，狀其怒貌。《御覽》卷 9 引《黃帝風經》：「折揚奔屬，天之怒風也。」〔註 144〕

### （28）禹穴之時，以銅為兵

按：「穴」字衍。《書鈔》卷 113 引作「禹之時，以銅為兵」，《御覽》卷 343、

〔註 143〕《漢語大詞典》（縮印本），漢語大詞典出版社 1997 年版，第 4005 頁。
〔註 144〕《玉海》卷 2 引「奔」作「奮」。

《玉海》卷 151、《事類賦注》卷 13 引作「禹以銅鐵爲兵」。

# 卷十二

## 《越絕內經九術》第十四

### （1）奈何能有功乎

按：《吳越春秋‧勾踐陰謀外傳》「何行而功乎」，脫「有」字。「能」、「而」一聲之轉。本篇下引《吳越春秋》皆見此文。

### （2）四曰遺之好美，以爲勞其志

錢培名曰：《正義》無「爲」字，「勞」作「榮」。《吳越春秋》作「遺美女以惑其心而亂其謀」，疑此文「好」即「女」，誤多「子」旁，又倒置其文，「爲」字衍。「勞」當爲「熒」，熒即惑也。「榮」則形聲俱近。

按：《史記‧越王勾踐世家》《正義》引作「遺之好美以熒其志」，《長短經‧霸圖》作「遺之好美，以榮其志」，《太白陰經‧術有陰謀》作「遺之美好，使熒其志」。水澤利忠《校補》：「熒，慶、彭、凌、殿『榮』。」〔註145〕張文虎曰：「熒誤榮，《考證》改。」〔註146〕「榮」非誤字，榮、熒，並讀爲營，《說文》：「營，惑也。」《韓子‧內儲說下》：「晉獻公伐虞、虢，乃遺之屈產之乘、垂棘之璧、女樂六，以榮其意而亂其政。」其謀與此文文種正同。榮，《御覽》卷 478 引同，又卷 305 引作「縈」，又卷 568、《記纂淵海》卷 78 引作「熒」。「縈」亦借字。王先慎曰：「榮，當作熒。」〔註147〕字亦借「營」爲之，無煩舉證。《釋名》：「榮，猶熒也，熒熒照明貌也。」此以聲爲訓，明「榮」自可讀如「熒」聲也。《易‧否‧象傳》：「不可榮以祿。」《集解》虞翻本作「營」，云：「營，或作榮。」《隸釋》卷 21《玄儒婁先生碑》亦作「營」。《晏子春秋‧內篇問上》：「不掩欲以榮君。」王引之曰：「榮，讀爲營。營，惑也。」〔註148〕

---

〔註145〕水澤利忠《史記會注考證校補》，廣文書局 1972 年版，第 1804 頁。

〔註146〕張文虎《校刊史記集解索隱正義札記》，中華書局 1977 年版，第 415 頁。所引「《考證》」指「《武英殿本史記考證》」。

〔註147〕王先慎《韓非子集解》，中華書局 1998 年版，第 258 頁。

〔註148〕轉引自王念孫《晏子春秋雜志》，收入《讀書雜志》卷 8，中國書店 1985 年版，第 120 頁。

張仲清曰：「勞，過分而損。」非也。「好美」亦非誤文，即「美好」，猶言美麗，此指美女。《列女傳》卷7：「夏姬好美，滅國破陳。」

## （3）五曰遺之巧匠，使起宮室高臺，盡其財，疲其力

按：《史記·越王勾踐世家》《正義》引作「遺之巧匠，使起宮室高臺，以盡其財，以疲其力」，《吳越春秋》作「遺之巧工良材，使之起宮室，以盡其財」，《長短經·霸圖》作「遺之巧工，使起宮室，以盡其財」，《太白陰經·術有陰謀》作「遺之巧匠，使起宮室高臺，以竭其財、役其力」。

## （4）遺其諛臣，使之易伐

錢培名曰：遺，《正義》作「貴」，非。

李步嘉曰：《吳越春秋》作「遺之諛臣」。

按：《長短經·霸圖》亦作「遺之諛臣」。《正義》引作「貴其諛臣」是也，言尊崇其諛臣，使之易受攻伐。與下文「疆（彊）其諫臣，使之自殺」對舉。諛臣非可遺送之也。《管子·八觀》：「諫臣死而諛臣尊。」張仲清曰：「遺，饋送，指用財物賄賂。易，簡慢，輕慢。伐，自矜。」張說皆非也。

## （5）九曰堅厲甲兵，以承其弊

錢培名曰：堅厲甲兵，《正義》作「堅甲利兵」，《吳越春秋》作「利甲兵」。

按：《長短經·霸圖》亦作「堅甲利兵」。《吳越春秋》當作「堅利甲兵」，脫「堅」字。厲，讀爲利。《史記·田敬仲完世家》：「陳厲公佗。」《索隱》：「《左傳》厲公名躍，《陳系家》又有利公躍，利即厲也。」張仲清曰：「厲，通『礪』，磨礪。」張說非也。

## （6）故曰九者勿患，戒口勿傳

按：戒，慎也。《吳越春秋》作「君王閉口無傳」。張仲清曰：「戒，通『緘』。」妄說通借。

## （7）於是作爲策楯

錢培名曰：策，《吳都賦》注作「榮」，與《吳越春秋》合。《水經·漸江水

注》亦云：「句踐使工人伐榮楯，欲以獻吳。」

李步嘉曰：錢說是。《文選·景福殿賦》李善注引亦作「榮楯」。《書鈔》卷31引作「越句踐作為楯」，「楯」上當脫字。

　按：《吳越春秋》無「榮楯」之文，錢氏失檢。《文選·吳都賦》：「闤闠闐闐之所營，采夫差之遺法。抗神龍之華殿，施榮楯而捷獵。」《御覽》卷357引注作「榮盾」，字省也。左思所見，亦作「榮楯」。孫權乃效法吳王，大起建築，故亦用「榮楯」飾之。《儀禮小疏四庫提要》：「謂楯備雕飾，有熒熒照明之狀，故名榮楯。」〔註149〕孫詒讓曰：「榮楯，蓋即闌楯之有鏤飾者。」《長短經·霸圖》：「越又為榮楣，鏤以黃金，獻之吳王。」當本本書，「榮」字不誤，「楯」則誤作「楣」〔註150〕。《吳郡志》卷8、《吳都文粹》卷2引《山水記》作「於是作柵楣」，蓋不得其義而妄改。

## （8）類龍蛇而行者

李步嘉曰：《書鈔》卷31、《文選·吳都賦》、《景福殿賦》注引作「狀類龍蛇」。

　按：此文脫「狀」字。《吳越春秋》作「狀類龍蛇，文彩生光」，亦有「狀」字。

## （9）越邦洿下貧窮，不敢當

錢培名曰：不敢當，《吳越春秋》作「不敢稽留」。此「當」字疑「留」之誤。

李步嘉曰：《文選·七發》李善注引作「越不敢當」，知今本不誤。

　按：「當」字不誤。當，猶受也〔註151〕。洿，讀為窊，字亦作汙、圩、窅、窪、窪、窪、窒、潃，俗字作凹〔註152〕。貧窮，《吳越春秋》作「困迫」。

---

〔註149〕收入景印文淵閣《四庫全書》第109冊，臺灣商務印書館1986年初版，第900頁。

〔註150〕南宋初年杭州淨戒院刊本、讀書齋叢本誤作「榮楣」，四庫本不誤，蓋已校正。

〔註151〕參見裴學海《古書虛字集釋》，中華書局1954年版，第454頁。蕭旭《古書虛詞旁釋》有補充，廣陵書社2007年版，第201頁。

〔註152〕參見蕭旭《淮南子校補》，花木蘭文化出版社2014年版，第539～541頁。

（10）胥聞越王句踐晝書不倦，晦誦竟旦

按：《吳越春秋》作「晦誦竟夜」。「旦」當作「夜」。竟夜，猶今言整夜。

（11）是人不死，必得其名

按：得，當據《吳越春秋》作「成」，此涉上文「是人不死，必得其願」而誤。本書卷5《請糴內傳》：「是人不死，必成其名。」亦作「成」字。

（12）胥聞越王句踐冬披毛裘，夏披絺綌

按：《吳越春秋》作「越王夏被毛裘，冬御絺綌」。此文「夏」、「冬」二字當互易，言越王句踐之行異於常人，是有大志也。

（13）夏亡於末喜，殷亡於妲己，周亡於褒姒

按：《吳越春秋》三「於」字作「以」，「末」作「妹」。

## 《越絕外傳記軍氣》第十五

（1）夫聖人行兵，上與天合德，下與地合明，中與人合心

按：唐・崔融《拔四鎮議》：「繕甲兵，思將帥，上與天合德，下與地合明，中與人合心。」蓋即本此書。然「與地」未可言「合明」，疑此文有錯脫，當作「上與天地合德，下與日月合明，中與人合心」，「上、下、中」非指方位，乃指等級，故「日月」可言「下」也。《淮南子・泰族篇》：「故大人者，與天地合德，〔與〕日月合明，與鬼神合靈，與四時合信。」〔註153〕《白虎通・聖人篇》：「聖人者……與天地合德，日月合明，四時合序，鬼神合吉凶。」或中句作「下與鬼神合明」，《淮南子・時則篇》：「與天合德，與神合明。」張仲清曰：「明，門也。」非是。

（2）凡氣有五色，青、黃、赤、白、黑。色因有五變。人氣變，軍上有氣，五色相連，與天相抵，此天應，不可攻，攻之無後

錢培名曰：此天應，《書鈔》卷113引作「此有應兵」。

李步嘉曰：與天相抵，《書鈔》卷113引作「於天相和」。錢校引《書鈔》乃陳本，林國庚等人校《書鈔》刪「兵」字，作「此有應」。

〔註153〕「與」字據文例補，《文子・精誠》不脫。

按：《書鈔》所引誤。抵，接觸。《唐開元占經》卷 97：「凡軍營上有五色氣，上與天連，此應天之軍，不可擊。」天應，即下文「軍有應於天」之誼，亦即《占經》所云「應天之軍」，言其有兵有接應，已反應於天之五氣。《書鈔》引作「此有應兵」，得其誼。攻之無後，言攻之，敵有應兵，我則無後援也。張仲清曰：「無後，意謂全軍覆滅。」非也。

## 卷第十三

### 《越絕外傳枕中》第十六

（1）越王句踐問范子曰：「古之賢主、聖王之治，何左何右？何去何取？」

按：《六韜·文韜·上賢》：「文王問太公曰：『王人者何上何下，何取何去，何禁何止？』」張家山漢簡《蓋廬》：「蓋廬問申胥曰：『凡有天下，何毀（毀）何舉，何上何下？』」〔註 154〕皆可參證。舉，讀為譽，稱許。

（2）道生氣，氣生陰，陰生陽，陽生天地

按：裘錫圭校為「道生氣，氣生陰陽，陰陽生天地」〔註 155〕，是也。《困學紀聞》卷 1 引已誤。

（3）故名過實，則百姓不附親，賢士不為用

李步嘉曰：「附親」二字當誤倒。

按：「附親」二字不倒。《鶡冠子·道瑞》：「萬民附親。」二漢用之尤多，不備錄其文。《文選·座右銘》李善注引《越絕書》：「范子曰：『名過實者滅，聖人不使名過實。』」疑即此處之文，當在此句之前，今本有脫誤也。

（4）臣聞古之賢主聖君，執中和而原其終始，即位安而萬物定矣

按：「執」下當脫「其」字。下文「不執其中和，不原其終始，即尊位傾，萬物散」，是其反面之筆，正有「其」字。

---

〔註 154〕《張家山漢墓竹簡〔247 號墓〕》，文物出版社 2006 年版，第 161 頁。

〔註 155〕裘錫圭《再談古書中與重文有關的誤文》，收入《裘錫圭學術文集》卷 4，復旦大學出版社 2012 年版，第 499 頁。

## （5）牽攣於珍怪貴重之器

李步嘉曰：牽攣，猶牽連也，今言牽扯。字又作「牽攣」，《易·小畜》孔氏《正義》：「是有信而相牽攣也。」

按：四庫全書本、四部叢刊本、龍谿精舍叢書本、古今逸史本、叢書集成初編本、小萬卷樓叢書本並作「牽攣」，獨樂祖謀本作「牽攣」，蓋誤文也。古書無作「牽攣」者。「牽攣」乃漢晉成語，猶言牽係。《易林·解之漸》：「一牛九鎖，更相牽攣。」又《震之師》：「一莖九蹠，更用牽攣。」《博物志》卷 8：「神牽牽子路。」《書鈔》卷 87、《類聚》卷 90 引同，《御覽》卷 914 引作「牽攣」，又卷 532 引脫「攣」字；《玉燭寶典》卷 2 引作「攣」，即「牽」俗字〔註 156〕。「攣」古字作「䜌」，因與「攣」形近而誤。《古俗字略》卷 2：「攣，綴也，固也。孌、𡡕、孿、戀，並古。」張仲清曰：「攣，通『染』。」妄說通借也。

## （6）越王問范子曰：「春肅、夏寒、秋榮、冬泄，人治使然乎？將道也？」

按：此四者反常之現象。《管子·四時》：「是故春凋、秋榮、冬雷、夏有霜雪，此皆氣之賊也。」又《七主七臣》：「天多雷，地多霆，草木夏落而秋榮。」《韓詩外傳》卷 2：「夏寒冬溫，春熱秋榮。」《淮南子·本經篇》：「是故春肅、秋榮、冬雷、夏霜，皆賊氣之所生。」〔註 157〕又《泰族篇》：「冬雷夏霜。」〔註 158〕《董子·五行變救》：「春凋秋榮。」《漢書·京房傳》：「夏霜冬雷，春凋秋榮。」《說苑·辨物》：「冬雷夏凍。」言「冬泄」、「冬溫」者，即指冬雷也。《論衡·雷虛》：「冬雷，人謂之陽氣洩。」《御覽》卷 467 引《抱朴子》：「人主有道，國無虐政，則……霜不夏繁，雷不冬洩。」此篇下文云：「冬溫而泄。」俞紀東曰：「泄，發散，指陽氣壯發。」張仲清曰：「泄，發洩，散發。指春陽散發，地氣溫暖。」皆未達厥誼。

## （7）故神生者，出入無門，上下無根，見所而功自存，故名之曰神

按：《論衡·雷虛》：「神者，恍惚無形，出入無門，上下無根，故謂之神。」

---

〔註 156〕《詩·召旻》：「米之牽橘。」《釋文》：「牽，字又作攣。」敦煌寫卷 P.3383《毛詩音》：「之攣。」
〔註 157〕《文子·下德》同。
〔註 158〕《文子·精誠》同。

又《解除》：「神荒忽無形，出入無門，故謂之神。」又《龍虛》：「神恍惚無形，出入無間（門）」《道德指歸論・至柔》：「神微之始，精妙之宗，生無根蔕，出入無門，常於爲否之間、時和之元。」蓋皆本於《莊子・則陽》：「萬物有乎生而莫見其根，有乎出而莫見其門。」「見所」不可解，疑有脫誤。

### （8）譬猶形影、聲響相聞

李步嘉曰：原文或作「譬猶形影相隨、聲響相聞」。

按：李說是也。《道德指歸論・以正治國》：「聲響相應，形影相隨。」

### （9）以丹書帛，置之枕中，以為國寶

李步嘉曰：置之枕中，《御覽》卷 707 引作「藏之枕中」，《齊民要術》卷 3 引作「致於枕中」，《類聚》卷 70 引與今本合。

按：致，讀爲置。「置」、「藏」義合。

### （10）寡人守國無術，負於萬物，幾亡邦危社稷，為旁邦所議，無定足而立

按：議，謀度也。《爾雅》：「定，止也。」《玉篇》：「定，住也，息也。」俗作「停」。《易林・益之噬嗑》：「耳如驚鹿，不能定足。」

### （11）夫堯舜禹湯，皆有豫見之勞

李步嘉曰：之勞，《齊民要術》卷 3、《御覽》卷 707 引作「之明」，義長。

按：「勞」乃「策」形譌。張仲清曰：「勞，功。」非也。張氏此篇誤說甚多，不復詳辨。

# 卷第十四

## 《越絕外傳春申君》第十七

### （1）君戒念之

按：戒，當從《戰國策・楚策四》姚宏注引作「試」。試，猶請也，且也，祈使之辭也〔註159〕。俞紀東解「戒念」爲「慎重地考慮」，張仲清解爲

---

〔註159〕參見蕭旭《古書虛詞旁釋》，廣陵書社 2007 年版，第 348 頁。

「謹慎地考慮」，皆非也。

## 《越絕德序外傳記》第十八

### （1）因以其時，為之立祠，垂之來世，傳之萬載

按：來，《御覽》卷 526 引同，《類聚》卷 38、《書鈔》卷 88 引作「末」。二字皆通。

### （2）堯舜雖聖，不能任狼致治

錢培名曰：狼，原誤「狠」，依漢魏叢書、逸史本改。

按：狼，疑當作「良」。任良，猶言任賢。《三國志·楊阜傳》：「致治在於任賢，興國在於務農。」俞紀東解為「豺狼」，張仲清解為「狼戾、凶狠」，皆非也。「狼戾」是暴戾、凶橫義，安有任之而致治之理？二氏不思之甚也。

### （3）傳曰：「人之將死，惡聞酒肉之味，邦之將亡，惡聞忠臣之氣。」

按：《御覽》卷 738 引《尹子》：「人將疾也，必先不甘魚肉之味。」《類聚》卷 23 引《晏子》：「人之將疾，必先不甘梁肉之味；國之將亡，必先惡忠臣之語。」〔註 160〕《文子·微明》：「人之將疾也，必先〔不〕甘魚肉之味；國之將亡也，必先惡忠臣之語。」〔註 161〕《潛夫論·思賢》：「何以知人〔之〕且病也？以其不嗜食也；何以知國之將亂也？以其不嗜賢也。」《劉子·貴言》：「夫人之將疾者，必不甘魚肉之味；身之將敗者，必不納忠諫之言。」

### （4）身死不為醫，邦亡不為謀

按：《御覽》卷 738 引《尹子》：「與死者同病，難為良醫；與亡國同道，不可為謀。」《淮南子·說林篇》：「與死者同病，難為良醫；與亡國同道，難與為謀。」《文子·微明》：「故疾之將死者，不可為良醫；國之將亡者，不可為忠謀。」

---

〔註 160〕《御覽》卷 459 引同。《記纂淵海》卷 66 引作「人之將疾，必先不甘梁肉之味：國之將亡，必先惡忠直之言」。

〔註 161〕「甘」上脫「不」字。楊明照據《困學紀聞》卷 10 所引，改「甘」作「厭」，傅亞庶從之，非也。傅亞庶《劉子校釋》，中華書局 1998 年版，第 324 頁。

（5）眾曲矯直

按：《楚辭・惜誓》：「眾枉聚而矯直。」《淮南子・說山篇》：「眾曲不容直，眾枉不容正。」

（6）子胥賜劍，將自殺，歎曰：「……吾先得榮，後僇者，非智衰也，先遇明，後遭險，君之易移也已矣。」

按：本書卷7《外傳紀策考》：「吾前獲功，後遇戮，非吾智衰，先遇闔廬，後遭夫差也。」郭店楚簡《窮達以時》：「子疋（胥）前多紅（功），後翏（戮）死，非其智懷（衰）也。」裘錫圭案語：「《韓詩外傳》卷7：『伍子胥前功多，後戮死，非知有盛衰也，前遇闔閭，後遇夫差也。』『非知有盛衰也』句，《說苑・雜言》作『非其智益衰也』。」〔註162〕僇，讀爲戮。

（7）故聖人見微知著，覩始知終

按：《文選・贈文叔良》李善註引本書作子胥語：「聖人見微知著，覩始知已。」又《三國名臣序贊》李善註引《六韜》：曰聖人見其所始，則知其所終。」又《爲曹公作書與孫權》李善註引《范子計然》：「見微知著。」《韓子・說林上》：「聖人見微以知萌（明），見端以知末。」〔註163〕《淮南子・主術篇》：「見微以知明。」又《氾論篇》：「唯聖人能見微以知明。」《文子・微明》：「孔子嘆見其所始即知其所終。」《道德指歸論・道生》：「見微知著，觀始覩卒。」《白虎通・情性》：「智，知也，獨見前聞，不惑於事，見微知著也。」《三國志・臧洪傳》：「原始見終，覩微知著。」

（8）轉禍之福

李步嘉曰：之，疑當作「爲」。

按：之，猶致也〔註164〕。

---

〔註162〕《郭店楚墓竹簡》，文物出版社1998年版，第146頁。

〔註163〕顧廣圻、松皋圓改「萌」爲「明」，至確；《淮南子》正作「明」，「明」、「著」義同。《荀子・非相》：「以一知萬，以微知明。」《淮南子・說林篇》：「以微知明，以外知內。」亦皆其證。陳奇猷謂「改作『明』殊不辭」，則失考矣。陳奇猷《韓非子新校注》，上海古籍出版社2000年版，第481頁。

〔註164〕參見裴學海《古書虛字集釋》，中華書局1954年版，第748頁。蕭旭《古書

## 卷第十五

### 《越絕篇敘外傳記》第十九

（1）故曰眾者傳目，多者信德

按：言人民眾多，則傳布其目所見，信服其德義，故下句接云「自此之時，天下大服」。張仲清曰：「信，通『伸』，伸張。」未是。

（2）至於三王，爭心生，兵革越，作肉刑

錢培名曰：「越」字誤，疑當作「起」。

按：錢說是也。《文子·上禮》：「則兵革起而忿爭生。」

（3）盲者不可示以文繡，聾者不可語以調聲

按：語本《莊子·逍遙遊》：「瞽者無以與乎文章之觀，聾者無以與乎鍾鼓之聲。」《初學記》卷 25、《白帖》卷 13 引《淮南子》佚文：「盲者不可貽以鏡，亂主不可舉其疵。」文義亦近。

（4）《傳》曰：「危人自安，君子弗為；奪人自與，伯夷不多。」

按：《公羊傳·桓公十一年》：「殺人以自生，亡人以自存，君子不爲也。」

（5）祺道厭駁，一善一惡

按：「祺道」不辭。「祺」疑當作「其」。言其道厭駁雜，但一善一惡耳。張仲清改「厭」作「壓」，云：「祺，通『祈』。壓，抑制。駁，紛亂。一善一惡，或善或惡。」皆非也。

（6）句踐何當屬堊養馬

按：李步嘉疑「屬」下當有「芻」字，非也。已詳《外傳本事》校補。張仲清謂「屬」當作「芻」，非也。

（7）故空社易為福，危民易為德

按：此蓋漢代諺語。《淮南子·說林篇》：「無（蕪）鄉之社易爲黍肉，無（蕪）國之稷易爲求福。」《史記·平原君傳》：「士方其危苦之時，

易德耳。」皆足參證。本書《外傳本事》：「濕易雨，饑（飢）易助。」《淮南子・說林篇》：「幾（飢）易助也，濕易雨也。」〔註165〕取譬相同。

## （8）子胥勇而智，正而信；范蠡智而明，皆賢人

錢培名曰：正而信，《御覽》卷446無此句。

李步嘉曰：考《御覽》卷402引正作「子胥正而信」，知今本不誤。

按：《御覽》卷402引作「子胥正而信」，卷446引作「子胥勇而智」，各刪三字，以與下句「范蠡智而明」對舉。上文「勇子胥忠、正、信、智以明也」，疑「勇」當在「忠」下，亦言「正、信」，是此文必作「勇而智，正而信」也。下文云「子胥重其信，范蠡貴其義」，以「信」、「義」對舉，疑「智而明」下脫「強而義」三字。《書・皋陶謨》：「強而義。」

## （9）《傳》曰：「孔子去魯，燔俎無肉。」

李步嘉曰：《書鈔》卷145引「去」作「之」。

按：「去」字是，《御覽》卷446引同。據《晏子春秋・外篇下》記載，孔子相魯，景公患之，晏子乃謀去之。《家語・子路初見》：「桓子既受女樂，君臣淫荒，三日不聽國政，郊，又不致膰俎，孔子遂行。」《史記・孔子世家》：「桓子卒受齊女樂，三日不聽政。郊，又不致膰俎于大夫，孔子遂行。」「燔俎」即「膰俎」。彼云「孔子遂行」，行亦去也。

## （10）子胥重其信，范蠡貴其義，信從中出，義從外出

錢培名曰：《御覽》卷446作「義從外入」。

按：下「出」字，當據《御覽》引校作「入」。《莊子・天運》：「由中出者，不受於外，聖人不出；由外入者，無主於中，聖人不隱。」又《則陽》：「是以自外入者，有主而不執；由中出者，有正（匹）而不距。」《淮南子・原道篇》：「故從外入者，無主於中不止；從中出者，無應於外不行。」又《繆稱篇》：「非從外入，自中出者也。」皆「中出」、「外入」對舉成文。《公羊傳・宣公三年》：「自內出者，無匹不行；自外

〔註165〕《文子・上德》同。

至者，無主不止。」《董子・王道》同。《禮記・祭統》：「夫祭者，非物自外至者也，自中出，生於心也。」「至」、「入」義相因，「內出」亦即「中出」。張仲清曰：「以『出』爲是。」斯則失考矣。言「義從外入」者，《管子・戒》：「仁從中出，義從外作。」《墨子・經下》：「仁義之爲外內也。」又《經說下》：「其爲仁內也，義外也。」《孟子・告子上》：「告子曰：『仁，內也，非外也。義，外也，非內也。』」也是其證。《禮記・樂記》：「樂由中出，禮自外作。」《吳越春秋・王僚使公子光傳》：「父子之愛，恩從中出。」文例亦同。

## （11）無正不行，無主不止

按：「正」當作「匹」。二句語本《莊子・天運》：「中無主而不止，外無正而不行。由中出者，不受於外，聖人不出；由外入者，無主於中，聖人不隱。」《禮記・喪服小記》鄭注：「自外至者，無主不止。」俞樾曰：「正乃匹字之誤。此云『中無主而不止，外無匹而不行』，與《宣三年公羊傳》『自內出者，無匹不行；自外至者，無主不止』文義相似。自外至者，無主不止，故此言中無主而不止也。自內出者，無匹不行，故此言外無匹而不行也。因匹誤爲正，郭注遂以『正己』爲說，殊非其義。《則陽篇》：『自外入者有主而不執，由中出者有正而不距。』正亦當爲匹，誤與此同。」〔註 166〕蘇輿、向宗魯並謂作「匹」是，蓋即本俞說；王叔岷從俞說〔註 167〕。《後漢書・祭祀志》劉昭注引《鉤命決》：「自外至者，無主不止；自內出者，無匹不行。」亦作「匹」字。《書鈔》卷 90 引《白虎通》：「自內出者，無足不行；自外至者，無主不止。」又誤作「足」字。「匹」俗作「疋」，因形訛爲「足」。此亦是當作「匹」的旁證。《淮南子・原道篇》：「故從外入者，無主於中不止；從中出者，無應於外不行。」「應」猶言接應，與「匹」訓配合同義。向宗魯謂「應」當作「匹」，無據。此文「無匹不行，無主不止」，二句承上文「信從中出，義從外入」而來，言信自內心發出，如外無接應則不得推行也；義從外面進入內心，如內心無主見則不得距止也。俞紀東解二句爲「不是

〔註166〕俞樾《莊子平議》，收入《諸子平議》，上海書店 1988 年版，第 356 頁。
〔註167〕蘇輿《春秋繁露義證》，中華書局，1992 年版，第 127 頁。向宗魯《〈淮南鴻烈〉簡端記（續）》，《新國學》第 2 卷，巴蜀書社 2000 年版，第 43 頁，下引同。王叔岷《莊子校詮》，中華書局 2007 年版，第 527 頁。

正道決不肯走，不是明主決不投靠」，張仲清解二句爲「國無正道就不出來做事，不遇明主就不留下來」，皆是臆說。

## （12）乳狗哺虎，不計禍福

李步嘉曰：其典無考。乳狗，母狗也。哺虎，餵養虎子也。蓋虎子成年後當反噬其乳狗。

按：李說非也。「哺」當作「捕」，讀爲「搏」。乳狗，謂母狗。言乳狗搏虎，愛護其子，而不計自身之禍福也。《吳子・圖國》：「譬猶伏雞之搏狸，乳犬之犯虎，雖有鬭心，隨之死矣。」《列女傳》卷5：「夫慈故能愛，乳狗搏虎，伏雞搏狸，恩出于中心也。」《公羊傳・莊公十二年》何休注：「猶乳犬攫虎，伏雞搏狸，精誠之至也。」《淮南子・說林篇》：「乳狗之噬虎也，伏雞之搏狸也，恩之所加，不量其力。」〔註168〕後蜀・何光遠《鑒誡錄》卷3：「抱雞搏狸，不由人教；乳犬敵虎，自是物情。」皆足參證〔註169〕。張仲清不得其解，遂云：「此二句與上下文義不貫，疑爲衍文。」於所不知，闕疑可也，率意妄改妄刪，甚不足取。

## （13）時莫能用，籥口鍵精，深自誡也

按：本書卷6《外傳紀策考》：「忠臣籥口，不得一言。」籥口，猶言閉口。「誠」當作「誡」，字之訛也。

---

〔註168〕《文子・上德》「乳狗」作「乳犬」。
〔註169〕以上參見蕭旭《淮南子校補》，花木蘭文化出版社2014年版，第567頁。

# 《吳越春秋》校補

　　《吳越春秋》原 12 卷，今存 10 卷，舊題後漢趙曄撰。元人徐天祜作《音義》、《補注》，清人整理著作有盧文弨校本，顧廣圻校本，蔣光煦《吳越春秋校》，顧觀光《〈吳越春秋〉校勘記》，孫詒讓《〈吳越春秋〉札迻》，俞樾《讀〈吳越春秋〉》，近人有徐乃昌《〈吳越春秋〉札記》，今人有周生春《吳越春秋輯校匯考》，張覺《吳越春秋校注》〔註 1〕。茲取周生春《匯考》作底本，作校補焉。

　　今人薛正興、金永平於舊說各有補正〔註 2〕。我多年前也曾作過補注〔註 3〕，其時以所見資料不豐，學識淺陋，文多謬誤，這裏棄其舊作，重作校補。

　　盧文弨、顧廣圻、蔣光煦、顧觀光校語皆迻錄自徐乃昌《札記》。

---

〔註 1〕　徐天祜《吳越春秋音義》、《吳越春秋補注》，收入《叢書集成續編》第 272 冊，新文豐出版公司 1988 年版。孫詒讓《〈吳越春秋〉札迻》，收入《札迻》卷 3，中華書局 1989 年版。俞樾《讀〈吳越春秋〉》，收入《春在堂全書》，《曲園雜纂》卷 18。徐乃昌《〈吳越春秋〉札記》，收入《叢書集成續編》第 272 冊；又收入《叢書集成續編》第 26 冊，上海書店 1994 年版；又收入《龍溪精舍叢書》。周生春《〈吳越春秋〉輯校匯考》，上海古籍出版社 1997 年版。張覺《吳越春秋校注》，嶽麓書社 2006 年版。又按：張餘鴻著《讀〈吳越春秋〉筍記》一短文，《學風》第 5 卷第 2 期，1935 年版。此文乃議論史事，無關於校釋。

〔註 2〕　薛正興《〈吳越春秋〉詞語校釋》，《社會科學戰線》1988 年第 3 期；又收入《薛正興文存》，鳳凰出版社 2011 年版。金永平《〈吳越春秋〉訛誤考辨》，《浙江學刊》1991 年第 1 期。金永平《〈吳越春秋〉徐天祜注淺議》，《杭州師範學院學報》1991 年第 4 期。

〔註 3〕　蕭旭《〈吳越春秋〉補注》，《古籍整理研究學刊》2000 年第 4 期。

## 《吳太伯傳第一》校補

### （1）姜嫄怪而棄於阨狹之巷，牛馬過者折易而避之

徐天祐注：折，疑當作辟。《詩》云：「誕置之隘巷，牛羊腓字之。」

按：折，猶今言掉頭、打轉。本書《王僚使公子光傳》：「聞一女子之聲而折道。」亦此義。《呂氏春秋·召類》：「夫修之於廟堂之上，而折衝乎千里之外者，其司城子罕之謂乎？」高誘注：「有道之國不可攻伐，使欲攻己者折還其衝車於千里之外，不敢來也。」折衝，使衝車掉頭回去。易，猶今言改道。朱起鳳曰：「折、辟聲相近，牛馬辟易，謂如人之開張易舊處也。」〔註4〕邵瑞彭曰：「此書以『解（辟）易』代『腓字』也。」〔註5〕薛正興曰：「折為析字之誤。析易，散開貌。」〔註6〕張覺曰：「折，曲折前行，即繞過。易，改道而行。」張氏釋「易」是，餘說皆非。

### （2）復棄于林中，適會伐木之人多

按：《史記·三代世表》作「抱之山中，山者養之」，《集解》：「抱，普茅反。」《索隱》：「抱，普交反，又如字。」據此文作「棄」，則「抱」當讀為「拋」，與下文「捐」同義，讀如字者非是。

### （3）陵水高下

徐天祐注：陵，陸地。

按：「陵」訓陸地，乃古吳越方言，南人語也〔註7〕。

### （4）公劉慈仁，行不履生草，運車以避葭葦

按：《文選·北征賦》：「慕公劉之遺德，及行葦之不傷。」李善注引《詩》：「敦彼行葦，牛羊勿踐履。」《列女傳》卷6：「君聞昔者公劉之行乎？羊牛踐葭葦，惻然為痛之，恩及草木，豈欲殺不辜者乎？」《潛夫論·

---

〔註4〕 朱起鳳《辭通》，上海古籍出版社1982年版，第2593頁。
〔註5〕 邵說轉引自周生春《吳越春秋輯校匯考緒論》，上海古籍出版社1997年版，第13頁。
〔註6〕 薛正興《〈吳越春秋〉詞語校釋》，《社會科學戰線》1988年第3期，第274頁；又收入《薛正興文存》，鳳凰出版社2011年版，第59頁。
〔註7〕 參見蕭旭《〈越絕書〉古吳越語例釋》。

邊議》:「公劉仁德,廣被行葦。」《後漢書・寇榮傳》《上桓帝自訟書》:「昔文王葬枯骨,公劉敦行葦,世稱其仁。」是漢代人有此說也。

## （5）脩公劉后稷之業,積德行義,為狄人所慕,薰鬻、戎妬而伐之

徐天祐注:薰鬻,《孟子》作「獯鬻」,《史記》作「薰肓」,《漢・匈奴傳》作「葷粥」,音同。」

周生春曰:盧文弨云:「『妬』疑當作『妦』。」徐乃昌曰:「『妬』與『搆』通。《左傳》:『適有讒人交搆其間,亦足致伐。』似不必改作妦。」當以徐說為是。

按:《史記・周本紀》作「薰育、戎狄攻之」。「肓」為「育」形誤,此文「戎」下當脫「狄」字,周氏並失校。盧說是。言薰鬻、戎狄妬惡古公亶甫之德義,因而伐之也。張覺曰:「妬,好也。認為古公好而伐之。」亦失之。

## （6）君子不以養害。害所養,國所以亡也

徐天祐注:《孟子》曰:「君子不以其所以養人者害人。」

周生春曰:孫詒讓曰:「此文不可通,當作『君子不以養者害所養』,《孟子》可證。『亡』疑當為『養』之誤。」盧文弨曰:「『亡』字誤。」原文不誤,且可通。孫詒讓因斷句不當,而誤以為「害」字應作「者」字。盧、孫因句讀有誤,而妄下斷語。

按:《孟子》見《梁惠王下》。此蓋古諺語。《莊子・讓王》:「〔君子〕不以所用養害所養。」〔註8〕《呂氏春秋・審為》:「不以所以養害所養。」高誘注:「所以養者,土地也。所養者,謂民人也。」《淮南子・說林篇》:「夫所以養而害所養,譬猶削足而適履。」又《道應篇》:「不以其所〔以〕養害其養。」又《人間篇》:「聖人不以所〔以〕養害其養。」《說苑・至公》:「土地者,所以養人也,不以所以養而害其養也。」《鹽鐵論・刑德》:「未聞以所〔以〕養害人者也。」《列子・說符》:「君子不以所〔以〕養害其所養。」孫氏據《孟子》校上「害」作「者」,文義亦不全;當據《莊子》等書,訂原文作「君子不以〔所以〕養害〔所養〕,害所養,國所以亡也」,脫「所以」（或「所用」）、「所養」四字。下「害所養」是反面言之,言如果君子以所以養而害所養,此

---

〔註8〕 「君子」二字據《御覽》卷419引補。

則國所以亡也，句有省略耳。周氏斷句，亦非也。

## （7）歷者，適也

按：《論衡・譴告》同。《漢書・外戚傳》耿育上疏曰：「太伯見歷知適，逡
循固讓。」是此固爲漢人舊說。歷之言秝，適謂平均適宜。《說文》：「秝，
稀疏適也，讀若歷。」〔註9〕諧音爲「嫡」。張覺謂歷訓過、逢，適訓
往、遇，故爲同義詞，其說未得厥誼。

## 《吳王壽夢傳第二》校補

### （1）今欲授國於札，臣誠耕於野

按：下文：「札雖不才，願附子臧之義，吾誠避之。」誠，讀爲請〔註10〕。
本書例以誠爲請，《夫差內傳》：「員誠前死。」又《勾踐伐吳外傳》：「誠
聞於戰，何以爲可？」二例《國語・吳語》「誠」並作「請」。《夫差內
傳》：「臣誠東見越王。」《史記・仲尼弟子傳》、《越絕書・內傳陳成恒》
「誠」作「請」。

### （2）而子之所習也

按：而，猶此也〔註11〕。

## 《王僚使公子光傳第三》校補

### （1）吳師敗而亡舟，光懼，因捨，復得王舟而還

徐天祐注：「捨」字不通，疑當作「捔」。蓋捔其不備，取之以歸。

周生春曰：顧觀光曰：「句不可解。《御覽》卷769『因』作『困』，無
『捨』字。『王舟』下有『泛』字。」俞樾則以爲：「『捨』乃『舍』字之
叚借。軍行一宿爲舍。吳師時已奔北，因公子光欲復得王舟，故又止一
宿，而以計取舟也。改爲『捔』字，亦於義未足。」當以俞說爲是。

按：當以徐說爲是。《史記・吳太伯世家》：「敗而亡王舟，光懼，襲楚，復

---

〔註9〕 說本惠士奇《禮說》卷5，收入《叢書集成三編》第24冊，新文豐出版公司
1997年版，第320頁。

〔註10〕 參見蕭旭《說苑校補》、《越絕書校補》，並收入《群書校補》，廣陵書社2011
年版，第553、582頁。

〔註11〕 參見蕭旭《古書虛詞旁釋》，廣陵書社2007年版，第248頁。

得王舟而還。」「襲」即「撜」字之誼，可爲徐說確證。周氏失考。「撜」下當脫「楚」字。《御覽》妄改，皆不足據。

## （2）光欲謀殺王僚，未有所與合議

按：《吳郡志》卷43引下句作「未有可與議者」。所，猶可也。

## （3）左手擁秦姬，右手抱越女

按：擁秦姬，《史記・楚世家》作「抱鄭姬」。

## （4）群臣與登焉

周生春曰：群臣，北圖本、弘治本、《古今逸史》本均無此二字，此據《御覽》卷177引補。

按：《御覽》卷177引作「與群臣登焉」，周氏說本徐乃昌，而承其誤。《國語・楚語上》作「與伍舉升焉」。

## （5）克聽以為聰

按：克聽，《國語・楚語上》作「聽德」。

## （6）不聞以土木之崇高，蟲鏤之刻畫，金石之清音，絲竹之凄唳，以之為美

按：蟲鏤，《國語・楚語上》作「彤鏤」。蟲鏤，即華蟲疏鏤。彤鏤，丹飾之鏤〔註12〕。《渚宮舊事》卷2、《資治通鑒外紀》卷7並作「彫鏤」，《冊府元龜》卷742作「雕鏤」，皆非也。凄唳，《御覽》卷177引作「悽唳」〔註13〕，同「凄厲」〔註14〕。張覺曰：「唳，鶴叫。」非也。

## （7）木不妨守備

按：木，《國語・楚語上》同，《御覽》卷177引誤作「士」。

---

〔註12〕 參見蕭旭《國語校補》，收入《群書校補》，廣陵書社2011年版，第94～95、187頁。另參見李步嘉《苗本〈吳越春秋〉校商》，《華學》第8輯，紫禁城出版社2006年版，第214頁。
〔註13〕 《御覽》據景宋本，《四庫》本引作「嘹唳」。
〔註14〕 其同源詞甚多，參見蕭旭《〈玉篇〉「洌，清洌」疏證》，《傳統中國研究集刊》第9、10合輯，上海人民出版社2012年3月出版，第272～275頁。

（8）官不易朝常

按：常，《國語·楚語上》同，《御覽》卷 177 引誤作「市」。

（9）民不敗時務

按：敗，《國語·楚語上》作「廢」。

（10）國人怨焉

按：怨，《國語·楚語上》作「罷」，《治要》卷 8 引作「疲」。

（11）百姓煩焉

按：百姓，《國語·楚語上》作「百官」。

（12）王使使謂奢曰：「能致二子，則生；不然，則死。」

按：然亦能也，《史記·楚世家》、《伍子胥傳》並作「不能」〔註15〕。

（13）執綱守戾，蒙垢受恥

按：《玉篇》：「戾，法也。」守戾即守法。張覺曰：「守，保住，引申指抑制。
戾，兇暴，引申指怒火。」皆失之。

（14）子胥曰：「吾聞父母之讎，不與戴天履地；兄弟之讎，不與同域
接壤；朋友之讎，不與鄰鄉共里。」

按：《禮記·曲禮上》：「父之讎，弗與共戴天；兄弟之讎，不反兵；交游之
讎，不同國。」《白虎通義·誅伐》：「父之讎，不與共天下；兄弟之讎，
不與共國；朋友之讎，不與同朝；族人之讎，不共鄰。」

（15）關吏因舍之

按：舍，讀爲捨，《韓子·說林上》作「釋」，一音之轉。

（16）歌曰：「日月昭昭乎侵已馳，與子期乎蘆之漪。」

　　　盧文弨曰：「『侵』與『浸』同。」

按：《越絕書·荊平王內傳》：「日昭昭，侵以施，與子期甫蘆之碕。」馳、
施，並讀爲眵，日斜行貌。《說文》：「眵，日行眵眵也。」侵，讀爲浸。

---

〔註15〕參見蕭旭《古書虛詞旁釋》，廣陵書社 2007 年版，第 261 頁。

甫，讀爲乎、夫。漪，讀爲碕〔註16〕。

### （17）漁父知其意也，乃渡之千潯之津

　　　　徐天祜注：潯當作尋。四尺曰仞，倍仞曰尋。

　　　　周生春曰：千潯，《御覽》卷 1000 引作「于滏」，《越絕・荊平王內傳》作「于斧」。

　　按：斧水即指武水〔註17〕。張覺曰：「千尋，形容極遠。」非也。

### （18）有頃，父來，持麥飯、鮑魚羹、盎漿

　　按：《周禮・天官・酒正》：「三曰盎齊。」鄭玄注：「盎，猶翁也，成而翁翁然葱白色，如今酇白矣。」《釋名》：「盎齊：盎，滃滃然濁色也。」盎之言滃滃，濃盛貌。故「盎」爲濁色，用爲名詞，即指濁酒，專字作醠，字亦省作䤩。《廣韻》：「醠，濁酒。」《集韻》：「醠、䤩，《說文》：『濁酒也。』或省，通作盎。」《六書故》：「盎，器之中宏者也，因其聲義而用之，則凡和厚稠渾者皆謂之盎。酒之汁滓相將盎盎然者謂之盎齊，別作醠。」亦借用「鴦」字，《山海經・中山經》郭璞注：「今河東解縣南檀首山上，有水潛出，停〔而〕不流，俗名爲盎漿，即此類也。」〔註18〕《水經注》卷 6、《御覽》卷 64 引作「鴦漿」。「停〔而〕不流」即指水濁，義正合也。《淮南子・說林篇》：「清醠之美，始於耒耜。」高注：「醠，清酒也。《周禮》『醠齊』是。」《御覽》卷 823 引作「清英」，引注作「清英，酒也」。高注言「清酒」，非也〔註19〕。張覺曰：「盎，一種大腹斂口的容器。」亦非也。

### （19）豈圖取百金之劍乎

　　按：《史記・伍子胥傳》作「豈徒百金劍邪」，《記纂淵海》卷 7 引「徒」作「圖」。徒，讀爲圖。《越絕書・荊平王內傳》作「何以百金之劍爲」，「爲」字義正合。《御覽》卷 69 引《輿地志》作「豈百金之劍乎」，脫「圖」字。

---

〔註16〕參見蕭旭《〈越絕書〉校補（續）》。
〔註17〕參見蕭旭《〈越絕書〉校補（續）》。
〔註18〕「而」字據《御覽》卷 64、《太平寰宇記》卷 46 引補。
〔註19〕參見蕭旭《淮南子校補》，花木蘭文化出版社 2014 年版，第 581 頁。

## （20）漁父諾

按：《越絕書·荊平王內傳》作「漁者曰諾」。「漁父」下當據補「曰」字，《資治通鑑外紀》卷 7 亦有「曰」字。

## （21）適會女子擊綿於瀨水之上

周生春曰：擊綿，《御覽》卷 59、《太平寰宇記》卷 90 引作「擊縹」，《御覽》卷 440 引作「澣紗」。

按：擊綿，《書鈔》卷 144、《記纂淵海》卷 72 引作「擊絮」，《越絕書·荊平王內傳》同。綿之麄者曰絮。縹，讀爲潎，字亦作漂。《說文》：「潎，於水中擊絮也。」《御覽》卷 826 引作「漂，水中擊絮也」。《史記·淮陰侯傳》《集解》引韋昭曰：「以水擊絮爲漂。」《廣雅》：「漂，潎也。」王念孫曰：「漂、潎一聲之轉。」〔註 20〕「瀨水」乃「溧水」音轉〔註 21〕。

## （22）發其簞笥飯其盎漿

按：此女子之食，「盎漿」涉上文而誤。《御覽》卷 59、《太平寰宇記》卷 90、《景定建康志》卷 19、《記纂淵海》卷 72、81 引作「壺漿」，是也。《書鈔》卷 144 引作「即發其簞笥飯，清其壺漿」，《御覽》卷 440 引作「即發其簞飯，清其壺漿」，《越絕書·荊平王內傳》作「即發〔其〕簞飯，清其壺漿而食之」〔註 22〕，皆其證。下文「掩夫人之壺漿」，不誤。此書今本衍「笥」字，脫「清」字。當點爲「發其簞飯，清其壺漿」。周氏斷句誤也。「簞飯壺漿」即「簞食壺漿」，古之習語。清，過濾。《漢語大詞典》、《漢語大字典》釋「清」爲「盡，完，一點不留」〔註 23〕；張覺點作「發其簞笥，飯其盎漿」，曰：「飯，喂。」皆非也。

## （23）王僚怪其狀偉

周生春曰：怪其狀偉，《御覽》卷 377、436 引均作「望其顏色甚可畏」。

---

〔註 20〕 王念孫《廣雅疏證》，收入徐復主編《廣雅詁林》，江蘇古籍出版社 1992 年版，第 394 頁。

〔註 21〕 參見蕭旭《〈越絕書〉古吳越語例釋》。

〔註 22〕 「其」字據《御覽》卷 826 引補。

〔註 23〕 《漢語大詞典》（縮印本），漢語大詞典出版社 1997 年版，第 3282 頁。《漢語大字典》（第二版），崇文書局、四川辭書出版社 2010 年版，第 1756 頁。

按：《法苑珠林》卷 8 引亦作「望其顏色甚可畏」。

## （24）身長一丈，腰大十圍，眉間一尺

周生春曰：腰大十圍，《御覽》卷 377、436 引作「大十圍」和「大十六圍」。

按：周生春以《四部叢刊》影弘治本作底本，今查底本無「大」字。間，《御覽》卷 377、436 二引同。大正藏本《法苑珠林》卷 5 引亦作「眉間」，金藏廣勝寺本同，明本在卷 8，誤作「眉闊」。

## （25）每入語語，遂有勇壯之氣

周生春曰：《御覽》卷 377 引作「每入言，倍有勇壯之氣」，卷 436 引作「每入，言語侃侃，有勇壯之氣也」。

按：《法苑珠林》卷 5 引作「每入，言語侃侃，有勇壯之氣」。「侃」同「侃」，見《玉篇》。「倍」即「侃」形訛。侃侃，剛直貌。此文今本有脫文，當作「每入，言語侃侃，遂有勇壯之氣」，周氏斷句誤也。

## （26）專諸者，堂邑人也

徐天祐注：堂邑，吳地，《漢·地理志》爲臨淮郡堂邑縣。

周生春曰：堂，《史記·吳太伯世家》《正義》引作「豐」。

按：堂邑，《御覽》卷 436 引作「豐邑」，與《正義》引同，皆非也。考《史記·刺客傳》：「專諸者，吳堂邑人也。」《史記·吳太伯世家》《索隱》引作「棠邑」。「棠邑」即「堂邑」，今揚州之六合，伍員之兄伍尚曾爲棠邑大夫。作「豐邑」非也。徐注說本《刺客傳》《索隱》：「《地理志》臨淮有堂邑縣。」

## （27）子胥怪而問其狀

按：狀，《史記·吳太伯世家》《正義》、《御覽》卷 496 引同，《御覽》卷 436 引作「壯」，形、聲之誤。

## （28）聞一女子之聲而折道

按：折，猶今言掉頭、打轉，上文「其妻一呼，即還」，「還」字是其誼。

張覺曰：「折，即折扣、減損。」非也。

（27）夫屈一人之下，必伸萬人之上

按：《治要》卷 31 引《六韜·武韜》：「太公曰：『屈一人之下，則申萬人之上者，唯聖人而後能爲之。』」《意林》卷 1 引《太公六韜》：「屈一人下，伸萬人上，唯聖人能行之。」《文選·宣德皇后令》李善註引《六韜》：「太公曰：『屈一人之下，伸萬人之上，惟聖人能焉。』」又《廣絕交論》李善註引《太公金匱》：「屈一人之下，申萬人之上。」屈，讀爲詘。《漢書·蕭何傳》引《語》曰：「夫能詘於一人之下，而信於萬乘之上者，湯武是也。」顏師古曰：「信，讀曰伸，古通用字。」《漢紀》卷 2「詘」作「屈」，「信」作「伸」。

（28）子胥因相其貌，碓顙而深目，虎膺而熊背，戾於從難，知其勇士

按：《史記·吳太伯世家》《正義》引作「胥因而相之，雄貌深目，侈口熊背，知其勇士」，《御覽》卷 436 引作「胥因相決之，推顙深目，虎口鷹背，戾於從難，知其勇士也」。「貌」爲「顙」誤。碓、雄、推，並爲「椎」的形誤字〔註24〕。「虎膺」誤作「虎口鷹」，因又誤作「侈口」。侈，讀爲哆，口張不正貌。戾，讀爲烈，猶言剛直、勇決，指重義輕生。

（29）何須私備劍士，以捐先王之德

按：「捐」當作「損」，字之誤也。

（30）鄭君送建母珠玉簪珥，欲以解殺建之過

按：過，讀爲禍。

（31）方今吳外困於楚，而內無骨鯁之臣

按：《史記·刺客列傳》、《吳太伯世家》「內」下有「空」字，此脫。「內空」下點斷。

（32）公子光伏甲士於窋室中

　　徐天祜注：《左傳》作「堀室」，《史記》作「窟室」。

　　周生春曰：窋，《御覽》卷 302、356、《初學記》卷 22 引作「私」，《吳郡志》卷 50 引作「窟」，同「窋」。

---

〔註24〕參見蕭旭《〈史記〉校正》。

按：《左傳·昭公二十七年》《釋文》：「堀，本又作窟，同。」《初學記》卷22、《御覽》卷174、346、355引作「窟室」，又卷342引作「掘室」。《史記》於《吳太伯世家》、《刺客列傳》二見，皆作「窟室」。窋、窟，本字為掘，皆取「挖掘」為義。

（33）僚白其母曰：「公子光為我具酒，來請期，無變悉乎？」

盧文弨曰：悉猶審也。

按：「期」字當屬下句，讀為「其」，表示猜測的語氣。「悉」字衍文。《吳郡志》卷50無「來請」二字，作「期無變乎」。《姑蘇志》卷60正作「其無變乎」，是明人所見，尚未衍「悉」字也。張覺曰：「期，會也。悉，當作『患』，形近而訛，馮念祖本作『意』，恐為臆改。」未得。

（34）王僚乃被棠鐵之甲三重

周生春曰：鐵，《初學記》卷22、《御覽》卷302、356引作「夷」，弘治本、《古今逸史》本及《吳郡志》卷50引作「銕」。銕即夷，同「鐵」。

按：「棠銕」亦作「唐夷」、「暘夷」，皆「唐鯢」之借〔註25〕。

（35）母曰：「光心氣怏怏，常有愧恨之色，不可不慎。」

按：慎，《吳郡志》卷50引作「防」。

（36）貫甲達背，王僚既死

周生春曰：既，《御覽》卷302、356引作「立」。

按：《史記·刺客列傳》亦作「立」。既，讀為即，與「立」同義。張覺據《御覽》卷356校改作「立」，未達通借之指。甲，《御覽》卷302引誤作「脾」，又卷356引脱。

（37）苟前君無廢〔祀〕，社稷有奉，〔乃吾〕君也

周生春曰：有，各本均作「以」，此據《吳郡志》卷50引及《史記·吳太伯世家》、《左傳·昭公二十七年》改。

按：以，猶有也〔註26〕，不煩改字。

---

〔註25〕參見蕭旭《〈越絕書〉校補（續）》。
〔註26〕參見裴學海《古書虛字集釋》，中華書局1954年版，第25頁。

## 《闔閭內傳第四》校補

### （1）乃舉伍子胥為行人，以客禮事之

周生春曰：客，《古今逸史》本作「容」。

按：「客」字是，《吳郡志》卷 3 引作「客」。《史記・吳太伯世家》：「楚之亡臣伍子胥來奔，公子光客之。」又「光喜，乃客伍子胥。」本書《勾踐入臣外傳》：「群臣以客禮事之。」

### （2）陸門八，以象天八風；水門八，以法地八聰

周生春曰：聰，《吳郡志》卷 3 引作「卦」，《類聚》卷 63、《御覽》卷 193 引作「窗」，按《釋名》所說，「窗」即「聰」。

按：「陸門」本當作「陵門」，古吳語謂陸地為「陵」，《類聚》卷 63 引正作「陵門」，下文「陵門三」，尚存其舊。《御覽》卷 183 引已誤作「陸門八」，又卷 193 引已誤作「陸門八」、「陸門三」。本書《勾踐歸國外傳》：「陵門四達，以象八風。」聰，《吳地記》、《吳郡圖經續記》卷上、《方輿勝覽》卷 2 引作「卦」，《類聚》卷 63 引作「窻」，《御覽》卷 183 引作「聽」，又卷 193 引作「牕」。「牕」、「窻」皆「窗」異體字。考《釋名》：「窗，聰也，於內窺外為聰明也。」《書・堯典》：「辟四門，明四目，達四聰。」《風俗通義・十反》：「蓋人君者，闢門開窗，號咷博求，得賢而賞。」此用《堯典》。《白虎通義・辟雍》：「明堂上圓下方，八窻四闥，布政之宮，在國之陽。上圓法天，下方法地，八窻象八風，四闥法四時。」《後漢書・祭祀志》劉昭注引《新論》：「明堂上圓法天，下方法地，八窻法八風，四達法四時。」《漢書・平帝紀》顏注引應劭曰：「明堂上圓下方，八窗四達，布政之宮，在國之陽，上八窗，法八風，四達法四時。」《初學記》卷 13、《類聚》卷 38 引《孝經援神契》：「明堂者，天子布政之宮，八窗四闥，上圓下方，在國之陽。」是「窗」、「聰」同源，作「八窗」、「八聰」，其義相同。又考《御覽》卷 533 引《禮含文嘉》：「明堂，所以通神靈，感天地，正四時。」注：「明堂者，八窻四達，窻通八卦之氣。」是作「八卦」，其義相因。作「八聽」則為「八聰」形誤。張覺謂「聰」乃「牕」形誤，未達厥誼也。

（3）采五山之鐵精，六合之金英

　　周生春曰：《後漢書・崔駰傳》注、《御覽》卷 343、《事類賦》卷 13 注引「六」前有「合」字。

　按：《初學記》卷 22、《吳郡志》卷 29 引同，《世說新語・賞譽》劉孝標注引作「采五山之精，六金之英」，《編珠》卷 2、《書鈔》卷 122、《後漢書・崔駰傳》李賢注引作「采五山之精，合六金之英」，《御覽》卷 343、《事類賦注》卷 13 引作「採五山之精，合六合之英」。比勘諸文，似當校作「采五山之精，合六金之英」，今本脫「合」字。「六合」爲「六金」之誤〔註27〕。

（4）莫耶曰：「子以善為劍聞於王。」

　按：善，《御覽》卷 343 引作「憘」，同「喜」，爲「善」形誤。

（5）莫耶曰：「夫神物之化，須人而成，今夫子作劍，得無得其人而後成乎？」

　　周生春曰：得其，《吳郡志》卷 29 引同，《御覽》卷 343 引作「當得」。

　按：「得其人」之得，讀爲待，即上文「須」字之誼。《吳郡志》卷 29 引正作「待」字，周氏失檢。

（6）干將曰：「昔吾師作冶，金鐵之類不銷，夫妻俱入治爐中，然後成物。」

　　周生春曰：類，弘治本作「纇」，《御覽》卷 343 引作「穎」，此據北圖本、《古今逸史》本及《文選・七命》注、《初學記》卷 22、《事類賦》卷 13 注、《吳郡志》卷 29 所引改。

　按：類，《初學記》卷 22「金穎」、「鼓橐」條二引，並作「穎」字，《事類賦注》卷 13 引同，周氏失檢。「穎」字是也，指金鐵之末端。

（7）於是干將妻乃斷髮剪爪，投於爐中

　按：剪，《文選・七命》李善注、《御覽》卷 343 引作「揃」，《御覽》有注：「揃，音剪。」

----

〔註27〕我舊説校作「采五山之鐵精，合六合之金英」，非也。蕭旭《世說新語校補》，收入《群書校補》，廣陵書社 2011 年版，第 696 頁。

（8）陽作龜文，陰作漫理

按：漫，《事類賦注》卷 13、《古今合璧事類備要》外集卷 57、《吳郡圖經續記》卷下引作「縵」。縵、漫，正、借字。縵理，無花紋也。

（9）闔閭甚重〔之〕

按：重，《書鈔》卷 122 二引同，《御覽》卷 343 引作「惜」，《世說新語・賞譽》劉孝標注引作「寶重」。

（10）季孫拔劍之，鍔中缺者大如黍米

周生春曰：「劍」字後疑脫一「視」字。

按：「劍」字當重，當點作「季孫拔劍，劍之鍔中缺者大如黍米」。

（11）吳作鉤者甚眾，而有人貪王之重賞也

按：陳本《書鈔》卷 124 引作「有人貪賞重」，《御覽》卷 354 引作「而有人貪賞之重也」，《文選・吳都賦》劉淵林注引《越絕書》作「有人貪王賞之重」。

（12）於是鉤師向鉤而呼二子之名，曰：「吳鴻、扈稽，我在於此。」

周生春曰：《書鈔》卷 124、《御覽》卷 354 引「而」下有「哭」字。

按：《文選・吳都賦》劉淵林注引《越絕書》「而」下亦有「哭」字，當據補。扈，《御覽》卷 354 引作「泥」。

（13）聲未絕於口，兩鉤俱飛著父之胷

周生春曰：未，據《書鈔》卷 124、《御覽》卷 354 引補。

按：《文選・吳都賦》劉淵林注引《越絕書》有「未」字，「胷」作「背」。「背」字是，言兩鉤俱止著於父之背上也。

（14）楚國之失虜，前人無罪，橫被暴誅

按：「虜」當作「慮」。

（15）胡馬望北風而立，越鷰向日而熙，誰不愛其所近，悲其所思者乎

按：望亦向也。思，《吳郡志》卷 20 引同，《文選・廣絕交論》李善注引作「鄉」。《鹽鐵論・未通》：「故代馬依北風，飛鳥翔故巢，莫不哀其

生。」《文選・古詩》：「胡馬依北風，越鳥巢南枝。」〔註28〕李善注引《韓詩外傳》：「詩曰：『代馬依北風，飛鳥棲故巢。』皆不忘本之謂也。」依句式，此文「北」字衍文，《後漢書・班超傳》：「狐死首丘，代馬依風。」是其證也。張覺則謂「風」字衍文，舉《潛夫路・實邊》「代馬望北，狐死首丘」爲證。「思」當作「息」。「所息」即指所棲之故巢。

（16）今若斯議，何乃天乎

　　周生春曰：盧文弨曰：「《逸史》本『何乃天子』，似當作『何乃夫子』，倒句文法。」孫詒讓云：「此當作『何反天乎』，此因上文子胥對曰『恐非皇天之意』而詰之也。」孫說近是。

按：當作「何及天乎」，言此乃人事，何及於天意乎，正反詰子胥之說。

（17）臣之所厚其人者，細人也，願從於謀

按：「其人者」當自爲一句，屬下文。之，猶有也。《御覽》卷437引《越絕書》：「臣有所厚於國，其人，細小（人）也。」

（18）臣昔嘗見曾折辱壯士椒丘訢也

按：「曾」當作「其」，《吳郡志》卷20引正作「其」。《御覽》卷437引《越絕書》：「臣嘗見其辱壯士茜丘訢。」《韓詩外傳》卷10亦作「茜丘訢」，《太平廣記》卷191引《獨異志》作「甾丘訢」，又卷226引《大業拾遺》作「淄丘訢」，《博物志》卷7作「蕃丘訢」。「蕃」當即「茜」字形誤。

（19）祖褐持劍

按：《御覽》卷437引《越絕書》作「偏袒操劍」。

（20）訢恃其與水戰之勇也

　　徐天祐注：「水」字下當有「神」字。

按：徐說是也，《御覽》卷437引《越絕書》作「訢恃其與神戰之勇」，正有

---

〔註28〕《初學記》卷18、《類聚》卷29、《御覽》卷800引同，《文選・鸚鵡賦》注引「胡馬」作「代馬」。

「神」字，而脫「水」字，可以互校。

## （21）吾聞勇士之鬭也，與日戰不移表，與神鬼戰者不旋踵，與人戰者不達聲

按：移，《御覽》卷 437 引《越絕書》誤作「穆」。《韓詩外傳》卷 10：「夫天怨不全日，人怨不旋踵。」〔註29〕

## （22）形殘名勇

按：勇，《御覽》卷 437 引《越絕書》作「辱」，是也，「勇」涉下「勇士所恥」而誤。

## （23）於是椒丘訢卒於詰責，恨怒竝發，暝即往攻要離

徐天祐注：卒音猝，「於」字疑當作「被」。

按：《御覽》卷 437 引《越絕書》作「於是葍丘訢卒於結恨勢怒，未及有言，座眾分解，葍丘訢宿怒遣恨，宣往攻要離」。結，讀爲詰。「宣」爲「冥」形誤。卒於（被）詰責，猶言突然受到責難。《越絕書》有脫誤。

## （24）筋骨果勁

按：骨，《御覽》卷 279 引作「力」。

## （25）吾嘗追之於江，馴馬馳不及；射之闇接，矢不可中

按：「闇接」當屬下句，《吳郡志》卷 20 引作「追之，馴馬馳而不及；射之，接矢而不可中」。

## （26）辟隱深居

按：《書鈔》卷 33 引作「隱幽」，《類聚》卷 53、《御覽》卷 305、392、《資治通鑑外紀》卷 8 引作「僻隱幽居」。

## （27）胥乃明於鑒辯

周生春曰：於，各本作「知」，此據北圖本改。

按：《類聚》卷 53 引作「明於識人」，是北圖本作「於」是也。《書鈔》卷

〔註29〕《太平廣記》卷 191 引《獨異志》「全」作「旋」。

33 引作「明識人」，脫「於」字。辯，讀爲辨。

（28）而召孫子，問以兵法，每陳一篇，王不知口之稱善

　　周生春曰：知，《類聚》卷 53 引作「覺」。覺通作梏，相交曰知。

　按：《資治通鑑外紀》卷 8 亦作「不覺」。不知，即「不覺」，不由自主也。
　　周釋非是。

（29）孫子曰：「得大王寵姬二人，以爲軍隊長。」

　按：《御覽》卷 391 引「得」上有「願」字，「隊」作「陣」。當據補「願」
　　字，「陣」字誤。《史記・孫子傳》：「孫子分爲二隊，以王之寵姬二人各
　　爲隊長。」

（31）乃令曰：「一鼓皆振，二鼓操進，三鼓爲戰形。」

　　周生春曰：孫詒讓曰：「『操』當爲『譟』。」孫說近是。

　按：《御覽》卷 391 引作「令曰：聞一鼓皆莊，二鼓操兵，三鼓皆爲戰形」。
　　「莊」字誤。

（32）孫子大怒，兩目忽張，聲如駭虎，髮上衝冠，項旁絕纓

　按：《御覽》卷 391 引作「孫子怒，目如明星，聲如駭虎，髮上衝冠，鬢旁
　　絕纓」。疑「目如明星」是其舊文，《莊子・盜跖》：「盜跖聞之大怒，目
　　如明星，髮上指冠。」其文相類。

（33）寡人已知將軍用兵矣

　按：「用」上當據《史記・孫子傳》補「能」字。下文「寡人知子善用兵」，
　　能亦善也。

（34）寡人非此二姬，食不甘味，宜勿斬之

　按：宜，《史記・孫子傳》作「願」。

（35）吳王忽然不悅曰

　按：《李陵變文》：「武帝聞之，忽然大怒。」「忽然」義同。忽，讀爲𢥠，字
　　或作䭇、怫、悖〔註30〕。

----

〔註30〕 參見蕭旭《李陵變文校補》，收入《群書校補》，廣陵書社 2011 年版，第 1161 頁。

（36）將軍罷兵就舍

　按：「兵」當據《史記・孫子傳》作「休」。

（37）誠惑之

　按：《左傳・昭公二十七年》作「戌也惑之」。上文「戌」誤作「成」，此又
　　　誤作「誠」，戌指沈尹戌。下文「司馬成」，亦誤。

（38）夫費無忌，楚之讒口，民莫知其過

　按：《左傳・昭公二十七年》作「夫無極，楚之讒人也，民莫不知去朝吳」。
　　　此文「莫」下脫「不」字。過，讀爲禍。

（39）夫智者除讒以自安，愚者受佞以自亡

　按：《左傳・昭公二十七年》作「知者除讒以自安也，今子愛讒以自危也」。
　　　「受」爲「愛」形誤。下文「今子受讒，國以危矣」，亦同。

（40）因發機以掩之，殺生以送死

　按：《吳郡志》卷 39 引同，《文選・舞鶴賦》李善注、《類聚》卷 90、《御
　　　覽》卷 916、《事類賦注》卷 18、《方輿勝覽》卷 2 引作「因塞之以送
　　　死」，《書鈔》卷 92 引作「因墓（塞）之，殺生以送死」〔註31〕。掩，
　　　讀爲揜。《說文》：「揜，覆也。」《方言》卷 6：「揜，藏也，吳、揚曰
　　　揜。」此正吳語。張覺曰：「掩，取也，捕也。」非是。

（41）自豫章與楚夾漢水爲陣

　按：爲，猶而也〔註32〕。《史記・伍子胥傳》作「與楚夾漢水而陳」。

（42）五戰，徑至於郢

　按：徑，猶遂也，乃也。《史記・伍子胥傳》「徑」作「遂」。本書《勾踐
　　　伐吳外傳》：「如是三戰三北，徑至吳。」《國語・吳語》「徑」作「乃」。

（43）君討其臣，敢讎之者

　按：「敢」上當據《左傳・定公四年》補「誰」字。

---

〔註31〕《書鈔》據孔本，陳本「墓」作「塞」。
〔註32〕參見裴學海《古書虛字集釋》，中華書局 1954 年版，第 119～120 頁。

（44）夫乘人之禍，非仁也

按：禍，《左傳‧定公四年》作「約」。約，窮困。

（45）謂隨君曰：「周之子孫在漢水上者，楚滅之。謂天報其禍，加罰
於楚，君何寶之？」

　　徐天祜注：「寶」當作「保」。

按：《左傳‧定公四年》作「周之子孫在漢川者，楚實盡之。天誘其衷，致
罰於楚，而君又竄之」，杜注：「竄，匿也。」《爾雅》：「滅，盡也。」
盡亦滅也。《國語‧周語中》：「夫戰，盡敵爲上。」義同。此文「謂」
上脫「所」字。報，報應。《荀子‧宥坐》：「爲善者天報之以福，爲不
善者天報之以禍。」寶，讀爲保，下文「周室何罪，而隱其賊」，隱以
雙聲讀爲掩，與「保」同義。張覺以「楚滅之謂」爲句，言「即『謂楚
滅』」，非也。

（46）乃辭吳王曰：「今隨之僻小密近於楚，楚實存我，有盟至今未
改。」

按：《左傳‧定公四年》「今」作「以」，「僻」作「辟」，「近」作「邇」。

（47）今且安靜楚，敢不聽命

按：上句《左傳‧定公四年》作「若鳩楚竟（境）」。杜注：「鳩，安集也。」
馬王堆帛書《春秋事語》：「今止衛君。」《左傳‧哀公十二年》作「若
執衛君」。《列女傳》卷5：「王曰：『今皆赦之，是縱有罪也；皆殺之，
是誅無辜也。』」《御覽》卷416引「今」作「若」，下句「皆殺之」上
復有「若」字。《孔叢子‧公孫龍》：「今使龍去之，則龍無以教矣。」
《類聚》卷92、《御覽》卷896、《事類賦注》卷21引「今」作「若」。
王念孫謂「今，猶若也」〔註33〕，吳昌瑩、裴學海、王叔岷、徐仁甫、
蕭旭各有補證〔註34〕，以此四例異文證之，信而有徵。《戰國策‧西周
策》：「今秦攻周而得之，則眾必多傷矣，秦欲待周之得，必不攻魏；秦

---

〔註33〕參見王引之《經傳釋詞》引王念孫說，嶽麓書社1984年版，第98頁。
〔註34〕吳昌瑩《經詞衍釋》，中華書局1956年版，第74頁。裴學海《古書虛字集釋》，
　　　中華書局1954年版，第348頁。王叔岷《古籍虛字廣義》，中華書局2007年
　　　版，第187～188頁。徐仁甫《廣釋詞》，四川人民出版社1981年版，第157
　　　頁。蕭旭《古書虛詞旁釋》，廣陵書社2007年版，第147頁。

若攻周而不得，前有勝魏之勞，後有攻周之敗，又必不攻魏。」「今」、「若」對舉同義。《戰國策・燕策一》：「今涇陽君若高陵君先於燕、趙，秦有變，因以爲質，則燕、趙信秦矣。」馬王堆帛書《戰國縱橫家書》「今」作「如」，如亦若也。鮑彪本及《史記・蘇秦傳》誤作「令」。「涇陽君若高陵君」之「若」，猶及也。《策》二例「今」即「若」、「如」之義，表示假設語氣，庸有疑也？楊樹達曰：「按此乃說一事竟，改說他端時用之。王氏訓爲若，乃從上下文之關係得之，疑『今』字仍是本義，非其本身有『若』字之義也。」〔註35〕今之治語法者，皆從楊說，胥疏於考證矣。

## （48）左足踐腹，右手抉其目

周生春曰：左足踐腹，《御覽》卷 371 引作「左手踐其腹」

按：《御覽》卷 371 引作「右手決其目，左手踐其腹」，「左手」爲「左足」之誤，「決」爲「抉」借字。此文「腹」上當補「其」字。

## （49）遂引軍擊鄭

周生春曰：擊，《御覽》卷 771 引作「襲」。

按：《御覽》卷 771 引作「因引軍襲鄭」，又卷 479 引作「引軍擊鄭」。

## （50）臣能還之，不用尺兵斗糧

按：尺兵斗糧，《御覽》卷 479 引作「兵戈升粮」。「升」爲「斗」誤。《韓詩外傳》卷 7：「不持一尺之兵，一斗之糧，解兩國之難。」

## （51）子胥聞之，愕然大驚曰：「何等謂？」與語

周生春曰：何等謂，《御覽》卷 479 引作「何等人者，即請」。

按：「謂」爲「請」形誤，屬下爲句。

## （52）念前人與君相逢於途

按：逢，《御覽》卷 479 引作「遭」。

## （53）子故平王之臣

按：故，讀爲固，猶言本也。

---

〔註35〕楊樹達《詞詮》，中華書局 1954 年版，第 147 頁。

（54）豈道之極乎

按：今本有脫字，《史記·伍子胥傳》作「此豈其無天道之極乎」，王叔岷據補「無」字〔註36〕。

（55）日暮路遠，〔吾故〕倒行而逆施之於道也

周生春曰：施，《史記·伍子胥傳》同，《能改齋漫錄》引作「旅」。

按：《史記·伍子胥傳》：「吾日莫途遠，吾故倒行而逆施之。」《索隱》：「施音如字。子胥言志在復讎，常恐且死，不遂本心，今幸而報，豈論理乎！譬如人行，前途尚遠，而日勢已莫，其在顛倒疾行，逆理施事，何得責吾順理乎！」《史記·主父傳》：「吾日暮途遠，故倒行暴施之。」《漢書》作「吾日暮，故倒行逆施之」。《索隱》：「言吾日暮途遠，恐赴前途不跌，故須倒行而逆施，乃可及耳。今此本作『暴』。暴者，言已困久得申，須急暴行事以快意也。暴者，卒也，急也。」施，音移，斜行，謂走捷徑也。《孟子·離婁下》：「施從良人之所之。」趙岐注：「施者，邪施而行。」錢大昕曰：「施，古斜字。斜、邪音義同也。」〔註37〕《淮南子·要略篇》：「其數直施而正邪。」又「接徑直施，以推本樸。」許慎注：「施，邪。」又《主術篇》：「直施矯邪，不私辟險。」朱駿聲謂施讀爲迆〔註38〕。「迆」同「迤」，「衺」同「邪」。《說文》：「迆，衺行也。」重言則作「邪施」，《淮南子·齊俗篇》：「故求是者，非求道理也，求合於己者也；去非者，非批邪施也，去忤於心者也。」高誘注：「施，微曲也。」句言日暮路遠，故倒行、斜行於道路，不由其徑，乃可速達耳。《索隱》解「逆施」爲「逆理施事」，未得「施」字之誼。宋·吳曾《能改齋漫錄》卷3：「乃知施字即旅字，施字於道無義……至於道路無義也，當有識者訂之。」王叔岷曰：「道猶理也。『倒行而逆施之於道』正謂不遵常理也。吳氏所據《吳越春秋》『逆施』作『逆旅』，而以道爲道路字。是『倒行而逆施之於道』謂『倒行旅舍於道路』，成何語意邪？旅乃施之誤字，《史》、《漢》並

---

〔註36〕王叔岷《史記斠證》，中華書局2007年版，第2090頁。
〔註37〕錢大昕《潛研堂答問六·孟子》，收入《嘉定錢大昕全集》第9冊，江蘇古籍出版社1997年版，第129頁。
〔註38〕朱駿聲《說文通訓定聲》，武漢市古籍書店1983年版，第483頁。

其明證。吳氏蓋未深思耳。」〔註39〕二氏各有得失，吳氏以「道」爲「道路」，王氏謂「施」字是，皆確；餘說皆非。宋・王楙《野客叢書》卷8：「《史記・伍子胥傳前漢主父偃傳》誤以施字爲旅字，多『於道』二字。」王楙以「旅」爲誤，亦得之；而刪「於道」二字，則非也。

## （56）申包胥知不可，乃之於秦求救楚，晝馳夜趨，足踵蹠劈，鶴倚哭於秦庭

徐天祐注：踵，足後。蹠，足下也。

按：鶴倚，猶言「鶴立」也。《戰國策・楚策一》：「（棼冒勃蘇）雀立不轉，晝吟宵哭。」《文選・求通親親表》李善注、《渚宮舊事》卷3、《御覽》卷418、《困學紀聞》卷6、《冊府元龜》卷739引作「鶴立」。《淮南子・修務篇》作「鶴跱而不食，晝吟宵哭」，「鶴跱」亦即「鶴立」。「踵」當作「腫」，「足腫」與「蹠劈」相對舉，徐注據誤字爲說。《後漢書・郅惲傳》李賢注引《史記》：「吳兵入郢，申包胥走秦求救，晝夜馳驅，足腫蹠盭，裂裳裹足，鵠立秦庭。」注：「盭，音戾。」今本《史記》無此文，而與本書相近，當是李氏誤記出處。正作「腫」字。「鵠」、「鶴」古通用。「棼冒勃蘇」即「申包胥」〔註40〕。張覺謂「鶴倚」當作「鶴跱倚牆」，非是。

## （57）包胥曰：「臣聞戾德無厭，王不憂鄰國壃埸之患。」

徐天祐注：戾德，《左傳》、《國語》皆作「夷德」。

按：「壃」當從四庫本作「場」，字之誤也。《左傳・定公四年》、《新序・節士》正作「場」字。戾德無厭，《新序・節士》作「吳，夷狄也，夷狄之求無厭」。「戾」當作「夷」。張覺曰：「戾，兇暴。」非是。

## （58）子且就館，將圖而告

按：且，《左傳・定公四年》作「姑」，《新序・節士》作「其」。其，猶姑且也，命令之辭〔註41〕。

〔註39〕王叔岷《史記斠證》，中華書局2007年版，第2090頁。
〔註40〕參見石光瑛《新序校釋》，中華書局2001年版，第890～891頁。
〔註41〕參見石光瑛《新序校釋》，中華書局2001年版，第897頁。又參見蕭旭《古

（59）包胥曰：「寡君今在草野，未獲所伏，臣何敢即安？」

按：《左傳・定公四年》同，杜注：「伏，猶處也。」《新序・節士》「伏」作
「休」，形之誤也。

（60）秦使公子子蒲、子虎率車五百乘救楚擊吳

按：蒲，《左傳・定公五年》同，《戰國策・楚策一》、《新序・節士》作「滿」。
二字形近，未知孰是。王叔岷謂「滿乃蒲之誤」〔註42〕，未見確證。

（61）吾未知吳道，使楚師前，與吳戰，而即會之

徐天祐注：即會之，《左傳》作「自稷會之」。稷，楚地也。《史記》亦云
「敗吳於稷」。

按：「使楚師前與吳戰」七字作一句。前，本書例用爲「先」。石光瑛曰：「杜
注：『道，猶法術。』按杜說是，作道路解非。」〔註43〕《左傳・定公
五年》作「使楚人先與吳人戰，而自稷會之」「即」、「稷」同音通借。
此書脫「自」字，《新序・節士》脫「自稷」二字。

（62）乃援琴爲楚作《窮劫之曲》

徐天祐注：劫，疑當作「衄」。

按：張覺曰：「劫，迫也。徐似未可從。」劫訓迫是脅迫義，而非窮迫義，
張說亦非是。劫，《書鈔》卷 106 引同，疑讀爲跲。《集韻》：「跲，《說
文》：『躓也。』或作劫。」《禮記・中庸》：「言前定則不跲，事前定則
不困，行前定則不疚，道前定則不窮。」

（63）其詞曰：「王耶，王耶，何乖烈，不顧宗廟聽讒孽。」

徐天祐注：烈，疑當作「劣」。

周生春曰：孫詒讓曰：「烈當讀爲剌。」孫說近是。

按：徐注非也。烈，讀爲戾。朱起鳳說同孫氏〔註44〕。張覺謂「乖烈」、「乖
剌」、「乖戾」同，是也。

書虛詞旁釋》，廣陵書社 2007 年版，第 176 頁。

〔註42〕 王叔岷《史記斠證》，中華書局 2007 年版，第 2091 頁。
〔註43〕 石光瑛《新序校釋》，中華書局 2001 年版，第 900 頁。
〔註44〕 朱起鳳《辭通》，上海古籍出版社 1982 年版，第 2418 頁。

（64）三戰破郢，王奔發

按：發，疑讀爲跋。

（65）嫗曰：「吾有女子，守居三十不嫁。」

按：《御覽》卷479引「居」作「吾」，下有「年」字。上文云「妾獨與母居，三十未嫁」，則「居」字是。

（66）吳王聞三師將至，治魚爲鱠

按：「治」讀平聲，剖魚也〔註45〕。師，張覺從《四庫》本改作「帥」，非也。《御覽》卷862、《吳郡志》卷29引作「三師」。鱠，《書鈔》卷145、《御覽》卷862引作「膾」，正字。

（67）旦食觚山

　　徐天祐注：《越絕》作「組山」。

　　周生春曰：組，《越絕外傳記吳地傳》作「紐」。

按：「紐」爲「組」形誤，同「觚」〔註46〕。

## 《夫差內傳第五》校補

此篇與《〈越絕書·內傳陳成恒〉》、《記吳王占夢》、《國語·吳語》多同，另詳《〈越絕書〉校補》及《〈越絕書〉校補（續）》、《國語校補》。

（1）今信浮辭僞詐而貪齊

按：浮，《史記·伍子胥傳》同，《說苑·正諫》作「游」。

（2）吳王不聽，使子胥使於齊

按：《史記·伍子胥傳》、《越王勾踐世家》、《說苑·正諫》並脫下「使」字。

（3）今見吳之亡矣，汝與吾俱亡，亡無爲也

按：張覺曰：「『吾』當作『吳』，『亡』字當衍其一。《史記》：『汝與吳俱亡，無益也。』是其證。」其說是也，作「吳」字即承「見吳之亡」而來。《說苑·正諫》作「女與吾俱亡，無爲也」，亦誤作「吾」，而「亡」字

〔註45〕參見蕭旭《「治魚」再考》。
〔註46〕參見蕭旭《〈越絕書〉校補（續）》。

不衍。「無爲」即「無謂」，與「無益」同義。《漢書‧楊王孫傳》：「不加功於亡用，不捐（損）財於亡謂。」《說苑‧反質》、《漢紀》卷 26「亡謂」作「無益」。

**（4）又使明大夫守之，此易邦也**

按：此易邦也，當據《越絕書‧內傳陳成恒》乙作「此邦易也」，言此邦易伐也，省「伐」字；《史記‧仲尼弟子傳》作「此易伐也」，則省「邦」字。張覺校作「此易伐之邦也」，未允。

**（5）齊遇，爲擒必矣**

按：遇，《越絕書‧內傳陳成恒》作「愚」，借字。

**（6）且夫畏越如此，臣誠東見越王，使出師以從下吏**

按：畏，《越絕書‧內傳陳成恒》同，《史記‧仲尼弟子傳》、《家語‧屈節解》作「惡」。《索隱》：「惡，猶畏也。」張覺曰：「誠，當作請，《史記》作『臣請東見越王』，可證。」「誠」讀爲請，不煩改字。《越絕書》、《家語》並作「請」。

**（7）問曰：「此僻狹之國，蠻夷之民，大夫何索然若不辱乃至於此？」**

按：然若不辱，當據《越絕書‧內傳陳成恒》校作「居然而辱」，「若」爲「居」形誤，又倒在「然」下；「不」爲「而」形誤。下句《史記‧仲尼弟子傳》作「大夫何以儼然辱而臨之」，《家語‧屈節解》作「大夫何足儼然辱而臨之」，義亦近之。張覺曰：「然若，如此。」非也。

**（8）子貢曰：「君處，故來。」**

徐天祜注：「處」字不通，《越絕》作「弔君，故來」，與下文「弔」字相應。

按：處，讀爲遽。《說文》：「遽，一曰窘也。」《廣雅》：「遽，懼也。」字亦作憷，《玄應音義》卷 3：「恐憷：又作遽，同。遽，畏懼也。遽亦急也。」言急迫、困窘。「故來」下省「弔」字。金其源曰：「《呂覽‧愛士》高注：『處，猶病也。』病，猶患也，猶難也。君處者，謂君有患難也。」〔註47〕薛正興亦謂「處」讀爲鼠、癙，憂畏之病〔註48〕。

〔註47〕金其源《讀書管見》，（上海）商務印書館 1957 年初版，第 330 頁。
〔註48〕薛正興《〈吳越春秋〉詞語校釋》，《社會科學戰線》1988 年第 3 期，第 277

（9）孤敢不問其說

按：《越絕書·內傳陳成恒》作「敢遂聞其說」。問，讀爲聞。此文作「不」誤。遂，盡也。

（10）孤賴天之賜也

按：天，《越絕書·內傳陳成恒》作「先人」。疑此文「先」誤爲「天」，又脫「人」字。下文「孤賴天賜」，《越絕》作「孤賴先人之賜」。

（11）此孤之死言也

按：死，《越絕書·內傳陳成恒》作「外」。李步嘉謂「死」是「外」形誤〔註49〕。

（12）存亡國，舉死人

　　徐天祜注：《國語》「舉」作「興」。

按：《國語》無此文，《越絕書·內傳陳成恒》作「興」字，徐氏誤記。

（13）越使果來，曰：「東海役臣勾踐之使者臣種，敢修下吏，少聞於左右。」

按：修，《越絕書·內傳陳成恒》、《內經九術》同，《史記·仲尼弟子傳》作「脩」。「修（脩）」當作「循」。本書《勾踐陰謀外傳》作「敢因下吏」。循亦因也。張覺曰：「脩，治舊之名。」非也。

（14）得無所憂哉

按：「所」上疑脫「有」字。

（15）王聞之，索然作怒，乃曰：「吾天之所生，神之所使。」顧力士石番以鐵鎚擊殺之

　　周生春曰：使，《御覽》卷483引作「助」。顧，《御覽》卷483、763、《文選·七命》注引作「使」。徐乃昌云：「『使顧』或『顧使』之倒。」當係句讀有誤所致。

按：徐說是。此文脫「助」字，「神之所助」爲句。「顧使」屬下句，言回

頁；又收入《薛正興文存》，鳳凰出版社2011年版，第64頁。
〔註49〕李步嘉《越絕書校釋》，武漢大學出版社1992年版，第184頁。

－1202－

顧而使之也。《御覽》卷 483、763 二引，作「使力士石番」，《文選·
七命》李善注引作「使力士石蕃」，《越絕書·記吳王占夢》作「王乃
使力士石番以鐵杖擊聖」，皆省「顧」字。張覺曰：「顧，通『雇』。」
我舊說讀顧爲故，訓使〔註50〕。並非是。「索」疑「勃」脫誤。

## （16）以葬我以為直者，不如相隨為柱，提我至深山

按：「以葬我」當作「無葬我」，三字爲句。「柱」當作「枉」，與「直」相對。
《越絕書·記吳王占夢》作「令吾家無葬我，提我山中」。張覺以「爲
柱」二字爲句，非也。

## （17）後世相屬為聲響

按：《越絕書·記吳王占夢》脫「屬」字。

## （18）吳王還，乃讓子胥曰：「吾前王履德，明達於上帝。」

按：《國語·吳語》：「吳王還自伐齊，乃訊申胥曰：『昔吾先王體德聖明，
達於上帝。』」韋昭注：「訊，告讓也。」此文「明」上脫「聖」字。
前，讀爲先。體，讀爲履。「履德」爲秦漢人成語。「聖明」屬上句。
「訊」當作「誶」。《說文》：「誶，讓也。《國語》曰：『誶申胥。』」《玉
篇》：「誶，罵也。」《御覽》卷 823 引《國語》亦作「誶」。與此文作
「讓」義同。

## （19）今前王譬若農夫之艾，殺四方蓬蒿

徐天祐注：艾，與「刈」同。

按：徐說是也，《國語·吳語》正作「刈」。「艾殺」成詞，其下不當點開。

## （20）賴天降哀，齊師受服

按：張覺謂「哀」當作「衷」，是也。《國語·吳語》：「今天降衷於吳，齊師
受服。」又「天舍其衷。」又「吾欲與之徼天之衷。」又《晉語二》：「以
君之靈，鬼神降衷。」《書·湯誥》：「惟皇上帝降衷於下民。」《呂氏春
秋·順民》：「願一與吳徼天下之衷。」孔傳、高注、韋注並曰：「衷，
善也。」

---

〔註50〕蕭旭《〈越絕書〉校補》，收入《群書校補》，廣陵書社 2011 年版，第 581 頁。

（21）今王播棄所患外不憂，此孤僮之謀

按：孤，當據《國語·吳語》作「孩」。

（22）員誠前死

按：誠，讀爲請，《國語·吳語》正作「請」。

（23）掛吾目於門

　　　徐天祐注：掛，《子胥傳》作「抉」。

按：掛，《說苑·正諫》亦作「抉」，《國語·吳語》作「縣」，爲「懸」之古
　　字。

（24）寡人聞之：「君不賤有功之臣，父不憎有力之子。」

按：羅振玉《鳴沙石室佚書》所藏敦煌寫本《太公家教》：「明君不愛邪佞之
　　臣，慈父不愛無力之子。」又「慈父不愛無力之子，只愛有力之奴。」

（25）於是子胥據地垂涕

按：據，按據，謂以手爬地。本書《勾踐入臣外傳》：「越王夫人乃據船哭。」
　　義同。張覺曰：「據，通『踞』，蹲或坐。」非也。

（26）未諫不聽

　　　周生春曰：徐乃昌曰：「『未』字疑誤。」按「未」似可作昧解。

按：未，讀爲昧，猶言冒犯。昧諫，猶言昧死以聞也。張覺曰：「未謂將來。
　　《廣雅》：『未，續也。』」其說非也，《廣雅》「未」是連屬之義。

（27）乃使人賜屬鏤之劍

　　　徐天祐注：屬鏤，劍名。

按：屬鏤，亦音轉作「屬盧」、「屬婁」、「屬鹿」、「獨鹿」、「轆轤」、「鹿盧」
　　〔註51〕。

（28）子胥因隨流揚波，依潮來往，蕩激崩岸

按：《玉海》卷 23、《記纂淵海》卷 74 引同，《類聚》卷 9 引下二句作「成
　　濤激岸，隨潮來往」，蓋臆改。崩，《咸淳臨安志》卷 31、《方輿勝覽》

---

〔註51〕參見蕭旭《「鹿車」名義考》。

卷 1 引作「隄」，《夢粱錄》卷 12 引作「堤」。

## （29）夫子胥，先王之老臣也。不忠不信，不得為前王臣

按：「先」當作「前」，本書例以「前」爲「先」。

## （30）闕為深溝

徐天祜注：闕，義與「掘」同。

周生春曰：深，各本作「闌」，此據《初學記》卷 6 所引及《國語・吳語》改。

按：《初學記》卷 6 引作「掘爲深溝」，《治要》卷 12 引作「堀爲漁溝」，《國語・吳語》作「闕爲深溝」，韋昭注：「闕，穿也。」《漢書・地理志上》顏注引《國語》作「掘溝」。「堀」、「掘」、「闕」字通。《御覽》卷 75、《吳郡圖經續記》卷中引《國語》作「開爲深溝」，《御覽》有注：「開，掘地。」《困學紀聞》卷 2、《吳郡圖經續記》卷中皆謂《國語》「深溝」即指「邗溝」，「闌」即「邗」之音轉，周氏改字非也。「漁」字誤也。

## （31）清旦怀丸持彈

周生春曰：旦，《吳郡志》卷 20 引作「且」，《治要》卷 12、《御覽》卷 305 引作「朝時」。持，《治要》、《御覽》引作「挾」。

按：《御覽》卷 946 引作「且」、「挾」。「且」乃「旦」形誤。清旦，《御覽》卷 305 引作「請朝時」，非也。《說苑・正諫》作「操彈」，義同。

## （32）衣裌履濡

徐天祜注：「裌」當作「浹」，沾也。

周生春曰：浹，各本均作「裌」，誤。《御覽》卷 305 引作「沾」，卷 946 引作「浹」。此據《治要》卷 12 所引改。下同。

按：二氏說是也，《說苑・正諫》作「露沾其衣」，「浹」、「沾」與「浹」義同。《吳郡志》卷 20 引已誤作「裌」。

## （33）子何為浹衣濡履，體如斯也

按：「體」即涉「履」字而衍，十字作一句讀。《治要》卷 12 引作「何爲如

此也」，《說苑‧正諫》作「何苦沾衣如此」。

（34）不知螳蜋超枝緣條，曳腰聳距，而稷其形

徐乃昌曰：宋本「稷」作「褮」，亦費解。

周生春曰：曳腰聳距，《吳郡志》卷 20 引同，《治要》卷 12 引作「申要舉刃」，《御覽》卷 305 引作「曳腰舉刃」，卷 946 引作「曳要舉刃」。稷，《治要》引作「繧」，《御覽》卷 305 引作「援」，卷 946 引作「哺」，宋本及《吳郡志》卷 20 引作「褮」。按「褮」通作「稷」，「稷」又與「昃」通。昃音側，日西斜，側也。孫詒讓曰：「稷當讀爲側。」

按：「曳」爲「申」形誤。「稷」疑爲「稷」之誤，聚束、聚斂也，字亦作「揔」。《莊子‧則陽》：「是稷稷何爲者耶？」郭象注：「稷，音總，聚貌。」《釋文》：「稷，音揔，字亦作揔。李云：『聚貌。』又作稷，一本作稷（？）。」《慧琳音義》卷 1 引《考聲》：「揔，攝也。」本字作「總（緫）」，《說文》：「總，聚束也。」

（35）夫螳蜋翕心而進，志在有利

周生春曰：翕心而進，《吳郡志》卷 20 引同，《御覽》卷 305 引作「貪心時進」，卷 946 引作「貪心務進」，《治要》卷 12 引作「愈心財進」。

按：「翕心」是，翕猶言收斂。本書《勾踐陰謀外傳》：「翕心咽煙。」亦其例。「時」、「務」皆誤，「財」又「時」之形誤。

（36）徘徊枝陰

按：陰，《治要》卷 12、《御覽》卷 305、946 引作「葉」。

（37）瓟跳微進

盧文弨曰：「瓟」無考，似從脈，亦不見字書。「跳」亦無考，或是「跳」字。

周生春曰：瓟，弘治本、《古今逸史》本、《吳郡志》卷 20 引同，北圖本作「跳」。

按：明‧楊慎曰：「按字書及《說文》無『瓟跳』字，《玉篇》有『瓟跳』字。瓟，細行，兩足不相過。跳，急行而輕也。於義亦合。當音畾越。」

〔註52〕明人方以智、今人薛正興、張覺並取其說，方氏又指出「今蜀、滇之間有此語」〔註53〕。楊氏改「跐」作「趹」，形、聲俱遠。且「趹」訓兩足不相過，指兩足不能相越過〔註54〕，與「跐」訓急行而輕，義不相屬。楊說不可從也。此字當從「脈」，不從「瓜」。「跐蹴」疑本當從目作「眽瞇」，後人以其言微進，而改從足旁，而義遂晦矣。（a）《說文》：「眽，目財（邪）視也。」〔註55〕字亦作覛，音義並同。《說文》：「覛，衺視也。」《國語·周語上》：「古者大史順時覛土。」韋昭注：「覛，視也。」字亦作覓，《廣雅》：「眽、覓，視也。」鳥視之專字從鳥作鸎、鷪、鸎，《集韻》：「鸎，鳥驚視。」又「鷪，鳥驚視。」《重訂直音篇》卷6：「鸎，音麥，鳥驚視。鷪，同上。」《文選·射雉賦》：「靡聞而驚，無見自鸎。」李周翰注：「鸎，猶疑也，此多驚疑之雉也。」俗字訛作「覓」。（b）《廣雅》：「瞁，視也。」《集韻》音枯含切。字亦作瞯，《說文》：「瞯，江淮之間謂眄曰瞯。」又「眄，一曰衺視也。」《方言》卷3：「瞯，眄也。吳、揚、江淮之間或曰瞯。」《孟子·離婁下》：「王使人瞯夫子。」趙岐注：「瞯，視也。」字亦作覵，《廣雅》：「覵，視也。」字或省作間，《廣雅》：「間，覗也。」間當讀閑音。音轉又作闞，《說文》：「闞，望也。」《廣雅》：「闞，視也。」字亦作瞰，《漢書·揚雄傳》《河東賦》：「瞰帝唐之嵩高兮，眽隆周之大寧。」〔註56〕顏師古曰：「瞰、眽，皆視也。」《慧琳音義》卷88「斜瞰」條引《字書》「瞰，望也，視也」，并指出「亦作闞」。字亦作矙，《孟子·滕文公下》趙岐注：「矙，視也。」朱熹注：「矙，

---

〔註52〕楊慎《俗言》卷1，收入《叢書集成初編》第336冊，中華書局1985年影印，第5頁。

〔註53〕方以智《通雅》卷49，收入《方以智全書》第1冊，上海古籍出版社1988年版，第1458頁。原點校者誤以「當音轟越」爲方氏語，今據《俗言》原書改正。薛正興《〈吳越春秋〉詞語校釋》，《社會科學戰線》1988年第3期，第277頁；又收入《薛正興文存》，鳳凰出版社2011年版，第65頁。

〔註54〕《穀梁傳·昭公二十年》：「兩足不能相過，齊謂之綦，楚謂之踂。」《釋文》引劉兆曰：「踂，聚合不解也。」《御覽》卷82引《尸子》：「（禹）生偏枯之病，步不相過，人曰禹步。」《呂氏春秋·行論》、《求人》并云：「（禹）步不相過。」《類聚》卷11引《帝王世紀》：「故世傳禹病偏枯，足不相過，至今巫稱禹步是也。」以其「步不相過」，故《荀子·非相》稱爲「禹跳」。

〔註55〕《廣韻》引《說文》「財」作「邪」。

〔註56〕《文選·和琅邪王》李善注引「眽」誤作「眿」。

窺也。」宋・王觀國《學林》卷 10：「此矙字，音苦暫切，亦視也，在《字書》爲瞰，亦作矙。」「眽矙」即《甘泉賦》之「眽瞰」。眽瞰微進，言螳蜋窺視著而慢慢前進也。

### （38）夫黃雀但知伺螳蜋之有味

按：但，《治要》卷 12 引誤作「伹」，下同。

### （39）闇忽墜埳中，陷於深井

周生春曰：《治要》卷 12 引作「掩忽陷墜於深井也」，茲據補一「墜」字。

按：「闇忽」即「掩忽」，亦即「奄忽」。字又作「晻忽」，《隸釋》卷 6 東漢《敦煌長史武斑碑》：「晻忽徂逝。」字又作「晻曶」，《隸釋》卷 1 漢《平輿令薛君碑》：「晻曶薨殂。」《隸續》卷 19《冀州從事郭君碑》：「晻曶而終。」又作「飍飇」、「霍飇」，明・楊愼《譚苑醍醐》卷 6：「優俙之作靉靉，字從雲；猶奄忽之作飍飇，字從風。優俙不明莫如雲，奄忽迅速莫如風也。」又《古音叢目》卷 3：「霍，古文『奄忽』作『霍飇』。」

### （40）但貪前利，不覩後患

按：《戰國策・秦策四》：「設利於前，而易患於後也。」劉本「設」作「沒」，是。沒亦貪也。《韓詩外傳》卷 10：「此皆言前之利，而不顧後害者也。」《書鈔》卷 124、《類聚》卷 60、《御覽》卷 350 引「言」作「貪」。言，猶欲也，貪也〔註57〕。《說苑・正諫》：「此三者，皆務欲得其前利，而不顧其後之有患也。」〔註58〕正作「欲」字。《鹽鐵論・結和》：「登得前利，不念後咎。」「登得」亦即「貪得」。

### （41）吾道遼遠

按：遼，公序本《國語・吳語》作「悠」，慈利竹書同；明道本《國語》作「修」，《資治通鑑外紀》卷 9 同。《慧琳音義》卷 9 引賈逵曰：「悠，長

---

〔註57〕《史記・管晏列傳》：「管仲貧困，常欺鮑叔，鮑叔終善遇之，不以爲言。」《索隱》引《呂氏春秋》：「管仲與鮑叔同賈南陽，及分財利，而管仲常欺鮑叔，多自取，鮑叔知其有母，不以爲貪。」下文「管仲曰：『吾始困時，嘗與鮑叔賈分財利，多自與，鮑叔不以我爲貪，知我貧也。』」

〔註58〕《御覽》卷 12 引作「如此者，爲窺其利，而不思後患」，《事類賦注》卷 3 引作「此者爲貪其利，而不思後患」。

也。」是賈本亦作「悠」。修讀爲悠，《補音》云：「本多作『悠』，並通。」
《穆天子傳》卷 3：「白雲在天，山陵自出。道里悠遠，山川間之。」《類
說》卷 1 引作「修遠」。《御覽》卷 85 引《歸藏》：「龍降於天，而道里
脩遠，飛而冲天，蒼蒼其羽。」亦作「脩遠」。

## （42）請王屬士，以明其令

按：《國語・吳語》作「請王厲士，以奮其朋勢」。「屬」當作「厲」。

## （43）鷄鳴而定陣，去晉軍一里

按：「陣」上當據《國語・吳語》補「既」字。「既陣」二字爲句。

## （44）王親秉鉞，戴旗以陣而立

按：下句《國語・吳語》作「載白旗以中陳而立」。戴，讀爲載。此文「陣」
上脫「中」字。

## （45）三軍譁吟以振其旅

按：吟，《國語・吳語》作「釦」，韋昭注：「譁釦，讙呼。」王念孫曰：「釦，
當讀爲听，字或作呴，俗作吼。《一切經音義》卷 19 引《國語》作『三
軍譁呴』，又引賈逵注云：『呴，譁也。』」〔註59〕「吟」疑爲「呴」之誤。

## （46）吳王親對曰：「天子有命，周室卑弱，約諸侯貢獻，莫入王府，
上帝鬼神而不可以告無，姬姓之所振懼，遣使來告，冠蓋不絕於
道。」

按：《荀子・宥坐》楊注：「約，弱也。」此文「約」字衍文，《國語・吳語》
正無「約」字。「無」字當屬下句，《國語》作「無姬姓之振也」。韋昭
注：「振，救也。」本書作「振懼」，即「震懼」，誤解《國語》文義。

## （47）童褐將還，吳王躡左足，與褐决矣

按：「躡左足」云云，當有脫誤。考《國語・吳語》作：「董褐將還，王稱左
畸曰：『攝少司馬茲與王士五人，坐於王前。』乃皆進，自剄於客前以
酬客。」韋昭注：「賈、唐二君云：『稱，呼也。左畸，軍左部也。攝，
執也。少司馬茲與王士五人，皆罪人死士。剄，到也。酬，報也。』」「躡」

---

當作「攝」。

## （48）主君宜許之以前期，無以爭行而危國也

按：《國語‧吳語》作「主其許之先，無以待危」。其，猶宜也、當也，命令之辭〔註60〕。

## （49）與楚昭王相逐於中原天

按：相，《國語‧吳語》「毒」。

## （50）天舍其忠

徐天祐注：忠，《國語》作「哀」。

按：忠，《國語‧吳語》作「衷」，善也。「哀」字誤。

## （51）今齊不賢於楚，又不恭王命，以遠辟兄弟之國

徐天祐注：賢，《國語》作「鑒」。

按：賢，讀爲鑒。下文「不覽於斯」，覽亦讀爲鑒。《董子‧俞序》：「故子貢、閔子、公肩子，言其切而爲國家賢。」賢亦讀爲鑒。一本「賢」作「資」，誤也。劉師培曰：「賢字疑係覽訛，爲國家覽即國之鑒也。」〔註61〕

## （52）周王答曰：「伯父令子來乎，盟國一，人則依矣，余實嘉之。」

按：此文不通，疑有脫誤。《國語‧吳語》作「苟伯父命女來，明紹享余一人，若余嘉之」。

## （53）目視茫茫，行步倡狂，腹餒口饑，顧得生稻而食之

周生春曰：《御覽》卷839引作「見生稻而取食」。

按：「顧得」當從《御覽》所引作「顧見」，「食」上亦當補「取」字。得，《吳郡志》卷8、15引已誤。「見」訛作「尋」，即「得」古字。生稻，指野生水稻。《越絕書‧記吳王占夢》作「持籠稻而凔之」，籠讀爲櫳，謂稻有病不結實者〔註62〕。

---

〔註60〕參見蕭旭《古書虛詞旁釋》，廣陵書社2007年版，第179頁。
〔註61〕劉師培《春秋繁露斠補》，收入《劉申叔遺書》，江蘇古籍出版社1997年版，第1013頁。
〔註62〕參見蕭旭《〈越絕書〉古吳越語例釋》。

（54）王行，有頃，因得自生之瓜，已熟，吳王掇而食之

　　　　周生春曰：自生之瓜，各本作「生瓜」，據下文及《類聚》卷 87、《御覽》
　　　　卷 978、《事類賦注》卷 27 所引補。

　按：生瓜，即自生之瓜，不必補字。上文「生稻」，亦即自生之稻，同一
　　　文例。因，猶又也〔註 63〕。「得」亦當作「見」，《類聚》卷 87、《御
　　　覽》卷 978、《事類賦注》卷 27 引已誤作「得」。掇，拾取也，《御覽》
　　　引同，《事類賦注》引誤作「撰」。

（55）子胥所謂且食者也

　　　　周生春曰：且，北圖本、弘治本作「且」，據宋本及《古今逸史》本改。

　按：《四庫》本亦作「且」，陳厚耀曰：「『且』字疑悮。」〔註 64〕子胥所言無
　　　考，疑「且」讀子魚切，借為「茹」，《方言》卷 7：「茹，食也，吳、
　　　越之間凡貪飲食者謂之茹。」郭璞注：「今俗呼能麤食者為茹。」

（56）太宰噽曰：「死與生，敗與成，故有避乎？」

　按：故，讀為胡，猶豈也，何也〔註 65〕。故有，猶言哪有。張覺曰：「故，
　　　通『固』。有，猶能。」非也。《越絕書·敘外傳記》：「死與生，敗與成，
　　　其同奈何？」

（57）吳王仰天呼曰：「寡人豈可返乎，寡人世世得聖也。」

　　　　徐天祐注：「得」字下當有「事」字，《越絕》云：「今寡人得邦，誠世世
　　　　相事。」

　按：得，讀為德，猶言感激。張覺曰：「得，當作『侍』，形近而誤。」亦未
　　　確。《越絕書·外傳記吳王占夢》「今」作「令」。誠，讀為請。

（58）大夫何慮乎

　按：《御覽》卷 486 引作「子大夫何不虞之」。虞，憂也。

---

〔註 63〕參見蕭旭《古書虛詞旁釋》，廣陵書社 2007 年版，第 29～30 頁。
〔註 64〕陳厚耀《春秋戰國異辭》卷 37，收入景印文淵閣《四庫全書》第 403 冊，臺
　　　　灣商務印書館 1986 年初版，第 760 頁。
〔註 65〕參見裴學海《古書虛字集釋》，中華書局 1954 年版，第 327～328 頁。

（59）夫齊、晉無返逆行，無僭侈之過，而吳伐二國，辱君臣，毀社稷，
　　　大過四也

按：「行」上當補「之」字。返，讀爲反。

（60）越王謹上刻青天，敢不如命

　　　周生春曰：刻，《古今逸史》本作「刌」，苗麓本作「列」，此據北圖本、
　　　弘治本。

按：《四庫》本作「列」，《記纂淵海》卷 134 引作「刻」〔註66〕。是宋人所
　　　見作「刻」，「刌」、「列」皆訛字。

（61）吳王曰：「誠以今日聞命。」

按：誠，讀爲請。

（62）死必連繫組以罩吾目

　　　徐天祜注：《國語》「組」字上有「結」字。

　　　周生春曰：連繫組以罩，《御覽》卷 815 引作「結璧連組以幕」。

按：《國語》無此文。今本脫「結」字，「璧」當作「繫」，本指捕鳥之翻車
　　　網，此指網罩。

（63）恐其不蔽，願復重羅繡三幅，以為掩明

按：《御覽》卷 815 引「願」作「即」，「幅」作「俺」，「掩」作「奄」。「即」、
　　　「俺」並誤。掩明，掩覆其眼珠也。《禮記·檀弓上》：「子夏喪其子而
　　　喪其明。」鄭玄注：「明，目精。」「精」同「睛」，指眼珠子。字或作
　　　名，《爾雅》：「目上爲名。」郭璞注：「眉眼之間。」字又作顕，《玉篇》：
　　　「顕，《詩》云：『猗嗟顕兮。』顕，眉目間也，本亦作名。」今《詩·
　　　猗嗟》作「名」。字又作銘，《太玄·差》：「輔銘滅麋。」司馬光注：「銘，
　　　當作名。」方以智曰：「輔銘，言輔頰與顕也。言陷及頰顕以沒眉。滅
　　　麋，即滅眉，古通也。」〔註67〕字又作眳，《文選·西京賦》：「眳藐流

〔註66〕《記纂淵海》據《北京圖書館古籍珍本叢刊》影印宋刻本，第 71 冊，第 569
　　　　頁；《四庫》本在卷 73，引同。
〔註67〕方以智《通雅》卷 18，收入《方以智全書》第 1 冊，上海古籍出版社 1988
　　　　年版，第 622 頁。

眄，一顧傾城。」薛綜注：「眄，眉睫之間也。」楊慎曰：「眄、䁲字異音同義。」〔註68〕五臣本作「昭邈」，《類聚》卷 61 引同，皆非也。

## （64）王使軍士集於我戎之功，人一隔土以葬之

徐天祐注：《越絕》「隔」作「累」。

按：「隔」字誤，《越絕書・外傳記吳地傳》作「越王候干戈人一累土以葬之」，《史記・吳世家》《集解》作「壈」，皆「蘽」借字。劉敦願謂「干戈」是「戎」字誤分作二字，「戎人」即「戎工」（「戎之功」衍「之」），亦即「軍士」〔註69〕。可參。薛正興曰：「我，殺也。戎，伐也。」〔註70〕非是。

## 《越王無余外傳第六》校補

## （1）鯀娶於有莘氏之女，名曰女嬉

徐天祐注：《世本》曰：「鯀娶有辛氏女，謂之女志，是生高密。」

按：《史記・夏本紀》《索隱》、《御覽》卷 135 并引《世本》，作「女志」。《大戴禮記・帝繫》：「鯀娶於有莘氏，有莘氏之子謂之女志氏，產文命。」《路史》卷 22：「初鯀納有莘氏曰志。」羅苹注引《帝系》亦作「女志」，并指出「傳作『有蟜女嬉』，故記多作女嬉，失之」。「嬉」當作「媐」，同「志」。《玉篇》：「媐，有莘之女，鯀娶之，謂之女媐。」《史記・外戚世家》《索隱》引皇甫謐曰：「后名媐，音志。」汪照校《大戴》曰：「女志，《吳越春秋》作『女嬉』，與此不同。」〔註71〕但知其異，而莫能辨正也。

## （2）年壯未孳

按：盧文弨曰：「『孳』與『字』同。」《路史》卷 22「未孳」作「不字」。

〔註68〕楊慎《升菴集》卷 52，收入景印文淵閣《四庫全書》第 1270 冊，臺灣商務印書館 1986 年初版，第 449 頁。

〔註69〕劉敦願《讀〈越絕書〉與〈吳越春秋〉札記》，《東南文化》1987 年第 1 期，第 46 頁。

〔註70〕薛正興《〈吳越春秋〉詞語校釋》，《社會科學戰線》1988 年第 3 期，第 279 頁；又收入《薛正興文存》，鳳凰出版社 2011 年版，第 67 頁。

〔註71〕汪照《大戴禮注補》，收入《續修四庫全書》第 107 冊，上海古籍出版社 2002 年版，第 315 頁。

孳，讀爲字，女子許嫁曰字。張覺曰：「字，生育、生子。」大誤。

## （3）循江泝河，盡濟甄淮

徐天祜注：「甄」字不通，疑「甄」字之誤。

按：「甄」、「甄」形聲俱遠，無緣致訛。《廣韻》：「甄，視也。」又「甄，察也。」言大禹視察江河濟淮也。

## （4）冠掛不顧，履遺不躡

按：《淮南子・原道篇》：「禹之趨時也，履遺而弗取，冠掛而弗顧。」又《修務篇》高注：「聖人趨時，冠餃弗顧，履遺不取。」《鹽鐵論・相刺》：「簪墮不掇，冠掛不顧。」《路史》卷 22：「冠罣而弗顧，屐稅而弗納。」「稅」同「脫」。

## （5）復返歸嶽，從三子，乘四載以行川

周生春曰：宋本有「從三子」三字。

按：《玉海》卷 15 引亦有「從三子」三字。

## （6）禹三十未娶，行到塗山

周生春曰：禹，《初學記》卷 29、《御覽》卷 909 引下有一「年」字。

按：《唐開元占經》卷 116、《書鈔》卷 106、《類聚》卷 99、《御覽》卷 82、571、《能改齋漫錄》卷 7、《古今合璧事類備要》前集卷 60、《錦繡萬花谷》前集卷 18、《路史》卷 22 羅苹注引《呂氏春秋》「禹」下亦有一「年」字。今本《呂氏春秋》無其文，當即「吳越春秋」誤記。

## （7）恐時之暮，失其度制，乃辭云：「吾娶也，必有應矣。」

周生春曰：其度制，《初學記》卷 29 引作「嗣」，《御覽》卷 909 引作「辭」。

按：《御覽》卷 909 引作「恐時暮，失辭曰」，有脫文，其「辭」即下文「乃辭」之「辭」，周氏莫辨。《樂府詩集》卷 83 引作「失嗣」，同《初學記》；《類聚》卷 99、《能改齋漫錄》卷 7 引《呂氏春秋》亦同。《唐開元占經》卷 116 引《呂氏春秋》作「思時晚慕（暮），失制」，《御覽》卷 82、《路史》卷 22 羅苹注引《呂氏春秋》作「恐時暮，失制」。「制」即「嗣」音誤，而今本復增一「度」字，失其舊文矣。

（8）禹曰：「白者，吾之服也；其九尾者，王之證也。」

　　周生春曰：王之，《初學記》卷 29 引作「其」，《御覽》卷 909 引作「王」。

　按：《樂府詩集》卷 83 引作「王之」，《唐開元占經》卷 116、《類聚》卷 99、
　　　《御覽》卷 571、《能改齋漫錄》卷 7 引《呂氏春秋》作「其」。證，讀
　　　爲徵，《唐開元占經》引作「徵」。《路史》卷 22 羅苹注引《呂氏春秋》
　　　作「白者，五服也；九尾者，陽數也」，蓋妄改。

（9）塗山之歌曰：「綏綏白狐，九尾龐龐；我家嘉夷，來賓為王；成家
　　　成室，我造彼昌。」

　按：綏綏，《錦繡萬花谷》前集卷 18、《古今合璧事類備要》前集卷 60 引
　　　《呂氏春秋》誤作「綏綏」。《詩・有狐》：「有狐綏綏，在彼淇梁。」
　　　毛傳：「綏綏，匹行貌。」又《南山》：「南山崔崔，雄狐綏綏。」詩
　　　人用此塗山之歌也。《說文》作「夊」，云：「夊，行遲曳夊夊，象人
　　　兩脛有所躧也。」《玉篇》：「夊，行遲皃。《詩》云：『雄狐夊夊。』
　　　今作綏。」字亦作俀、跢、趖，肥胖行遲貌〔註72〕。龐龐，《初學記》
　　　卷 29、《御覽》卷 909、《樂府詩集》卷 83 引作「龐龐」，《書鈔》卷
　　　106、《御覽》卷 571、《古今合璧事類備要》引《呂氏春秋》同，《唐
　　　開元占經》卷 116、《類聚》卷 99、《御覽》卷 571、《能改齋漫錄》卷
　　　7、《錦繡萬花谷》引《呂氏春秋》作「龐龐」，并同「蓬蓬」。《山海
　　　經・海內經》：「北海之內，有山名曰幽都之山，黑水出焉，其上有……
　　　玄狐蓬尾。」郭璞注：「蓬，叢也。《說苑》曰：『蓬狐、文豹之皮。』」
　　　《御覽》卷 909 引注作：「蓬蓬其尾也。《說苑》曰：『蓬狐、文豹。』」
　　　〔註73〕造，《初學記》、《御覽》卷 909、《樂府詩集》引作「都」，《書
　　　鈔》、《唐開元占經》、《類聚》、《御覽》卷 571、《能改齋漫錄》、《錦繡
　　　萬花谷》、《古今合璧事類備要》引《呂氏春秋》同。彼，《唐開元占
　　　經》、《御覽》卷 571、909 引同，《初學記》、《樂府詩集》、《能改齋漫
　　　錄》、《錦繡萬花谷》、《古今合璧事類備要》引作「攸」，《類聚》引作
　　　「悠」。「彼」爲「攸」形誤，與「悠」同，讀爲「由」。唐・崔融《嵩

〔註72〕參見蕭旭《敦煌變文校補（二）》之《〈佛說觀彌勒菩薩上生兜率天經講經文〉
　　　校補》。
〔註73〕今本《說苑・政理》作「封狐」，借字。

山啓母廟碑》：「予娶有禮，我都攸昌。」崔氏顯用此典，是所見亦作「攸」字也。

### （10）天人之際，於茲則行，明矣哉

按：此三句，周生春不作歌詞內容；《樂府詩集》卷 83、《古詩紀》卷 1、《古樂苑》引並作《塗山之歌》的歌辭，是也，行、明並叶。

### （11）禹因娶塗山女，謂之女嬌

按：《廣韻》引《廣雅》：「嬌，禹妃之名。」《類聚》卷 15 引《列女傳》：「啓母塗山之女者，夏禹之妃，塗山女也，曰女嬌。」魏・曹植《禹妻贊》：「禹娶塗山，土功是急。聞啓之生，過門不入。女嬌達義，明勳是執。」《大戴禮記・帝繫》：「禹娶于塗山氏，塗山氏之子謂之女憍氏。」《漢書・古今人表》：「女趫，禹妃，塗山氏女，生啓。」憍、嬌、趫，并通用字。《路史》卷 22：「（禹）年三十娶于塗山氏，曰趫。」羅苹注：「《世本》、《廣雅》作嬌，繆。」羅氏謂「作嬌繆」，則拘矣。《史記・夏本紀》《索隱》引《系本》：「塗山氏女名女媧。」并云：「是禹娶塗山氏號女媧也。」《正義》引《帝繫》：「禹娶塗山氏之子，謂之女媧。」「媧」乃「嬌」字之誤，羅苹所見《世本》作「嬌」，今本《帝繫》作「憍」，皆其確證。《御覽》卷 135 引《帝王世紀》：「禹始納塗山氏女曰女媧。」亦誤。明・陳士元《名疑》卷 4：「古今姓名同者甚多……伏羲妹女媧，禹娶塗山氏亦名女媧。」此承小司馬《索隱》誤說，而不能辨正也。

### （12）取辛壬癸甲。禹行十月，女嬌生子啟。

徐天祐注：《呂氏春秋》曰：「禹娶塗山氏女，不以私害公，自辛至甲四日，復往治水。」

按：當點作「取辛壬，癸甲禹行。十月，女嬌生子啟」。徐注所引《呂氏》，《水經注》卷 30 引同，今本佚。《呂氏》云「自辛至甲四日」，其意至明。言禹於辛壬日娶妻，癸甲日即去治水，居止僅四日也。《書・益稷》：「娶于塗山，辛壬癸甲。」孔傳：「辛日娶妻，至於甲日，復往治水。」《類聚》卷 15、《御覽》卷 135、《路史》卷 22 羅苹注引《列女傳》：「禹娶四日而去治水。」其說亦皆合。今本《列女傳》卷 1：「既

生啓，辛壬癸甲，啓呱呱泣，禹去而治水。」則謂生啓後四日而去治水，其文有訛脫顛倒，當據《類聚》、《御覽》引乙正〔註74〕。《史記・夏本紀》云：「禹曰：『予辛壬娶塗山，癸甲生啓。』」《索隱》已斥其癸甲生子之說妄，云：「豈有辛壬娶妻，經二日生子？不經之甚。」《路史》卷22亦駁之，皆是也。又睡虎地秦簡《日書》甲種：「癸丑、戊午、己未，禹以取梌（塗）山之女日也。」〔註75〕與諸書不合。

## （13）使大章步東西，豎亥度南北

徐天祐注：《淮南子》：「禹使太章步自東極，至於西垂；豎亥步自南極，盡於北垂。」許慎曰：「太章、豎亥，善行人，皆禹臣。」

按：《玉海》卷15引作「豎亥」。《淮南子・墜形篇》作「豎亥」，《御覽》卷36、《事類賦注》卷6引作「竪亥」。《山海經・海外東經》作「竪亥」，《唐開元占經》卷4、《初學記》卷5、《後漢書・郡國志》劉昭注引作「豎亥」，《玉海》卷17引作「孺亥」。《路史》卷22：「乃命豎㑊步經，大章行緯。」「竪」爲「豎」俗字，餘並同音借字。《廣韻》、《龍龕手鑑》：「㑊，堅㑊，神人。」《集韻》：「㑊，豎㑊，神人也，通作亥。」「堅」即「豎」之形訛〔註76〕。「㑊」即涉「堅」而加「立」旁，乃「亥」增旁俗字。豎（竪）之言孺也，指童子未冠者。亥（㑊）之言孩，與「豎（孺）」同義連文。《玉海》卷15：「王母之國，孺亥之筭。」

## （14）暢八極之廣，旋天地之數

按：暢，讀爲長，音丈。《集韻》：「長，度長短曰長。」旋，讀爲圓。《說文》：「圓，規也。」《古文苑》卷17漢・蔡邕《篆勢》：「爲學藝之範圓。」〔註77〕章樵注：「圓，音旋，規也，所以爲圓。」規即象天體之圓，以度量之也。張覺曰：「旋，旋轉，引申指普遍。」非也。

〔註74〕馬瑞辰有補正，轉引自臧庸《列女傳補注校正》，收入《續修四庫全書》第515冊，上海古籍出版社2002年版，第755頁。馬氏未引《類聚》、《御覽》。梁端亦疑今本誤，《列女傳校注》卷1，廣文書局1987年版，第2頁。

〔註75〕《睡虎地秦墓竹簡》，文物出版社1990年版，第208頁。

〔註76〕參見郝懿行《山海經箋疏》卷9，中國書店1991年版，無頁碼；趙少咸《廣韻疏證》，巴蜀書社2010年版，第1817頁。二氏謂「豎」字之譌，稍隔。

〔註77〕《四庫》本「圓」作「圓」，字同。

（15）於是……徊崑崙，察六扈，脈地理，名金石

　　　孫詒讓曰：「『六』疑當作『玄』。」

按：徊崑崙，《玉海》卷 20 引同，《路史》卷 22 作「而裴回乎昆侖」。徊，
　　徘徊。六扈，《玉海》卷 20 引同，《路史》卷 22 亦同，是宋人已誤。

（16）寫流沙於西隅，決弱水於北漢

按：《玉海》卷 20 引同。《路史》卷 4 作「泄流沙于西陲，決弱水于北淢」，
　　又卷 22 作「泄流沙于西隅，決弱水于北漢」。「淢」即「漢」或體。「北
　　漢」其地待考。張覺改作「北漠」，無據。

（17）青泉赤淵分入洞穴

按：入，《玉海》卷 20 引同，《路史》卷 22 作「八」。疑「入」字是。

（18）疏九河於滑淵，開五水於東北

　　　周生春曰：滑，《古今逸史》本作「潛」，此據北圖本、弘治本。

按：《玉海》卷 20 引作「滑」。《路史》卷 22 作「䟽九河於縎淵，道五水於
　　東北」。「淵」為「淵」省，見《說文》。「縎」即「滑」借字。《賈子·
　　修政語上》：「故䟽河而導之九牧（岐），鑿江而導之九路，澄五湖而定
　　東海。」〔註 78〕向宗魯、蔣禮鴻謂「䟽」乃「鬎」之誤〔註 79〕，實當
　　作「鬎」，同「劀」。《淮南子·要略篇》：「劀河而道九岐。」許注：「劀，
　　洩去也。」《御覽》卷 82、764 引「劀」作「疏」。《說苑·君道》：「（禹）
　　故疏河以導之。」盧文弨曰：「䟽與環同。」〔註 80〕非也。「滑淵」其地
　　待考。

（19）禹服喪三年，形體枯槁，面目黎黑

　　　周生春曰：喪，據《御覽》卷 82 引補。《御覽》卷 82 引「形」字前有「朝
　　夕號泣」四字。

〔註 78〕早稻田大學藏西山堂本《路史·後紀》卷 13「導」作「涓」，「澄」作「鄧」；
　　　　《四庫》本「澄」作「疏」。
〔註 79〕參見向宗魯《說苑校證》，中華書局 1987 年版，第 7 頁。蔣禮鴻《義府續貂》，
　　　　收入《蔣禮鴻集》卷 2，浙江教育出版社 2001 年版，第 79 頁。
〔註 80〕盧文弨《賈誼新書》校本，收入《諸子百家叢書》，上海古籍出版社影印浙江
　　　　書局本 1989 年版，第 69 頁。

按：「喪」字不必補，《路史》卷 22 羅苹注引亦無此字。當據《御覽》補「朝夕號泣」四字，羅苹注引作「朝夕旅位」，字雖有誤，然可證當有此四字也。

## （20）內美釜山州慎之功，外演聖德，以應天心

徐天祐注：「慎」當作「鎮」。

周生春曰：州慎，嘉泰《會稽志》卷 9 引作「別鎮」。

按：《四庫》本《會稽志》卷 9 引作「州鎮」。「別」當為「州」形誤，「慎」當為「塡」形誤。考《越絕書・外傳記地傳》：「覆釜者，州土也，塡德也，禹美而告至焉。」正作「塡」字。「塡」即「鎮」借字。《路史》卷 22 作「外美州麋息慎之功，內演龍德，以當天心」，羅氏不知「慎」為「塡」誤，因改竄其文作「州麋息慎」以求通。然此文「內」、「外」二字，當據《路史》互易。

## （21）吾聞食其實者，不傷其枝；飲其水者，不濁其流

按：此為當時諺語。上博楚簡（五）《弟子問》：「子曰：『剌（列）乎其下，不斬（折）其枳（枝）；食其實〔者，不毀其器〕。』」〔註81〕郭店楚簡《語叢四》：「利木侌（陰）者，不折其枳（枝）；利其渚者，不賽（塞）其溪。」〔註82〕《韓詩外傳》卷 2：「田饒曰：『臣聞食其食者，不毀其器；陰其樹者，不折其枝。』」〔註83〕《淮南子・說林篇》：「食其食者，不毀其器；食其實者，不折其枝。」

## （22）乃納言聽諫，安民治室，居麋山，伐木為邑，畫作印，橫木為門

按：《路史》卷 22：「伐麋山而邑之。」是「麋山」為山名，專字作巊，《玉篇》：「巊，山。」《集韻》：「嶶，山名。」字亦作巇，《玉篇》：「巇，山。」《集韻》：「巇，山名。」然其地今已無考。張覺點作「安民治室居，麋山伐木爲邑」，並注云：「麋，隨也。」其說非是。《路史》卷

<hr>

〔註81〕上博楚簡《弟子問》，收入馬承源主編《上海博物館藏戰國楚竹書（五）》，上海古籍出版社 2005 年版，第 281 頁。

〔註82〕郭店楚簡《語叢四》，收入《郭店楚墓竹簡》，文物出版社 1998 年版，第 217 頁。

〔註83〕《治要》卷 8、《御覽》卷 204、《記纂淵海》卷 72 引「陰」作「蔭」，《新序・雜事五》同。

23 作「於是邑之，安民治屈，以爲之法」，「屈」蓋「居」之誤，又有脫文。

## （23）鳳凰棲於樹，鸞鳥巢於側，麒麟步於庭，百鳥佃於澤

按：佃，治田、耕田，字本作「田」。下文：「禹崩之後，眾瑞並去，天美禹德，而勞其功，使百鳥還爲民田。」《越絕書・外傳記地傳》：「大越海濱之民，獨以鳥田。」又「（禹）無以報民功，教民鳥田，一盛一衰。當禹之時，舜死蒼梧，象爲民田也。」皆作本字。考《水經注》卷 1：「若蒼梧、會稽象耕鳥耘矣。」又卷 40：「昔大禹即位，十年，東巡狩，崩於會稽，因而葬之，有鳥來爲之耘。」「田（佃）」即「耘」也。

## （24）葬之後，田無改畝

周生春曰：田，北圖本、弘治本、《古今逸史》本均作「日」，此據宋本改。

按：「田」字是，《路史》卷 22 作「畬不易畖」，「畬」爲耕種三年的田。

## （25）有人生而言語，其語曰「鳥禽呼」，嘔喋嘔喋，指天向禹墓曰

按：疑當乙作：「其語曰：『鳥禽呼嘔嘔喋喋。』」是古人抄書時有省略符號造成的。句言鳥禽之聲嘔嘔喋喋也。嘔嘔，讀爲「歐歐」，用力大呼之聲。《玉篇殘卷》引《廣蒼》：「歐，大呼用力也。」《集韻》：「癏，歐聲。」喋喋，亦作「呭呭」，猶言沓沓也。

## （26）自後稍有君臣之義，號曰無壬。壬生無瞫，瞫專心守國，不失上天之命，無瞫卒，或爲夫譚，夫譚生元常

按：《路史》卷 23 羅苹注引作「壬生瞙」，本書《勾踐伐吳外傳》作「無皞」，別本作「無暉」。俞樾曰：「『無皞』當作『無瞫』。」疑「瞫」、「瞙」、「皞」、「暉」皆「譚」字形訛，「無」、「夫」音亦近。形、音之近，故「夫譚」譌作「無瞫」也。

## 《勾踐入臣外傳第七》校補

## （1）越王勾踐五年五月，與大夫種、范蠡入臣於吳

按：「與」上《御覽》卷 489、736 引有「將」字。

（2）禍為德根，憂為福堂

　按：根，《御覽》卷 489、736 引同，《記纂淵海》卷 56 引作「基」。堂，《御
　　　覽》卷 736 引誤作「嘗」。

（3）王雖牽致，其後無殃

　按：致，讀為制。《後漢書・禰衡傳》：「終軍欲以長纓牽致勁越。」李賢注：
　　　「《前書》終軍曰：『願受長纓，必羈南越王而致之闕下也。』」彼文「牽
　　　致」乃牽而致之之義，「致」讀如字，朱起鳳讀為「牽制」〔註 84〕，非
　　　也。

（4）聞古人曰：「居不幽，志不廣；形不愁，思不遠。」

　按：此文「志不廣」與「思不遠」當互易。《荀子・宥坐》：「故居不隱者思
　　　不遠，身不佚者志不廣。」《家語・在厄》：「故居下而無憂者，則思不
　　　遠；處身而常逸者，則志不廣。」《說苑・雜言》：「故居不幽，則思不
　　　遠；身不約，則智（志）不廣。」《劉子・激通》：「故居不隱者，思不
　　　遠也；身不危者，其志不廣也。」《論衡・書解》：「居不幽，思不至。」
　　　皆其證也。《御覽》卷 486、955 引《荀子》並作「思不生」，「生」為「至」
　　　之誤。《家語》「常逸」當作「不佚」。佚，讀為屑〔註 85〕，《方言》卷
　　　12：「屑，勞也。」約，窮約、愁憂。

（5）輔臣結髮，拆獄破械

　　　周生春曰：拆，《古今逸史》本作「折」，誤。此據北圖本、弘治本。

　按：「折」字是，周說偵矣。「折獄」猶言斷獄，亦作「制獄」。折、制一音
　　　之轉也。《書・呂刑》：「非佞折獄，惟良折獄。」《論語・顏淵》：「子曰：
　　　『片言可以折獄者，其由也與？』」《釋文》：「魯讀折為制。」破械，指
　　　除去器械、除去刑具。

（6）擢假海內，若覆手背

　按：擢，引也。假，讀為駕。張覺曰：「擢，取也。假，憑借，引申指凌
　　　駕、統治。」非也。

〔註 84〕 朱起鳳《辭通》，上海古籍出版社 1982 年版，第 1807 頁。
〔註 85〕 參見裴學海《古書虛字集釋》，中華書局 1954 年版，第 760 頁。

（7）大王屈厄，臣誠盡謀

按：誠，讀爲請。盡，讀爲進。

（8）夫截骨之劍，無削剟之利；刍鐵之矛，無分髮之便

按：刍，讀爲陷。分髮，猶言梳髮。

（9）今臣遂天文，案墜籍

　　周生春曰：墜，古「地」字。

按：周說本於俞樾。「遂」當作「據」，字之誤也。《廣雅》：「據，按也。」
　　據、案（按），謂查考之。張覺引《漢書・天文志》集注：「遂，猶究也。」
　　按見《藝文志》「遂知來物」顏師古注。則是「窮究」之義，未洽。

（10）雖則恨悷之心，莫不感動

按：恨悷，即「很戾」，不服也〔註86〕。

（11）今委國一人，其道必守，何順心佛命群臣

　　徐天祐注：佛，大也。言一人足矣，何必從心所欲，大命群臣也。

按：疑當作「何須費心命群臣」。

（12）夫驥不可與匹馳，日月不可並照

按：「驥」上脫「騏」字。

（13）吾顧諸大夫以其所能，而云委質而已

按：「顧」當作「願」，字之誤也。《史記・陳丞相世家》：「誠臣計畫有可采
　　者，顧大王用之。」《漢書》「顧」作「願」，亦其例。

（14）越王曰：「大夫之論是也，吾將逝矣，願〔聞〕諸君之風。」

按：逝，去也，字亦作跡，古南方語。《方言》卷1：「鰐苔、蹠，跳也，
　　楚曰跡。」

（15）履腹涉屍，血流滂滂

按：「腹」當作「腸」，字之誤也。《呂氏春秋・期賢》、《新序・雜事五》並

---

〔註86〕參見蕭旭《「懭悷」語源考》、《〈廣雅〉「狼，很也、驁也」補正》。

有「履腸涉血」之語。

## （16）遂別於浙江之上，群臣垂泣，莫不咸哀

按：咸，張覺據《四庫》本改作「感」，非也。「咸」與「莫不」同義連文。
《禮記・祭統》：「苟可薦者，莫不咸在。」《呂氏春秋・大樂》：「天地
車輪，終則復始，極則複反，莫不咸當。」《漢書・匈奴傳上》：「天下
莫不咸嘉。」皆其例。亦言「莫不悉」，《越絕書・外傳計倪》：「故身操
死持傷及被兵者，莫不悉於子胥之手，垂涕啼哭，欲伐而死。」亦言「莫
不皆」，例略。

## （17）越王夫人乃據船哭，顧烏鵲啄江渚之蝦，飛去復來，因哭而歌
　　　之曰

周生春曰：因哭而歌之，《御覽》卷 571 引作「哭訖，即承之以歌，其辭」。

按：景宋本《御覽》卷 571 引作「越王夫人乃授舡而哭，復見啄江涯之蝦，
飛去者復來，哭訖，即承之以歌，其辭曰」，《書鈔》卷 106 引作「越王
夫人據船，顧見烏巢啄蝦，即承之以歌，其辭曰」。「授」為「援」形誤，
與「據」同義，《四庫》本又改作「扳」。今本「顧」下當補「見」字。

## （18）妾無罪兮負地

按：負，讀為伏。《墨子・節葬下》：「譬猶使人負劍而求其壽也。」孫詒讓
曰：「負、伏通。」〔註87〕

## （19）颿颿獨兮西往，孰知返兮何年

徐天祜注：颿，凡、梵兩音，馬疾步。

按：「颿颿」狀舟行之聲，方以智曰：「《六書索隱》：『漢《街彈碑》「薝薝」，
聲也。音義與芃同。』智以此與《牟子》之鳳鳳、越王夫人之颿颿同，
蓋梵梵也。」〔註88〕《說郛》卷 67 引謝翱《睦州古蹟記》：「舟進至
岸，寥泬空廓，行颿颿有聲。」《漢語大詞典》：「颿颿，急速前进貌。」

---

〔註87〕孫詒讓《墨子閒詁》，中華書局 2001 年版，第 177 頁。
〔註88〕方以智《通雅》卷 9，收入《方以智全書》第 1 冊，上海古籍出版社 1988 年
版，第 374 頁。方氏所引《街彈碑》，《隸釋》卷 15「街」誤作「衛」，錄文有
殘句「梵梵秉稷」，洪适曰：「碑以梵梵為芃芃。」

〔註89〕非是。

## （20）彼飛鳥兮鳶烏，已迴翔兮翕蘇

按：《書鈔》卷106引作「兩鳥飛兮鳶烏，哭迴鄉兮翕蘇」，有誤字；《御覽》卷571僅引上句作「兩飛鳥兮戴作載」，尤不可通。

## （21）徊復翔兮游颺，去復返兮於乎

周生春曰：徊復翔兮游颺，《御覽》卷571引作「水中虫子曰蝦」。

按：於乎，讀爲「嗚呼」。《書鈔》卷106引作「水中蟲兮白蝦，去復翔兮嗚呼」，《御覽》卷571引作「水中蟲子曰蝦，去復反兮嗚呼」。「子」爲「兮」誤，「曰」爲「白」誤。「白蝦」即上文之「素蝦」。下文「於乎哀兮忘食」，《御覽》引亦作「嗚呼」。

## （22）歲遙遙兮難極，冤悲痛兮心惻

周生春曰：遙遙，《御覽》卷571引作「迢迢」。

按：周校承徐乃昌爲說。遙遙，景宋本《御覽》卷571引作「昭昭」，《四庫》本作「迢迢」。遙、迢，音之轉也。《戰國策·燕策一》：「莫如遙霸齊而厚尊之。」馬王堆帛書《戰國縱橫家書》「遙」作「招」，是其比也。

## （23）腸千結兮服膺，於乎哀兮忘食

按：張覺曰：「服，通『腷』，鬱結。」其說是也，然猶未盡。《集韻》：「腷，腷臆，意不泄兒，或作服。」本字爲畐，《說文》：「畐，滿也。」字亦作愊，《廣雅》：「愊，滿也。」字或作偪，《方言》卷6：「偪，滿也，腹滿曰偪。」《集韻》：「畐，或作偪。」字亦借「備」爲之，《荀子·王制》：「塞備天地之間。」《國語·楚語上》：「四封不備一同。」韋昭注：「備，滿也。」裴學海曰：「備訓滿是借畐字之義。」〔註90〕服膺，猶言塡胸。

## （24）去我國兮心搖，情憤惋兮誰識

按：搖，讀爲愮，憂也。惋，讀爲怨。《戰國策·秦策二》：「王必惋之。」

---

〔註89〕《漢語大詞典》（縮印本），漢語大詞典出版社1997年版，第7388頁。
〔註90〕裴學海《評高郵王氏四種》，《河北大學學報》1962年第2期，第88頁。

－1224－

《史記・楚世家》「惋」作「怨」。

## （25）入吾桎梏

按：《說文》：「梏，門橜。」字亦作闑。《廣雅》：「桎，牢也。」本字作陧，
字亦作狴。桎梏，猶言牢門。

## （26）令駕車養馬，祕於宮室之中

按：祕，讀爲閟，閉也。宮室，當據《四庫》本作「石室」。下文「囚之石
室」，是其誼也。

## （27）范蠡對曰：「臣聞亡國之臣，不敢語政；敗軍之將，不敢語勇。」

按：此蓋古成語。《史記・淮陰侯傳》：「廣武君辭謝曰：『臣聞敗軍之將，不
可以言勇；亡國之大夫，不可以圖存。』」《說苑・說叢》：「敗軍之將，
不可言勇；亡國之臣，不可言智。」敢，猶言可以也。

## （28）夫人衣無緣之裳，施左關之襦

周生春曰：關，《御覽》卷 688 引作「開」。

按：《御覽》卷 688、695 引并作「左開之襦」。「襦」爲「襦」之誤，「關」
爲「開」之誤。《方言》卷 4：「襦，西南蜀漢謂之曲領，或謂之襦。」
郭注：「襦，字亦作褕。又襦無右也。」襦無右，故左開之也。

## （29）夫斫剉養馬

按：《御覽》卷 695 引作「莝以養馬」。「莝」即「莝」，同「剉」。

## （30）勾踐愚黯

按：黯，周生春以《四部叢刊》影弘治本作底本，今查底本實作「黯」，
馮念祖本同；《古今逸史》本、《龍谿精舍叢書》本、《四庫》本作「黯」。
「黯」字是。「愚黯」即「愚闇（暗）」。

## （31）越王出石室，召范蠡曰

徐天祜注：「出」當作「坐」。

按：徐說無據，《御覽》卷 738 引作「出」。

（32）到己巳日，當瘳

按：《御覽》卷 738 引「瘳」上有「有」字。

（33）願大王請求問疾，得見，因求其糞而嘗之，觀其顏色，當拜賀
焉，言其不死，以瘳起日期之。既言信後，則大王何憂

按：當乙作「既言，後信」。言越王既言吳王病瘳不死，後果如此，則無憂
也。下文「其後，吳王如越王期日疾愈」，即「後信」之誼也。

（34）雉以眩移拘於網，魚以有悦死於餌

按：眩移，猶言眩轉、暈旋。張覺曰：「移，當作『眵』，形近而誤。」解
爲「眼屎」。其說非也。

（35）掩面涕泣闌干

　　徐天祜注：《文選》註：「闌干，多貌。」

按：「闌干」音轉則爲「琅玕」，《隸釋》卷 5 漢《成陽令唐扶頌》：「君臣流
涕，道路琅玕。」

## 《勾踐歸國外傳第八》校補

（1）昔公劉去邰，而德彰於夏；亶父讓地，而名發於岐

按：發亦彰也。《廣雅》：「發、彰，明也。」

（2）〔怪山者〕，琅邪東武海中山也，一夕自來，〔百姓怪之〕，故名
怪山

按：一夕自來，《越絕書·外傳記地傳》作「一夜自來」，「夕」即「夜」。《水
經注》卷 40 引誤作「一名自來山」。楊守敬曰：「『一名』爲『一夕』
之訛，『來』下衍『山』字。《輿地廣記》亦承此《注》而訛衍。惟今
本《吳越春秋》脱『百姓怪之』句，當據此及《類聚》、《御覽》補。」
〔註91〕

（3）嫗養帝會

按：嫗，讀爲煦，字亦作嫗。《說文》：「煦，一日暖潤也。」

---

〔註91〕楊守敬、熊會貞《水經注疏》，江蘇古籍出版社 1989 年版，第 3321 頁。

（4）東南為同馬門

按：同，各本作「司」。

（5）孤欲以今日上明堂

周生春曰：令，各本均作「今」，此據《初學記》卷 13 所引及下文文意改。

按：周校非也。《類聚》卷 38 引作「孤竊自欲以今日一登上明堂」，《御覽》
卷 533 引作「孤竊自志欲以今日一登上明堂」。並作「今」字，「上」前
當補「一登」二字。《初學記》卷 13 引作「孤竊自志欲以令日一登上明
堂」，「令」字誤。文意謂越王欲以今日登上明堂，而又召蠡、種等人，
詢問何日適宜。下文范蠡答云：「今日丙午日也。丙，陽將也，是日吉
矣。」以今日為吉。

（6）越王念復吳讎，非一旦也

按：讎，《類聚》卷 9、17、82、《書鈔》卷 159、《白帖》卷 3、《御覽》卷
26、68、372、468、482、979、《事類賦注》卷 5 引並作「怨」。

（7）布恩致令

周生春曰：布，各本作「專」，此據《初學記》卷 13、《御覽》卷 533、《類
聚》卷 38 所引改。

按：「專」當作「尃」，形之誤也。《說文》：「尃，布也。」俗亦借用敷字。
周校未得其字。

（8）苦身勞心

周生春曰：身，《類聚》卷 9、《御覽》卷 68、372 引作「思」。

按：身，《御覽》卷 26 引同，當為「思」之誤。《類聚》卷 82、《書鈔》卷
159、《記纂淵海》卷 72、《古今合璧事類備要》前集卷 14、《古今合
璧事類備要》別集卷 36、《錦繡萬花谷》前集卷 3、《全芳備祖》前集
卷 14 引皆作「思」，《白帖》卷 3 二引同，《說郛》卷 69 引唐・韓鄂
《歲華紀麗》卷 4 引本書亦同。

（9）目臥則攻之以蓼

按：「攻」當作「切」，字之誤也。《類聚》卷 82、《御覽》卷 26、《事類賦注》

卷 5、《埤雅》卷 15、《會稽志》卷 17 引作「臥則切之以蓼」〔註92〕，《會稽三賦》卷上宋人周世則注引作「切」，有注：「切，一作攻。」《記纂淵海》卷 2 引作「臥則藉之以蓼」，「藉」即「切」音誤。切，摩也。言目欲臥，則以辛辣之蓼摩切之也。

### （10）足寒則漬之以水

周生春曰：寒，《御覽》卷 372 引作「清」。

按：《御覽》卷 26 引作「足漬之以水」，又卷 372 引作「足清則漬之以水」。周氏失檢，誤作「清」字。《說文》：「清，寒也。」字亦作凓、淒，吳語音鄭〔註93〕。

### （11）越王曰：「吳王好服之離體，吾欲采葛，使女工織細布，獻之以求吳王之心，於子何如？」

按：好服，猶言美服。離，讀為麗，附著、穿著。句言吳王身上穿著好衣服。張覺曰：「之，猶其。離，通『螭』，傳說中一種沒有角的龍，此喻指吳王。」大誤。

### （12）甘蜜九檔

徐天祐注：《韻會》引《吳越春秋》：「越以甘蜜丸檔，報吳增封之禮。」謂檔為越椒。今此書無「丸檔」二字。詳下文文笥之類，皆以數計，則甘蜜當作「丸（九）甞」，《玉篇》：「甞，丁盍切，盆也。」此党字誤。

周生春曰：檔，木桶也。各本作「党」，此據《御覽》卷 198、759、《韻會》所引改。

按：有二說：（a）作「丸檔」或「圓檔」，宋・吳仁傑《離騷草木疏》卷 3 引作「圓檔」，《爾雅翼》卷 11 引《風土記》：「三香：椒、檔、薑。檔出閩中江東，其木似椿，莖間有刺，子辛辣如椒，南人淹藏以為果品，或以寄遠。」又引此文作「丸檔」。《證類本草》卷 14 引陶隱居曰：「薑，音黨，小不香耳，今亦無復分別，或云即金椒是也。薑子

---

〔註92〕《事類賦注》據《北京圖書館古籍珍本叢刊》第 75 冊，書目文獻出版社 1998 年版，第 361 頁。《四庫》本作「攻」，非其舊。

〔註93〕參見蕭旭《〈世說新語〉吳方言例釋》，收入《群書校補》，廣陵書社 2011 年版，第 1381 頁。

出閩中江東，其木似樗，莖間有刺，子辛辣如椒……南人淹藏以作果品，或以寄遠。」又引此文作「丸欓」，云：「與薫同。」《本草綱目》卷 32 注引陳藏器說同陶隱居，「薫」作「欓」。（b）作「九党」、「九薫」、「九欓」，《書鈔》卷 147 引作「九薫」〔註94〕，《御覽》卷 198、759 引作「九欓」〔註95〕。據文例，徐注謂「以數計」是也，則字當作「九」，形誤作「丸」，又音誤作「圓」。「九」下之字，原作「党」，與「薫」同音，不煩改作。薫之言當，擋也，指有底也。字亦作簜、蕩、簜，《說文》：「簜，大竹箭也。」〔註96〕

### （13）吾君失其石室之囚，縱於南林之中

按：失，讀爲逸，亦縱也。《左傳・成公十六年》：「明日復戰，乃逸楚囚。」杜注：「逸，縱也。」《廣博物志》卷 37 引「失」作「釋」，非也。

### （14）今寡人念吳，猶躄者不忘走，盲者不忘視

按：《史記・韓王信傳》：「僕之思歸，如痿人不忘起，盲者不忘視也。」《索隱》引張輯曰：「痿，不能行。《哀紀》云『帝即位，痿痺』，是也。」《玄應音義》卷 13 引《史記》作「蹩人」。

### （15）臣聞峻高者隤，葉茂者摧

　　　徐天祜注：隤，亦作頹，下墜也。

按：隤，《記纂淵海》卷 57 引作「潰」，音之譌也。馬王堆帛書《稱》：「埤（卑）而正者增，高而倚者傰（崩）。」〔註97〕《黃石公素書》：「山峭者崩，澤滿者溢。」《淮南子・繆稱篇》：「城峭者必崩，岸崝者必陁。」《韓詩外傳》卷 1：「城峭則崩，岸峭則陂。」《說苑・政理》：「城峭則必崩，岸竦則必陁。」又《說叢》：「卑而正者可增，高而倚者且崩。」

### （16）故溢堤之水，不淹其量；燋乾之火，不復其熾

按：淹，《喻林》卷 1 引同，《四庫》本作「掩」。「淹」即淹沒義。量，讀

---

〔註94〕　《書鈔》據孔廣陶校注本，陳禹謨本作「丸欓」。
〔註95〕　《御覽》據景宋本，《四庫》本《御覽》卷 198 引作「九党」，蓋據徐注改。
〔註96〕　參見蕭旭《〈說文〉「桱，桱桯也」補疏》。
〔註97〕　馬王堆帛書《稱》，收入《馬王堆漢墓帛書〔壹〕》，文物出版社 1980 年版，第 82 頁。

爲梁。梁亦堤，水隄也。《爾雅》：「梁，莫大於溴梁。」郭璞注：「梁，隄也。」邢昺疏：「《釋宮》云：『隄謂之梁。』《詩》傳云：『石絕水曰梁。』然則以土石爲隄障絕水者名梁。」《水經注》卷 7 引《爾雅》，解之云：「梁，水堤也。」《廣雅》：「燻，爇也。」《玉篇》：「燻，熱也。」字亦省作翕，《方言》卷 12：「翕，熾也。」乾，枯竭。是燻亦熾也，量（梁）亦堤也，二句同一文例。句謂從堤上溢出的水，水勢已過，不能再淹沒堤梁；燒得枯竭的火，火力已盡，不能再恢復熾盛也。張覺曰：「《方言》卷 13：『掩，止也。』即遏止、不放縱的意思。」《方言》在卷 12，掩訓止是止息、止留義，張說非也。

## 《勾踐陰謀外傳第九》校補

此篇互詳《越絕書・內經九術》、《請糴內傳》校補。

### （1）乃舉手而趨

按：《越絕書・外傳計倪》作「舉首而起」，「起」爲「趨」誤。

### （2）正身之道，謹左右

按：謹，嚴格。其下當據《越絕書・外傳計倪》補「選」字。

### （3）昔太公九聲而足，磻溪之餓人也

徐天祜注：九聲而足，其義未詳，或恐字誤。

周生春曰：《越絕外傳計倪》作「九十而不伐」，「聲」疑爲「十」，「足」疑即「卒」。

按：「足」當爲「伐」之誤，其上又脫「不」字。伐，顯耀也。《楚詞・宋玉・九辯》：「太公九十乃顯榮兮。」《說苑・雜言》：「（呂望）行年九十爲天子師。」皆與此文合。《荀子・君道》、《漢書・東方朔傳》皆言太公年七十有二乃得用之，與此不同。

### （4）指之以使，以察其能

徐天祜注：《曲禮》：「耆，指使。」註：「指事使人也。」

按：《莊子・列禦寇》：「煩使之，而觀其能。」「指」疑「煩」形誤。張覺曰：「『指』當解爲指定。『使』當解爲事。」非也。

（5）示之以色，以別其態

按：《六韜‧龍韜‧選將》：「試之以色，以觀其貞。」「示」疑「試」音誤。

（6）五色以設，士盡其實，人竭其智。知其智盡實，則君臣何憂

盧文弨曰：如上文，「實」上當有「其」字。

按：盧說是也。如上文，「知」當作「竭」，涉上句「智」而訛。

（7）一曰尊天事鬼

徐天祜注：「鬼」下當有「神」字，下文亦兼鬼神言之。

按：徐說是也。「天」下當有「地」字。《越絕書‧內經九術》正作「尊天地事鬼神」。《漢紀》卷10：「尊天地而不瀆，敬鬼神而遠之。」

（8）得苧蘿山鬻薪之女

按：鬻，《御覽》卷305引作「賣」。

（9）吳王曰：「寡人卑服越王，而有其眾，懷其社稷，以愧勾踐。」

按：懷，讀爲壞。

（10）孤雉之相戲也，夫狐卑體，而雉信之。故狐得其志，而雉必死

按：孤，各本作「狐」，是。《淮南子‧人間篇》：「夫狐之捕雉也，必先卑體彌耳，以待其來也。雉見而信之，故可得而擒也。」《越絕書‧請糴內傳》：「今狐雉之戲也，狐體卑，而雉懼之。」

（11）夫虎不可餒以食，蝮蛇不恣其意

按：下「不」字下當補「可」字。《淮南子‧說林篇》：「蝮蛇不可爲足，虎豹不可使緣木。」《文子‧上德》：「蝮蚖不可爲足，虎不可爲翼。」

（12）臣必見越之破吳，豸鹿游於姑胥之臺

徐天祜注：蟲無足曰豸，疑當作「豕」。

按：徐說是也，《越絕書‧請糴內傳》作「鹿豕游于姑胥之臺矣」。《孟子‧盡心上》：「舜之居深山之中，與木石居，與鹿豕遊。」亦其例。張覺曰：「『豕』爲家畜，此不當作『豕』。『豸』原來當泛指野獸而言。」其說非也。

（13）願王覽武王伐紂之事也

按：覽，讀爲鑒。

（14）太宰嚭從旁對曰：「武王非紂王臣也？率諸侯以伐其君，雖勝殷，謂義乎？」

按：也，讀爲耶。「謂」上脫「可」字。《越絕書·請糴內傳》作「武王非紂臣耶？率諸侯以殺其君，雖勝，可謂義乎」。

（15）子胥曰：「太宰嚭固欲以求其親。」

按：固欲，當據《越絕書·請糴內傳》作「面諛」，形、聲之誤也。

（16）今大王譬若浴嬰兒，雖啼無聽宰嚭之言

按：「大王」前有脫文，「宰嚭之言」四字衍文。《越絕書·請糴內傳》作「今我以忠辨吾君王，譬浴嬰兒，雖啼，勿聽」，言嬰兒雖啼哭，不管他也。

（17）吳王曰：「宰嚭是。」

按：「是」當從《越絕書·請糴內傳》作「止」。吳王令宰嚭不要說話。

（18）大夫種曰：「臣奉使返越，歲登誠還吳貸。」

按：誠，讀爲請。

（19）於是袁公即杖箖箊竹

　　徐天祜注：箖箊，竹名。箖，直尋切。箊，夾魚切。《吳都賦》：「其竹則篔簹箖箊。」

　　周生春曰：杖箖箊竹，《文選·吳都賦》注引作「跳於林竹」，《類聚》卷89、95所引分別作「跪拔林於竹」、「挽林內之竹」，《御覽》卷343、910、961所引分別作「跪拔林之竹」、「挽林抄之竹」、「跪披竹杪竹」，《事類賦注》卷13引作「因拔竹枝」。

按：《御覽》卷962引作「跪披林杪竹」〔註98〕，《事類賦注》卷13引作「因拔林竹」〔註99〕，周氏皆誤引，卷數又誤作961。《書鈔》卷122引作

―――――――――

〔註98〕《御覽》據景宋本，《四庫》本作「跪披林杪吹」。

〔註99〕《事類賦注》據《北京圖書館古籍珍本叢刊》第75冊，書目文獻出版社1998年版，第434頁。《四庫》本作「因拔竹林」。

「跪拔林之竹」，《太平廣記》卷 444 引作「挽林內之竹」，《古今事文類聚》後集卷 37、《記纂淵海》卷 98、《古今合璧事類備要》別集卷 79 引作「挽林杪之竹」，《說郛》卷 112 引唐《劍俠傳》同，周氏皆失檢。「跳」當作「跪」，今本脫之。「杖」、「披」、「挽」皆「拔」之誤。翁士勳謂『『杖』當作『挽』」〔註100〕，非也。「林於」是「棶筬」的省文，「林內」、「林抄（杪）」皆「林於」之誤；作「林竹」、「林之竹」者，「林」下脫「於」字。《文選》劉淵林注引作「跳於林竹」者，當作「跪拔林於竹」，有脫誤，又倒「林於」爲「於林」。周氏但存異文，而不能是正。《玉篇》：「棶，力尋切，棶筬，竹名。筬，殃魚切，棶筬。」《廣韻》：「筬，央居切，竹名。」周生春以《四部叢刊》影弘治本作底本，今查底本實作「央魚切」，《古今逸史》本、《龍谿精舍叢書》本、《四庫》本同。「夾」字誤也。《文選・吳都賦》：「其竹則篔簹林筬。」《御覽》卷 350 引作「棶筬」，劉淵林注：「林菸，是袁公所與越女試劍竹者也。」晉・戴凱之《竹譜》：「篔簹、射筒，棶筬、桃枝。」自注：「棶筬，葉薄而廣，越女試劍竹是也。」《御覽》卷 963 引《竹譜》：「林於竹，葉薄而廣。」周・庾信《奉和永豐殿下言志》：「含風搖古度，防露動林於。」「林於」、「林菸」、「棶筬」並同。

## （20）竹枝上頡，橋末墮地

徐天祐注：按此書「未」字當作「末」。

徐乃昌曰：他本作「末折墮地」。

周生春曰：竹枝上頡，《類聚》卷 95 引作「似枯槁」，《御覽》卷 910 引作「似桔槔」。頡，《說文》云：「直項也。」橋末，各本作「橋末」，《文選・吳都賦》注引作「槁折」，《類聚》卷 89、95、《御覽》卷 910 引作「末折」，《書鈔》卷 122 引作「橋末」，據改。

按：周氏改「未」作「末」是也，而以「橋」屬下句，殊誤。周氏所據《書鈔》乃陳本，孔本未引。《文選・吳都賦》劉淵林注引作「槁折墮地」，《類聚》卷 89、《御覽》卷 962、《記纂淵海》卷 98 引作「末折墮地」，《類聚》卷 95、《太平廣記》卷 444 引作「似枯槁，末折墮地」，《御

覽》卷 910、《古今合璧事類備要》別集卷 79 引作「似桔槔，末折墮地」，《古今事文類聚》後集卷 37 引作「以槔，末折墮地」，《說郛》卷 112 引唐《劍俠傳》作「似桔槔，末柝（折）〔墮〕地」。張覺據《類聚》卷 95 校作「竹枝上枯槁，末折墮地」，是也。今本「枯槁」形聲相近誤作「桔橋」、「桔槔」，又易作「頡橋」，歧之又歧，其義遂晦。句言竹枝枯槁，其末端折斷而墮地也。槁、橋、槔古音同〔註 101〕。周氏但存異文，而不能是正，漫引《說文》「頡，直項也」以塞之，庸有當乎？

## （21）袁公操其本而刺處女。女應，即入之

周生春曰：各本均脫，此據宋本補。

按：當「女應即入之」句。張覺曰：「即，通『節』。『應節』就是應合節奏，即趁勢的意思。『應節』也可解爲『當即』、『立即』。」張氏前說是。應即，《類聚》卷 95 引同，《文選·吳都賦》劉淵林注、《御覽》卷 910、《太平廣記》卷 444 引作「應節」。

## （22）於是神農、皇（黃）帝弦木為弧，剡木為矢，弧矢之利，以威四方

周生春曰：威，《文選·七啓》註引作「備」。

按：《玉海》卷 150 引亦作「備」。考《易·繫辭下》：「（黃帝、堯、舜）弦木爲弧，剡木爲矢，弧矢之利，以威天下。」是其所本，作「威」字是也。

## （23）琴氏乃橫弓著臂，施機設樞，加之以力

徐乃昌曰：《御覽》「設郭」，此下文作「郭爲方城」，注亦云：「牙方曰郭。」作「樞」誤。

周生春曰：力，盧文弨云：「疑作『刀』。」可備一說。

按：徐說是。《御覽》卷 348 引作「撗弓着臂，施機設郭，加之以力」，《事

---

〔註 101〕《詩·山有扶蘇》《釋文》：「橋，鄭作槁，苦老反，枯槁也。」《呂氏春秋·介立》：「一蛇羞之，橋死於中野。」《類聚》卷 96、《御覽》卷 929、《冊府元龜》卷 938、《芥隱筆記》引「橋」作「槁」。《儀禮·士昏禮》：「加於橋。」鄭注：「今文橋爲鎬。」《莊子·天地》《釋文》：「槔，本又作橋，或作皋，同音羔。」《集韻》「橋」、「槁」、「樀」同音居勞切。

物紀原》卷 9 引作「橫弓著臂，施機設郭，加之以力」。「樞」當作「郭」，是弩機的組成部分。《釋名》：「弩……牙外曰郭。」《四庫全書考證》卷 58：「刊本樞訛郭。」〔註 102〕其說傎矣。橫、撗，並讀爲彉，音郭。《說文》：「彉，滿弩也。」《黃帝內經素問·寶命全形論》：「伏如橫弩，起如發機。」亦用借字。字亦作彍、廓、韔、擴〔註 103〕。「力」字不誤，盧說非也。施機設郭，正用以增加其力量。弓弩上加刀，非所聞也。

## （24）琴氏傳之楚三侯

徐天祜注：《文選》註所引，與此略同，但云：「琴氏傳大魏，大魏傳楚三侯。」少異耳。

按：今本「傳」下脫「大魏，大魏傳」五字。《玉海》卷 150 引同《文選·七啓》註。

## （25）教為人君，命所起也

按：教，讀爲較、校，指校正之器，即弓弩上的瞄準器。古人稱爲「儀」、「招頭」，招、教，音亦近。《墨子·備高臨》：「（弩）有儀。」《淮南子·齊俗篇》：「夫一儀不可以百發。」高誘注：「儀，弩招頭也。射百發，遠近不可皆以一儀也。」《夢溪筆談》卷 19 又稱爲「望山」。《御覽》卷 348 引誤作「敖」。張覺曰：「敖，同『螯』，當指懸刀，即扳機。」非也。

## （26）臂為道路，通所使也

按：臂，《御覽》卷 348 引誤作「辭」。《四庫全書考證》卷 58 已訂正。

## （27）矢為飛客，主教使也

按：客，《御覽》卷 348 引誤作「容」。

## （28）金為實敵，往不止也

周生春曰：實，《御覽》卷 348 引作「穿」，義較勝。

---

〔註 102〕《四庫全書考證》卷 58，收入景印文淵閣《四庫全書》第 1499 冊，臺灣商務印書館 1986 年初版，第 265 頁。下引同。
〔註 103〕參見蕭旭《淮南子校補》，花木蘭文化出版社 2014 年版，第 493～494 頁。

按：實之言適，亦往也，猶言擊中。張覺曰：「『實』或爲『貫』字之誤，所以《御覽》作『穿』。」亦未得。

（29）縹爲都尉，執左右也

盧文弨曰：「縹」未詳。

按：縹，《御覽》卷348引作「驃」，並讀爲彯，亦作弨，鬆弛弓弦也。張覺曰：「縹，當作『弣』，音近而誤。」非是。

（30）鳥不及飛，獸不暇走

周生春曰：「及」、「暇」二字《御覽》卷348引均作「得」。

按：得、暇，猶言及也〔註104〕。

（31）夫射之道，身若戴板，頭若激卵，左足縱，右足橫，左手若附枝，右手若抱兒……右手發機，左手不知

盧文弨曰：「左」下亦當有「足」字。

周生春曰：足縱，各本均作「蹤」，此據《御覽》卷348、《書鈔》卷125所引改。

按：盧氏校作「左足蹤」，是也。蹤之言差，謂足歧出也。《廣雅》：「差，衺也。」《大戴禮記·保傳篇》：「立而不跂（跛），坐而不差。」不差，言足不衺出也。俗字作「叉」、「跋」〔註105〕。《御覽》不得其誼，改作「縱」，以與下文「橫」字對舉，周氏不考，從而改之，失其舊矣。「左手若附枝，右手若抱兒」當作「左手若拒，右手若附枝」，「拒」形誤爲「抱」，因增「兒」字以求通，「左、右」二字又互倒〔註106〕。「激卵」不詳，疑此文有誤。張覺曰：「激卵，未詳，疑當作『激印』，形近而誤。激印，即『激昂』，激動昂揚的樣子。」「頭若激昂」既不辭，且與下文言「射之道……翕心咽煙，與氣俱發，得其和平，神定思去，去止分離」不合，顯是妄說。《外傳》言「掌若握卵」者，言掌心虛，如握卵也。

---

〔註104〕參見蕭旭《古書虛詞旁釋》，廣陵書社2007年版，第97、199頁。

〔註105〕參見蕭旭《〈越絕書〉古吳越語例釋》。

〔註106〕參見蕭旭《〈史記〉校正》。

## 《勾踐伐吳外傳第十》校補

此篇互詳《國語・越語上》、《吳語》、《越絕書・外傳記地傳》校補。

（1）是天氣前見，亡國之證也

按：前，讀爲先。證，讀爲徵。

（2）其子欲仕，量其居，好其衣，飽其食

　　　周生春曰：量，《國語・越語上》作「絜」。絜，量也，亦即「潔」。此處「絜」應作「潔」解，不得與「量」通。

按：公序本《國語・越語上》作「其達士，潔其居，美其服，飽其食」，韋昭注：「潔其館舍。」明道本作「絜」。據韋注云云，「潔」是清潔義，不訓度量。此文「量」，疑讀爲㝩。《說文》：「㝩，康〔㝩〕也。」〔註107〕又「康，屋康㝩也。」《玉篇》：「㝩，空虛也。」量其居，言高大其屋舍也。

（3）載飯與羹，以游國中，國中僮子戲而遇孤，孤餔而啜之

按：《御覽》卷850引「僮」作「行」，「餔」作「脯」。「脯」借字，「行」誤字。

（4）父兄又復請曰：「誠四封之內，盡吾君子。」

按：「誠」當從《國語・越語上》作「越」，形之誤也。

（5）夫占兆人事，又見於卜筮

按：此文有脫誤，標點亦誤。《國語・吳語》作「天占既兆，人事又見，我蔑卜筮矣」。

（6）王若起師，以可會之利，犯吳之邊鄙，未可往也

按：「會」下當據《國語・吳語》補「奪」字。

（7）不如詮其間，以知其意

按：詮，讀爲銓，衡也。

---

〔註107〕段玉裁《說文解字注》補「㝩」字，上海古籍出版社1981年版，第339頁。《集韻》、《類篇》引《說文》無「㝩」字，已脫。

（8）道諛者眾

徐天祜注：「道」當作「導」。

按：道，《史記・越王勾踐世家》作「導」，並讀爲諂。《史記・主父偃傳》：「諂諛者眾。」用本字。《漢書・主父偃傳》作「讇」，古字；《治要》卷18引《漢書》作「諂」。《韓詩外傳》卷6：「君子崇人之德，揚人之美，非道諛也。」《荀子・不苟》作「諂諛」。《外傳》卷6：「君喜道諛而惡至言。」《賈子・先醒》作「諂諛」。

（9）惟是輿馬、兵革、卒伍既具

按：革，當據《國語・吳語》作「甲」。

（10）以爲明誡矣

周生春曰：以爲明誡，《御覽》卷185引作「已爲明試」。

按：《御覽》卷185引作「已明試矣」。「試」爲「誡」形誤。

（11）食士不均

按：士，當據《國語・吳語》作「土」。

（12）大夫送出垣

按：《國語・吳語》作「大夫送王不出檜」。此脫「不」字。

（13）躁躁摧長惡兮，擢戟馭受

按：惡，慙也，愧也。躁，讀爲趮。《說文》：「趮，動也。」《廣韻》：「躁，動也。趮，上同。」躁，讀爲趡。《集韻》：「趡，《說文》：『疾也。』或作躁。」躁躁，猶言疾走。《漢語大詞典》：「躁躁，憤激不安。」〔註108〕非是。

（14）所離不降兮，以泄我王氣蘇

按：離，讀爲歷，逢也。蘇，讀爲穌。《玉篇》：「穌，息也。」張覺曰：「離，通『罹』，遭遇（災難）。」非也。

---

〔註108〕《漢語大詞典》（縮印本），漢語大詞典出版社1997年版，第6157頁。

（15）亦即以夜暗，中分其師，以圍越

按：「圍」當作「圉」，讀爲禦，拒也。《國語・吳語》作「禦」。

（16）吳使王孫駱肉袒膝行而前，請成於越王

　　　徐天祐注：《史記》作「公孫雄」，《國語》作「王孫雄」。

　　　周生春曰：《國語・越語下》作「雒」。

按：公序本《國語・吳語》、《越語下》作「雄」，明道本作「雒」。「雄」當
　　作「雒」，同「駱」〔註109〕。

（17）使者急去，不時得罪

按：《史記・越王勾踐世家》作「使者去，不者且得罪」。不者，猶言否則。
　　時，猶言且、將。言如不急去，將得罪於使者也，即俗言不客氣了。《國
　　語・越語下》作「子往矣，無使執事之人得罪於子」，是其明證。《集解》
　　引虞翻曰：「我爲子得罪。」《索隱》：「虞翻注蓋依《國語》之文，今望
　　此文，謂使者宜速去，不且得罪於越，義亦通。」小司馬說非也。

（18）聲可託於絃管

　　　周生春曰：絃管，《文選・魏都賦》、《文賦》注引作「管絃」。

按：《記纂淵海》卷163引同今本〔註110〕。《文選》注二引作「管絃」者，
　　李善改作，以從正文也。託，《文選・文賦》注、《記纂淵海》卷163引
　　同，《文選・魏都賦》注引誤作「記」

（19）種不然言

按：「言」上當有「其」字，代指范蠡。下文「文種不信其言」，是其誼也。
　　然亦信也，《玉篇》：「然，許也。」

（20）樂可與履危，不可與安

按：「安」上脫「處」字，《史記・越王勾踐世家》：「難與處安。」是其誼也。
　　難，猶言不可。

---

〔註109〕參見蕭旭《〈史記〉校正》。
〔註110〕《記纂淵海》據《北京圖書館古籍珍本叢刊》影印宋刻本，第71冊，第682
　　　　頁；《四庫》本在卷65，引同。

（21）於是越王乃使良工鑄金象范蠡之形，置之坐側，朝夕論政

　　　盧文弨曰：象，《國語》作「寫」。古本「象」譌而爲「寫」，然「寫」字亦可通。

　　按：《國語・越語下》作「王命工以良金寫范蠡之狀而朝禮之」。于鬯亦謂「寫」爲「象」字形誤〔註111〕，皆偵矣。「象」當爲「寫」之形譌。寫，摹畫、描摹。《玉海》卷57、《記纂淵海》卷83引作「象」，是宋代已誤。

（22）盡九術之謀

　　按：盡，讀爲進。

（23）與子長訣，相求於玄冥之下

　　按：求，尋訪。張覺曰：「求，通『逑』，聚。」非也。

（24）故前潮水潘候者，伍子胥也；後重水者，大夫種也

　　按：潘，《咸淳臨安志》卷31引作「審」，誤也。張覺曰：「潘，通『蟠』、『瀎』，水旋流。」其說是也，而猶未盡。《列子・黃帝》：「沃水之潘爲淵，汎水之潘爲淵。」《莊子・應帝王》亦誤作「審」。「潘」亦指水之盤旋。字亦作盤，楊愼《丹鉛續錄》卷9：「蜀江三峽中，水波圓折者名曰盤。盤音漩。杜詩：『盤渦鷺浴底心性。張蠙《黃牛峽》詩：『盤渦逆入嵌崆地，斷壁高分繚繞天。』」〔註112〕

〔註111〕于鬯《香草校書・國語》，中華書局1984年版，第938頁。

〔註112〕楊愼《丹鉛續錄》，收入景印文淵閣《四庫全書》第855冊，臺灣商務印書館1986年初版，第206頁。

# 《金樓子》校補

梁元帝蕭繹《金樓子》原本 10 卷，今存 6 卷，乃清人周永年從《永樂大典》中輯集成編，清人鮑廷博刻入《知不足齋叢書》，後《四庫全書》亦據以收入。

此書有二個校釋本。臺灣許德平 1967 年著《金樓子校注》，是他的碩士學位論文，未克目睹。許逸民著《金樓子校箋》，由中華書局 2011 年出版。《校箋》爲我們提供了一個《金樓子》的新式排印本，同時也掃除了《金樓子》中的一般閱讀障礙。但《校箋》校對尚粗，每多誤字，是當倍加注意者。許逸民氏雖在《凡例》中自稱「本書於校改愼之又愼，可改可不改者，一律不改；無關重要者，決不妄下雌黃」，然細讀許書，發現問題甚多。主要表現爲：（1）引用文獻出處，喜據類書重複轉引，不能直接引用原書；（2）引用文獻，文字、卷數每多有誤；（3）徵引文獻，有漫無節制，甚至長達千字者；（4）失考、誤考典故；（5）訓解錯誤；（6）疏於訓詁，不解文意，輕於改竄古書，往往失其本旨。

本文爲求簡質，對前三類問題，一般不出校，偶爾舉例說明；側重於補正存在的後幾個問題。

## 《興王篇》第一

### （1）燧人氏沒，庖犧氏代之，繼天而王首，德于木，爲百王之先

許校：庫本校：「案：首，原本作『者』，今依《帝王世紀》校改。」《初學記》卷 9 引《帝王世紀》：「燧人氏沒，庖犧代之，繼天而王首，德於木，

爲百王先。」

按：「首」字當屬下爲句。《御覽》卷 78 引《皇王世紀》：「燧人氏沒，庖犧
氏代之，繼天而生（王），首德於木，爲百王先。」《漢書・律曆志》：「言
炮犧繼天而王，爲百王先，首德始於木，故爲帝。」《宋書・禮志一》：
「昔在庖犧，繼天而王，始據木德，爲群代首。」「首德於木」即「始
據木德」也。

### （2）至于共工，霸而不王

許校：四庫本作「霸而不已」，並校：「案：此下疑有脱文。」

按：「已」爲「王」字誤。《漢書・律曆志》：「炮犧氏沒，神農氏作，言共
工伯而不王，雖有水德，非其序也。」《漢紀》卷 1：「故太皞始出於
震，爲木德，號曰伏羲氏，共工氏因之，爲水德，居水火之間，霸而
不王，非其序也。」《類聚》卷 11 引《帝王世紀》：「其末諸侯共工氏，
任知刑以強，伯而不王。」〔註1〕皆其確證。言共工至於霸，而不能
至於王也。《荀子・議兵》：「齊桓、晉文、楚莊、吳闔閭、越勾踐……
故可以霸而不可以王，是彊弱之效也。」《新序・雜事四》：「桓公用
管仲則小也，故至於霸而不能以王。」皆其比。

### （3）二十月，生黃帝，龍顏，有聖德，生而神靈，弱而能言，幼而徇
齊，長而敦敏，成而聰明

按：二十月，《類聚》卷 10、《初學記》卷 1、10、《御覽》卷 7、《事類賦
注》卷 2、《路史》卷 14 羅苹注引《帝王世紀》並同，《御覽》卷 79、
135 引《帝王世紀》、《宋書・符瑞志》、今本《竹書紀年》卷上梁沈約
注作「二十五月」，《周易・繫辭下》孔疏引《世紀》、《尚書序》孔疏
引《世紀》、《史記・五帝本紀》《正義》作「二十四月」，《路史》卷
14 作「二十有四月」。徇齊，《史記・五帝本紀》、《素問・上古天眞論
篇》作「徇齊」，《索隱》指出：「《孔子家語》及《大戴禮》並作『叡
齊』，一本作『慧齊』。」今本《大戴禮記・五帝德》作「慧齊」，《家

---

〔註1〕 《御覽》卷 78 引作「有共工氏，任智刑以強，伯而不王，以水承木，非行次，
故易不載」，《路史》卷 11 羅苹注引作「女媧末有諸侯共工氏，任智刑以強，
霸而不王，非也于時，已有侯國」。

語・五帝德》作「齊叡」，《路史》卷 14 亦作「慧齊」。循、徇古字通。徇齊，即「睿（叡）齊」。《戰國策・趙策二》：「中國者，聰明睿知之所居也。」《史記・趙世家》作「聰明徇智」。我舊解爲「恭而遜」、「恭敬而能弟」〔註 2〕。

## （4）廼與炎帝戰于阪泉之野，三戰，然後得行其志

按：得行其志，《大戴禮記・五帝德》同，《史記・五帝本紀》無「行」字。《御覽》卷 308 引《史記》有「行」字。《史記》脫「行」字，《治要》卷 11 引已脫。「得」是助動詞，而非動詞。「行其志」爲古人恒言。

## （5）屈軼草生庭，佞人入則指之

許校：《御覽》卷 873 引《孫氏瑞應圖》：「屈軼者，太平之代生於庭前，有佞人，則草指之。」《博物志》卷 3：「堯時有屈佚草，生于庭，佞人入朝，則屈而指之，又名指佞草。」《宋書・符瑞志上》：「有屈軼之草生於庭，佞人入朝，則草指之，是以佞人不敢進。」〔註 3〕

按：當引《文選・三月三日曲水詩序》李善注引《田俅子》：「黃帝時有草生於帝庭階，若佞臣入朝，則草指之，名曰屈軼，是以佞人不敢進也。」《漢書・藝文志》載墨家「《田俅子》三篇。」顏注：「先韓子。蘇林曰：『俅音仇。』」田俅子爲墨家早期代表人物，早於墨子。《論衡・是應》：「儒者又言太平之時，屈軼生於庭之末，若草之狀，主指佞人。佞人入朝，屈軼庭末以指之，聖王則知佞人所在。」「佚」爲「軼」借字。草名屈軼者，以其能屈而軼出，以指佞人也。也省稱作「屈草」，南朝・齊・謝朓《三日侍華光殿曲水宴代人應詔》：「屈草戒諛，階蓂紀日。」

## （6）黃牧（收）純衣，彤車白馬

按：黃牧純衣，《大戴禮記・五帝德》作「黃黼黻衣」，《史記・五帝本紀》、《路史》卷 20 作「黃收純衣」，《御覽》卷 80 引《大戴》作「黃斧紼衣」。「紼」同「紱」。「斧紼」爲「黼黻」音近借字。《集韻》：「黻，

---

〔註 2〕 參見蕭旭《〈素問・上古天眞論篇〉校補》，收入《群書校補》，廣陵書社 2011
　　　年版，第 1210～1211 頁。
〔註 3〕 許氏引《御覽》脫「前」字，徑補。

－1243－

古通作茀。」《逸周書・命訓解》：「有紼絻，有斧鉞。」「紼絻」即「黻冕」。皆其比也。「牧」當當依《四庫全書考證》訂作「收」，冠名。《儀禮・士冠禮》：「周弁，殷冔，夏收。」注：「收，言所以收斂髮也。」

### （7）冬則鹿裘，夏則絺葛

　　許校：《韓子・五蠹》：「冬日麑裘，夏日葛衣。」

按：幼鹿爲麑。《御覽》卷694引《韓子》作「冬則鹿裘，夏則葛絺」。

### （8）焦僥氏來獻沒羽

按：「焦僥」亦作「僬僥」、「僬堯」，與「嶕嶢」、「崔嵬」、「嶣嶤」同源，高貌。短人而名之焦僥者，取相反爲義也。《初學記》卷19引《漢武故事》：「東郡送一短人，長七寸，名巨靈。」短人名爲巨靈，是其比也〔註4〕。許校引袁珂說，謂「焦僥」爲「侏儒」之聲轉，非也。

### （9）九年，續庸不成

按：《書・堯典》：「九載，績用弗成。」孔傳：「載，年也。三考，九年。功用不成，則放退之。」用、庸一聲之轉。

### （10）堯于是降以女娥皇、女英，配之妻舜，以觀其內

　　許校：英，原作「瑩」。庫本校：「案，《列女傳》作『英』。」今據改。

按：「瑩」字不誤，字或作「罃」、「匽」。《史記・五帝本紀》《索隱》：「《列女傳》云：『二女長曰娥皇，次曰女英。』《系本》作女瑩，《大戴禮》作女匽。」《列女傳》見卷1，《大戴禮》見《帝繫》。《御覽》卷135引《帝王世紀》：「女瑩生丹朱。」有注：「《漢書》亦云女瑩。」《漢書・古今人表》：「女罃，舜妃。」顏師古曰：「即女英也。罃，音于耕反。」《路史》卷20羅苹注：「《御覽》〔引〕《世紀》：『女罃生丹朱。』非也。」女罃所生爲商均，非丹朱，故羅苹謂誤也。《路史》卷21：「女罃生義鈞及季釐。」又「妃以盲婭以罃，以觀其內。」羅苹注：「盲即娥皇，字娥娙。皇、盲聲相滋也。罃即女英，見《世本》。故孝桓梁后名曰文（女）罃。一曰匽，見《大戴禮》。」黃生曰：「舜妃女英，《大戴記》作女匽，此亦音之轉也。」又云：「《荀子》：『入其央瀆。』……方以

〔註4〕　參見蕭旭《〈國語〉「僬僥」語源考》。

智《通雅》以爲即今之陽溝，是也。愚繹其名，央當即讀偃。舜妃女英，《大戴記》作女匽。英、匽一聲之轉，其音可見。」﹝註5﹞錢大昕曰：「塋、匽皆英之轉。」﹝註6﹞梁玉繩曰：「錢大昕《史記考異》謂塋、匽皆音（英）之轉，是也。但未有作嫈者，疑古通。」﹝註7﹞蕭道管曰：「匽、嫈、英音近而誤。」﹝註8﹞《後漢書·后紀》：「桓帝懿獻梁王后諱女塋。」《御覽》卷137引《續漢書》：「孝桓懿獻皇后順烈后之女弟也，字女塋。」梁后諱女塋，即取古人名爲名也。《集韻》「英」、「嫈」同音于莖切，諸字並一音之轉也。《公羊傳·襄公十四年》：「晉荀偃。」徐彥疏：「解云舊本作荀偃，若作荀嫈者誤。」「偃」、「嫈」古通，亦非誤字。

## （11）綏耳、貫胸之民，來獻珠蝦

　　許校：「綏耳」未詳。疑「綏」字誤，《山海經》有「聶耳國」、「耽耳國」，或近之。

按：陳志平、熊清元據《御覽》卷943、《天中記》卷57、《古今合璧事類備要》別集卷87引校作「緩耳」，並指出《古今事文類聚》後集卷34引誤作「鈑耳」﹝註9﹞。二氏說是也，《路史》卷46引亦作「緩耳」。《廣博物志》卷37、50引作「援耳」，亦「緩耳」之誤。《類聚》卷61後漢·杜篤《論都賦》：「深入匈奴，割裂王庭。連緩耳，鎖雕題，摧天督，牽象犀。」﹝註10﹞《後漢書·文苑列傳》同，李賢注：「緩耳，耳下垂，即儋耳也。」又《南蠻西南夷傳》：「及其化行，則緩耳雕腳之倫，獸居鳥語之類，莫不舉種盡落，回面而請，吏陵海越，障累譯以內屬焉。」李賢注：「緩耳，儋耳也。」《文選·石闕銘》：「南服緩耳，西羈反舌。」李善注引《論都賦》。是「緩耳」爲南蠻之國也。《齊民要術·養牛馬驢

﹝註5﹞ 黃生《義府》卷上、卷下，收入《字詁義府合按》，中華書局1954年版，第157、205～206頁。
﹝註6﹞ 錢大昕《二十二史考異》，收入《叢書集成新編》第105冊，新文豐出版公司1985年印行，第248頁。
﹝註7﹞ 梁玉繩《漢書人表考》卷2，收入《叢書集成初編》第3708冊，中華書局1985年影印，第65頁。梁氏引「英」誤作「音」。
﹝註8﹞ 蕭道管《列女傳集注》，清光緒34年刻本。
﹝註9﹞ 陳志平、熊清元《鮑本〈金樓子〉勘誤札記》，《黃岡師範學院學報》2011年第2期，第35頁。
﹝註10﹞ 四庫本誤作「綏耳」。

驦第》：「凡相馬之法，先除三羸五駑，乃相其餘……大頭緩耳，一駑；長頸不折，二駑……」「緩耳」亦謂馬耳下垂。此文及《後漢書》，其國人耳下垂，因名其國爲緩耳也。蝦，《路史》卷46引作「鰕」，同。

## （12）天下不歸商均而之禹

按：之亦歸也〔註11〕。下文「人不歸益而歸啓」，《孟子·萬章上》作「不之益而之啓」。《漢書·董仲舒傳》：「堯崩天下不歸堯子丹朱而歸舜。」文例同。

## （13）鼀坼而生禹于石紐

許校：石紐，原作「石坳」，今據《史記正義》引《蜀王本紀》改。

按：《類聚》卷11引《帝王世紀》：「伯禹，夏后氏，姒姓也，生於石坳。」《書鈔》卷1、《路史》卷22引《世紀》亦作「石坳」，不當遽改。「石紐」是山名或地名。石坳者，石紐山之石坳處也。

## （14）虎鼻大口，兩耳參鏤

許校：鏤，庫本校：「案《淮南子》作漏，別卷又作傞。」

按：庫本校云「別卷又作傞」，未詳。參鏤，《宋書·符瑞上》、《御覽》卷82引《帝王世紀》〔註12〕、《冊府元龜》卷44同，《類聚》卷11引《帝王世紀》作「參扁」〔註13〕，《淮南子·脩務篇》作「參漏」，高注：「參，三。漏，穴也。」《潛夫論·五德志》、陳禹謨本《書鈔》卷1引《帝王世紀》、《御覽》卷82引《雒書靈准聽》亦作「參漏」，《御覽》有注：「漏，空也。」《白虎通義·聖人》、《論衡·骨相》、《劉子·命相》作「三漏」，《類聚》卷17、《御覽》卷366引《淮南》亦作「三漏」，《廣韻》「漏」字條云：「禹耳三漏。」《路史》卷16：「（老子）耳七寸而參扁，故名耳，而字儋。」《路史》卷22：「（禹）耳三扁。」羅苹注：「《世紀》：『耳參鏤。』本作漏。」漏、扁、鏤，三、參，並通用。作「漏穴」解之正字爲「扁」。漢代人皆以「三穴」解之，此爲正解。普通人耳有二穴，禹、老子爲聖人，故以有三穴爲異相也。方

〔註11〕 參見蕭旭《古書虛詞旁釋》，廣陵書社2007年版，第331～332頁。
〔註12〕 此據影宋本，四庫本作「參漏」。
〔註13〕 此據宋紹興本，四庫本及上海古籍出版社1982年排印本作「參漏」。

－1246－

以智曰：「參漏，滲漏也。《淮南》言禹耳謂滲漏，今之漏耳，《論衡》遂曰三漏。」〔註14〕《類說》卷 25 引《炙轂子》作「滲漏」，是宋以前人已誤解，未足為方說之證也。朱起鳳曰：「三漏云者，猶《孔叢》『臧三耳』之類。言夏禹聞善則拜，聲入心通也。漏言其通，若作漏穴解，則厚誣聖人矣。鏤、漏同音，扃為漏字之省。」〔註15〕此說亦非是。

## （15）敏給克勤，其德不違，其言可信

按：勤，《史記·夏本紀》、《路史》卷 22 引《大戴禮記》同，今本《大戴禮記·五帝德》作「濟」，《家語·五帝德》作「齊」。齊，讀為濟，王聘珍訓濟為成〔註16〕。違，《史記》、《路史》卷 22 引《大戴禮記》同，今本《大戴禮記》作「回」，《家語》作「爽」。王肅注：「爽，忒。」違、回，並讀為薆，《說文》：「薆，衰也。」《大戴禮記》、《家語》、《史記》「其言可信」上並有「其仁可親」四字，此當據補。

## （16）廟中有鐵屨、鐵荚、石船

　　許校：鐵荚，原作「鐵荚」，今據庫本改。按《類篇》：「荚，草名。」此作草名無解，當作「荚」，同「策」，「鐵策」即鐵杖。

按：《御覽》卷 47 引《郡國志》：「塗山，禹會萬國之所有石舡，長一丈，云禹所乘者，宋元嘉中有人於舡側掘得鐵履一雙。」〔註17〕又卷 770 引作「越州白塗山有石舡，〔長〕一丈，大禹所來乘者，宋元嘉中有人於船側得鐵履一量。」荚，讀為綌。《方言》卷 4：「絅、綌，絞也。關之東西或謂之絅，或謂之綌。絞，通語也。」郭注：「謂履中絞也。」《玉篇》：「綌，履中絞。」《集韻》：「綌，《博雅》：『絅、綌，絞也。』一曰履底繩。」鐵屨、鐵綌，指鐵製的鞋底、鞋繩。庫本臆改，不可信從。

## （17）啟一名建，一名余，母化而為石

　　許校：母化而為石，《御覽》卷 135 引《山海經》：「太室嵩高咸陽西，啟

〔註14〕 方以智《通雅》卷 18，收入《方以智全書》第 1 冊，上海古籍出版社 1988
　　　　年版，第 623 頁。
〔註15〕 朱起鳳《辭通》，上海古籍出版社 1982 年版，第 2156 頁。
〔註16〕 王聘珍《大戴禮記解詁》，中華書局 1983 年版，第 124 頁。
〔註17〕 《太平寰宇記》卷 96 引略同。

母化爲石焉。」

按：《御覽》卷 887 引同，今本《山海經》無此文。考郭璞注《山海經・中山經》泰室之山云：「啓母化爲石而生啓，在此山，見《淮南子》。」此本是郭注文，《御覽》二引，誤爲正文也。郭注已指明出《淮南子》。考《御覽》卷 51 引《淮南子》：「禹娶塗山，化爲石，在嵩山下。后方生，啓曰：『歸我子。』石破北方而生啓。」《漢書・武帝紀》顏師古注：「啓，夏禹子也，其母塗山氏女也。禹治鴻水，通轘轅山，化爲熊。謂塗山氏曰：『欲餉，聞鼓聲乃來。』禹跳石，誤中鼓。塗山氏往，見禹方作熊，慙而去，至嵩高山下，化爲石，方生啓，禹曰：『歸我子。』石破北方而啓生。事見《淮南子》。」〔註18〕今《淮南子》佚。《御覽》卷 51 引《隋巢子》：「啓生於石。」皆謂啓生於石，故說者以爲啓生而母復爲石也。

## （18）夏禹氏絕，少康出于竇之中，復禹績也

許校：績，原作「跡」，今據《左傳》改。

按：不煩改字，跡、績古通。《文選・弔魏武帝文》：「遠跡頓於促路。」李善注：「跡，功業也。《思玄賦》曰：『盍遠跡以飛聲。』」亦皆用借字。古書例證甚多。

## （19）豐下兌上，晳而有鬚

許校：兌，庫本作「銳」。《初學記》卷 9 引《帝王世紀》：「豐下兌上，晳而有髯。」

按：當引《晏子春秋・內篇諫上》：「湯質晳而長顏以髯，兌上豐下。」《宋書・符瑞志上》、《竹書紀年》卷上梁沈約注亦云「豐下銳上，晳而有顣」。「顣」同「髯」。銳、兌，正、借字。

## （20）白狼銜鉤

許校：鉤，原作「劍」，今據《宋書・符瑞志》改。

按：《論衡・恢國》：「湯起，白狼銜鉤。」《隸釋》卷 19《魏公卿上尊號奏》：「□湯革命，白狼銜鉤。」《唐開元占經》卷 116 引《尚書璿璣鈴（鈐）》：

---

〔註18〕《路史》卷 46 引《淮南子》略同。

「白狼銜鈎入殿（殷）朝。」注：「鈎，縛束之要。案《帝王世紀》曰：
『湯得天下要，地有神釐（牽）白狼，銜鈎入殿朝。』」〔註 19〕《御
覽》卷 83 引「鈴」作「鈴」，「殿」作「殷」，注：「鈎，縛束之要，明
湯得天下之要也。」

（21）溲于豕牢，生文王

　　許校：《列女傳》、《宋書・符瑞志》云云。

按：當引《國語・晉語四》：「臣聞昔者大任娠，文王不變，少溲于豕牢而得
　　文王，不加病焉。」韋昭注：「少，小也。溲，便也。」

（22）紂謂西伯曰：「譖汝者，長鼻決耳也。」

按：《說苑・雜言》：「昔者費仲、惡來、〔膠〕革，長鼻決耳，崇侯虎順紂
　　之心，欲以合於意。」〔註 20〕《文選・運命論》李善注引《說苑》作
　　「去鼻決目」，形之誤也。《御覽》卷 571 引《古今樂錄》：「紂謂宜生：
　　『譖岐侯者，長鼻決耳也。』」

（23）文王乃獻洛西，赤壤之國，方千里，請除炮烙之刑，紂許焉

　　許校：國，《尚書正義》作「田」。

按：《資治通鑑外紀》卷 2、《通志》卷 3 亦作「田」字。考《韓子・難二》：
　　「文王乃懼，請入洛西之地，赤壤之國，方千里，以請解炮烙之刑。」
　　「國」字不誤，指封地。此文「洛西」下亦當據補「之地」二字。《史
　　記・殷本紀》：「西伯出，而獻洛西之地，以請除炮烙之刑，紂乃許之。」
　　又《周本紀》：「西伯乃獻洛西之地，以請紂去炮烙之刑，紂許之。」
　　《尚書・泰誓上》《正義》所引爲《殷本紀》之文，孔氏臆改，不足
　　據也。「赤壤」爲地名，《初學記》卷 8 引《上黨記》：「高平、赤壤，
　　其地阻險，百姓不居。」〔註 21〕陳奇猷曰：「松平康國曰：『赤壤，猶
　　言美土也。』案：松說是，國亦地也。……『赤壤』疑亦爲地名。」
　　〔註 22〕陳說「國亦地也」非是。

〔註 19〕《御覽》卷 909 引「釐」作「牽」，《宋書・符瑞志》同。《類聚》卷 12、《玉
　　　　海》卷 198 引《田俅子》：「有神手牽白狼，口銜金鈎，而入湯庭。」
〔註 20〕「膠」字據《御覽》卷 366 引補。
〔註 21〕《御覽》卷 163、《太平寰宇記》卷 45 引「阻險」作「山阻」。
〔註 22〕陳奇猷《韓非子新校注》，上海古籍出版社 2000 年版，第 876 頁。

（24）周武王發，望羊高視，骿齒

許校：《論衡・骨相》：「武王望陽。」《宋書・符瑞志上》：「武王骿齒望羊。」《白虎通・聖人》：「武王望羊。」陳立《疏證》：「《家語・辯樂解》：『黮而黑，頎然長，曠如望羊。』注：『望羊，遠視也。』」《釋名・釋姿容》：「望羊，言陽氣在上，舉頭高，似若望之然也。」又《史記・孔子世家》：「眼如望羊。」《集解》：「王肅曰：『望羊，望羊視也。』」〔註23〕

按：《釋名》一本作「望佯」。劉氏云「言陽氣在上，舉頭高，似若望之然也」，未得其語源。「望羊」、「望陽」，其語源爲「仿佯」，遠大之義，故仰視、遠視皆謂之望羊也。《晏子春秋・諫上》：「杜扃望羊待於朝。」孫星衍曰：「望羊，猶仿佯。」〔註24〕于鬯曰：「或云：『望羊』或轉是人名。」〔註25〕孫說是，于說非也。《樂府詩集》卷57《文王操》：「興我之業，望羊來兮。」望羊亦猶仿佯。徐𤈦曰：「望羊，言如羊之望視。」〔註26〕失之。字或作「望洋」、「盳洋」，《莊子・秋水》：「於是焉河伯始旋其面目，望洋向若而歎曰。」《釋文》作「盳洋」，云：「盳，莫剛反，又音旁，又音望，本亦作望。洋，音羊，司馬、崔云：『盳洋，猶望羊，仰視貌。』」成疏：「望洋，不分明也。」《集韻》：「盳，盳洋，仰視皃。」林希逸注：「洋，海中也。」桂馥曰：「望羊，字又作『洋』，正作『陽』。案：望陽，言能視太陽。」〔註27〕郭慶藩曰：「洋、羊皆叚借字，其正字當作陽，言望視太陽也。太陽在天，宜仰而觀，故爲仰視。」〔註28〕蘇輿曰：「《洪範・五行傳》鄭注：『羊畜之遠視者屬視。』故遠望取義於羊。」〔註29〕胥失之矣。馬敘倫曰：「揚乃美目之稱，揚借爲滕。」亦失之；而馬氏又謂「望洋」爲遠大之義〔註30〕，

〔註23〕許氏引「黮」上有「近」字，又以「曠」字屬上，皆誤。徑正。

〔註24〕孫星衍《晏子春秋音義》卷上，收入《諸子百家叢書》，上海古籍出版社影印浙江書局本1989年版，第63頁。

〔註25〕于鬯《香草續校書》，中華書局1963年版，第97頁。

〔註26〕徐𤈦《徐氏筆精》卷2，收入《叢書集成續編》第17冊，新文豐出版公司1988年印行，第442頁。

〔註27〕桂馥《札樸》，中華書局1992年版，第144頁。其「信案」，「信」未知何人。

〔註28〕郭慶藩《莊子集釋》，中華書局1961年版，第562頁。

〔註29〕轉引自畢沅、王先謙《釋名疏證補》，中華書局2008年版，第88頁。

〔註30〕馬敘倫《莊子義證》卷17，收入《民國叢書》第5編，商務印書館中華民國19年版，第1～2頁。

則得之。字或作「亡陽」，《莊子‧人間世》：「迷陽迷陽，無傷吾行。」郭注：「迷陽，猶亡陽也。」洪頤煊曰：「亡陽，即望羊，古字通用。」〔註31〕單言作「望」，《左傳‧哀公十四年》：「望視。」杜注：「目望陽。」方以智曰：「今曰羊眼人。」〔註32〕今吳語謂之「羊白眼」。

## （25）魏武帝曹操用師，大較依孫吳之法，而因事設奇，量敵制勝，變化如神

按：量，《御覽》卷93引《魏書》同，《三國志‧武帝紀》裴松之注引《魏書》作「譎」。譎，讀爲決。《荀子‧儒效篇》：「譎德而定次，量能而授官。」楊倞註：「譎與商同，古字。商度其德而定位次。本或亦多作譎，譎與決同，謂斷決其德。故下亦有『決德而定次』也。」《荀子‧正論篇》二作，一作「圖」，一作「論」；《荀子‧君道篇》作「論」，《韓詩外傳》卷5作「決」。《通鑑》卷245：「度德而敘位，量能而授官。」論、圖、度，亦皆考量之義。王念孫曰：「作譎者是也，作譎者，譎之譌耳。譎、決古字通。」朱駿聲亦讀譎爲決〔註33〕。

## （26）（曹操）自作兵書十餘萬言，諸將征伐，皆以新書從事。臨事又手爲節度，從令者克捷，違教者負敗

許校：《三國志‧武帝紀》裴松之注引《魏書》：「臨事又（當作叉）手爲節度，從令者克捷，違教者負敗。」又《趙儼傳》裴松之注引《魏略》：「儼叉手上車。」

按：耿廣峰謂「又」當作「叉」〔註34〕，是也；許說傎矣。《御覽》卷93引《魏書》亦作「又」，《冊府元龜》卷44同。許氏所引《魏略》「叉手」，非其誼也。手，親手、親自。《韓子‧難三》：「有間，遣吏執而問之，則手絞其夫者也。」言諸將征伐，皆按曹操兵書辦理，臨事，曹操又親

〔註31〕洪頤煊《莊子叢錄》，收入《讀書叢錄》卷14，《續修四庫全書》第1157冊，上海古籍出版社2002年版，第680頁。

〔註32〕方以智《通雅》卷14，收入《方以智全書》第1冊，上海古籍出版社1988年版，第634頁。

〔註33〕王念孫《荀子雜志》，收入《讀書雜志》卷10，中國書店1985年版，第96頁。朱駿聲《說文通訓定聲》，武漢市古籍書店1983年版，第594頁。

〔註34〕耿廣峰《〈金樓子〉詞匯研究》，溫州大學2010年碩士學位論文，第59頁。又見耿廣峰《〈金樓子〉校讀小識》，《現代語文》2009年第2期，第9頁。

自調度指揮也。

### （27）宋臺建，有司奏東西堂施局腳床、銀涅釘

按：涅，《宋書‧武帝本紀》、《南史‧宋本紀》、《建康實錄》卷 11、《通典》
卷 7 並作「塗」。涅亦塗也。《集韻》：「涅，圬也。」字亦省作泥。塗
或作度，《殷芸小說》卷 1 引《宋武手敕》正作「度」。《南齊書‧高帝
本紀》：「馬乘具不得金銀度。」俗字作鍍，《玉篇》：「鍍，金鍍物也。」
《廣韻》：「鍍，以金飾物。」

### （28）辨解聯環，論精堅白

許校：堅白，喻志行堅貞。《論語‧陽貨篇》：「不曰堅乎，磨而不磷；不
曰白乎，涅而不緇。」何晏《集解》：「孔曰：『磷，薄也。涅，可以染皂。
言至堅者，磨之而不薄；至白者，染之於涅而不黑。喻君子雖在濁亂，濁
亂不能汙。』」

按：許說非也。《莊子‧秋水》言公孫龍「合同異，離堅白」，《史記‧魯仲
連傳》《正義》引《魯連子》言齊之辯士田巴「離堅白，合同異」〔註35〕，
蓋亦祖於公孫龍之學。《淮南子‧齊俗篇》：「公孫龍折辯抗辭，別同異，
離堅白。」「堅白」是戰國時名家學說的一個命題。辨，讀爲辯。《淮南
子‧俶眞篇》：「智終（絡）天地，明照日月，辯解連環，澤潤玉石。」
〔註36〕高注：「始皇遺齊襄王后玉連環，曰：『齊多智，解此環。』后椎
破之，謝曰：『已解矣。』」辯解聯環，論精堅白，言其善於辯論也。《甄
正論》卷 2：「謂縱堅白之辯，乃肆染素之談。」

### （29）凡公私行旅，多停大雷，輒逾信次……軍直兵啟：「風浪大，不
可冒，宜入浦待靜，兼應解周何郎神。」

許校：二神，原作「郎神」。庫本《考證》：「案樂府有《聖郎曲》、《白石
郎曲》，《太平廣記》有郎子神諸稱，似六朝時亦有以郎名神者。然此字於
周瑜爲宜，於何無忌不甚相合。其『解』字雖有禳解一義，亦未明晰。查
《南史‧王僧辨傳》有僧辨進師尋陽，夢周、何二廟神助天子討賊之語，

---

〔註35〕《御覽》卷 385、464、927 引同。
〔註36〕《御覽》卷 464 引「終」作「絡」，《文子‧九守》誤作「統」。詳見蕭旭《淮
南子校補》，花木蘭文化出版社 2014 年版，第 88～89 頁。

正與此所稱相合。以史文相證，『郎神』或當作『二神』。」

按：《類聚》卷 79 引南齊‧謝朓《祭大雷周何二神文》，亦作「二」字。亦可證「周何二神」正在大雷也。「解」即禳解消災之義。

## 《箴戒篇》第二

### （1）夏桀作為璿臺瑤室，象牙之廊，白玉之床，以處之

許校：廊，原作「席」，今據《淮南子》改。《淮南子‧本經訓》：「晚世之時，帝有桀、紂，為琁室瑤臺，象廊玉牀。」《御覽》卷 82 引《尸子》：「桀為琁室瑤臺，象廊玉牀。」

按：許校「席」為「廊」是也。字或省作「郎」，《史記‧龜策傳》：「紂有諛臣，名為左彊，誇而目巧，教為象郎，將至于天；又有玉牀，犀玉之器，象箸而羹。」《集解》引許慎曰：「象牙郎。」《史記考證》引陳子龍曰：「郎之與廊，古字通用也。似以象飾室之名，或作繪象，如後世畫室之意，二義俱通。」〔註37〕陳氏後說「繪象」非也。

### （2）夏桀淫於婦人，求四方美女，積之後宮，收倡優侏儒狎徒能為奇瑋戲者，聚之於傍，造爛熳之樂

許校：《列女傳》卷 7：「桀既棄禮義，淫於婦人，求美女，積之於後宮，收倡優侏儒狎徒能為奇偉戲者，聚之於旁，造爛漫之樂。」「收」字原脫，今據《列女傳》補。

按：《御覽》卷 569 二引《列女傳》，一引「收」作「於」，「美女」上有「四方」二字，「旁」作「房」，「爛漫」作「爛熳」；一為節引，仍作「爛漫」，亦有「四方」二字。「於」字誤，《列女傳》當補「四方」二字，房讀為旁、傍。「爛漫」、「爛熳」，字或作「瀾漫」、「爛縵」、「爛曼」、「瀾熳」、「爛滿」。倒言則作「漫瀾」、「漫爛」、「熳爛」、「熳瀾」。「奇瑋」同「奇偉」。《御覽》卷 82 引《帝王世紀》：「（帝桀）大進侏儒倡優，為爛漫之樂，設奇偉之戲，縱靡靡之聲，日夜與妹喜及宮女飲酒。」《白帖》卷 61 二引《史記》，一作「夏桀大進倡優，〔造〕漫瀾之樂，設奇偉〔之〕戲，〔縱靡〕靡之聲」，一作「夏桀大進倡優，〔造〕漫

〔註37〕《史記考證》，收入景印文淵閣《四庫全書》第 244 冊，臺灣商務印書館 1986 年初版，第 927 頁。

瀾之樂，〔設〕奇偉〔之〕戲，〔縱靡〕靡之聲，爲悦目之玩」。《路史》卷 23 羅苹注引《史記》：「大進倡優，〔造〕漫瀾之樂，設奇偉〔之〕戲，〔縱〕靡靡之聲。」二書所引《史記》，爲佚文，且有脱字，補作如上。「漫瀾之樂」上亦可據《帝王世紀》補「爲」字。《韓詩外傳》卷 2、《新序・刺奢》：「（桀）縱靡靡之樂。」此文「倡優」上亦可據《史記》佚文、《帝王世紀》補「進」字。宋・任廣《書敘指南》卷 7：「私昵之友曰狎徒。」

## （3）蜚蛩滿野，夷羊在牧

許校：蛩，原作「虹」，今據《淮南子》改。《淮南子・本經訓》：「夷羊在牧，飛蛩滿野。」高誘注：「蛩，蟬，蟭蟟之屬也，一曰蝗也。」《史記・周本紀》：「麋鹿在牧，蜚鴻滿野。」《索隱》：「按：高誘曰：『蜚鴻，蟭蟟也。』言飛蟲蔽田滿野，故爲災，非是鴻鴈也。《隨巢子》作飛拾。飛拾，蟲也。」《逸周書・度邑解》：「夷羊在牧，飛鴻遍野。」《類聚》卷 94 引《周書》：「夷羊在牧，飛蛤（按：蛤當作拾。）滿野。」

按：《逸周書》原文作「過野」，乃「遍野」之誤。劉師培曰：「蛤、拾蓋均蝗誤。《淮南》『飛蛩滿野』高注云：『一曰蝗也。』是其證。又案《博物志》卷 8：『夷羊在牧，水潦東流天下（此六字衍），飛鴻滿埜。』」〔註 38〕《博物志》原文作「飛蝗」。「虹」字不誤。「虹」、「鴻」、「蛩」並從工得聲，例得通借。「蛤」蓋「虹」字之誤，劉說非也。因誤作「蛤」，又誤作「拾」也。《御覽》卷 902、《廣博物志》卷 50 引《周書》亦誤作「飛蛤」。《博物志》作「飛蝗」，與高注「一曰蝗也」合。高注「飛蟲蔽田滿野」是也。高注「蛩，蟬」者，《說文》：「秦謂蟬蛻曰蛩。」是蟬蛻曰蛩，而非蟬也，高氏此說非是。《正義》引鄭玄曰：「鴻鴈之避陰陽寒暑，喻民知去無道就有道也。」楊慎曰：「紂有鹿臺以養鹿，故曰麋鹿在牧。蜚鴻，馬名，若白蟻、紫燕之類，蓋良馬也。養麋鹿而棄良馬，故曰『麋鹿在牧，飛鴻滿野』，言其養無用而害有用也。」〔註 39〕二說胥失之。

---

〔註 38〕劉師培《周書斠補》，收入《劉申叔遺書》，江蘇古籍出版社 1997 年版，第 745 頁。

〔註 39〕楊慎《丹鉛餘錄》卷 11，收入景印文淵閣《四庫全書》第 855 冊，臺灣商務

（4）殷帝乙無道，為偶人，謂之天神，與之博，令人為行，天神不
勝，乃戮辱之

　　許校：帝乙，即「帝武乙」。行，行列。

　按：「帝乙」是紂王的父親，和「武乙」不是同一人。「帝武乙」也不能簡稱
　　　為「帝乙」。此文脫「武」字。戮，《御覽》卷 83 引《史記》同，今本
　　　《史記・殷本紀》作「僇」。戮、僇，正、借字，《廣雅》：「戮，辱也。」
　　　令人為行，《後漢書・西羌傳》李賢注作「令人代之行」。是「行」謂行
　　　棋也。為，猶言替、代，介詞。

（5）獵于河渭之間，暴震而死

　按：暴震而死，《史記・殷本紀》作「暴雷，武乙震死」，《後漢書・西羌傳》
　　　李賢注作「遂被雷震而死」。疑今本「暴」下脫「雷」字。

（6）時人為之語曰：「車行酒，騎行炙，百二十日為一夜。」

　按：《論衡・語增》：「或言車行酒，騎行炙，百二十日為一夜。」《意林》卷
　　　3 引《論衡》「夜」作「月」。《書鈔》卷 20、145 引《帝王世紀》：「紂
　　　宮九市，車行酒，騎行炙。」〔註40〕

（7）帝紂時，木林之地，宵陷為池，池生淫魚，取而食之

　　許校：淫魚，《淮南子・說山訓》：「瓠巴鼓瑟，而淫魚出聽。」

　按：《三國志・郤正傳》裴松之注、《文選・蜀都賦》、《吳都賦》劉淵林註、
　　　《白帖》卷 98 引《淮南子》並作「鱏魚」。「淫」為「鱏」之音轉，取
　　　義於「潭」，古楚語，深淵也。《論衡・感虛篇》：「傳書言：『瓠芭鼓瑟，
　　　淵魚出聽。』」正作「淵魚」。又音轉為「潛魚」、「沈魚」、「流魚」、「游
　　　魚」〔註41〕。

（8）帝紂時，天雨丹血、灰及石，大者如甕，小者如箕

　　許校：灰，原作「布」，今據《六韜》改。《御覽》卷 83 引《六韜》：「殷國
　　　常雨血、雨灰、雨石，小者如雞子，大者如箕。」

---

　　　印書館 1986 年初版，第 67～68 頁。
〔註40〕《白帖》卷 16、《御覽》卷 83 引略同。
〔註41〕詳見蕭旭《〈淮南子〉古楚語舉證》，《東亞文獻研究》總第 6 輯，2010 年 8
　　　月出版，第 68～70 頁。

按：許校是也。《御覽》卷 21、51 引《六韜》同卷 83 所引。《治要》卷 31
引《六韜‧文韜》：「殷國嘗雨血、雨灰、雨石，小者如椎，大者如箕。」
《御覽》卷 874 引《六韜》：「殷國嘗雨血、雨石，大者如甕，小者如
箕。」與此文尤近。《唐開元占經》卷 3 引皇甫士安曰：「殷紂暴虐，
天雨灰。」亦作「雨土」，今本《竹書紀年》卷上：「五年夏，雨土於
亳。」《墨子‧非攻下》：「遝至乎商王紂……十日雨土于薄。」〔註42〕
《御覽》卷 877 引《尚書中候》：「殷紂時，十日雨土於亳。」「雨土」
即「雨灰」也。

### （9）西周君奔秦，蹶角受罪，遣獻其邑

許校：蹶角，亦作「厥角」。《漢書‧諸侯王表》顏師古注：「應劭曰：『厥
者，頓也。角者，額角也。』」《文選‧與陳伯之書》劉良注：「蹶角，謂以
額角叩地也。」

按：本字為觤〔註43〕，《說文》：「觤，角有所觸發也。」字亦作撅，《集古今
佛道論衡》卷 4：「蹶角受化。」宋、元本作「撅角」。耿廣峰謂「厥為
蹶的古字……蹶有倒義」〔註44〕，非也。

### （10）漢昌邑王賀嘗召皇太后御果下馬，使官奴服之

許校：服，服事。

按：許說非也。服，讀為犕。《說文》：「犕，《易》曰：『犕牛乘馬。』」今
《易‧繫辭下》作「服」。犕亦乘也。《後漢書‧皇甫嵩傳》李賢注：
「犕，古服字，今河朔人猶有此言，音備。」字或作備，《史記‧趙
世家》：「今騎射之備，近可以便上黨之形，而遠可以報中山之怨。」
《戰國策‧趙策二》作「服」。

### （11）漢靈帝起畢圭、靈琨苑，以珉玉為壁

許校：畢，原作「篳」，今據《後漢書》改。《後漢書‧靈帝紀》：「作畢圭、
靈琨苑。」又《楊賜傳》：「帝欲作畢圭、靈琨苑。」

按：「篳」字不當改作。《靈帝紀》之「畢圭」，《通鑑》卷 57 作「畢圭」。

---

〔註42〕 薄，《唐開元占經》卷 3 引作「亳」，《御覽》卷 37 引作「幾內」。
〔註43〕 朱駿聲《說文通訓定聲》，武漢市古籍書店 1983 年版，第 685～686 頁。
〔註44〕 耿廣峰《〈金樓子〉詞匯研究》，溫州大學 2010 年碩士學位論文，第 51 頁。

《楊賜傳》本作「畢圭」，《東觀漢記》卷 20 同，許氏失檢。《後漢書・獻帝紀》、《董卓傳》亦作「畢圭」。罼、畢，當讀爲篳。《禮記・儒行》：「儒有一畝之宮，環堵之室，篳門圭窬，蓬戶甕牖。」鄭注：「篳門，荊竹織門也。圭窬，門旁窬也。穿牆爲之，如圭矣。」《左傳・襄公十年》：「篳門閨竇之人，而皆陵其上，其難爲上矣。」杜預注：「篳門，柴門也。閨竇，小戶，穿壁爲戶，上銳下方，狀如圭也。」「篳圭」即「篳門圭窬」、「篳門閨竇」之省稱。「篳」取其本義爲解。《說文》：「篳，藩落也。《春秋傳》曰：『篳門圭窬。』」《廣韻》「窬」字條引《春秋傳》亦作「篳門圭窬」。字或作蓽，《文選・贈何劭王濟》李善註、《周禮・匠人》賈疏、《類聚》卷 35、《玄應音義》卷 9、《慧琳音義》卷 92、《御覽》卷 188、484 引《禮記》並作「蓽門圭竇」，《廣韻》「窬」字條引《禮記》作「蓽門圭窬」。《類聚》卷 63、《御覽》卷 182、186 引《左傳》並作「蓽門圭竇」。《玉篇》：「篳，荊竹織門也，蔽也，藩也，《春秋傳》曰：『篳門圭窬。』亦作蓽。」從俞之字多有投（豆、頭）音。窬、竇古音同，實一字之異體〔註45〕。

<hr>

〔註45〕《禮記・儒行》《釋文》：「窬，徐音豆，《說文》云：『穿木戶也。』郭璞《三蒼解詁》云：『門旁小窬也，音史。』《左傳》作竇。」《廣韻》「竇」、「窬」同音田候切。《釋名》：「齊人謂如衫而小袖曰侯頭。侯頭，猶言解瀆臂，直通之言也。」《廣韻》：「褕，襦褕，小衫。」《集韻》：「褕，襦褕，短袖襦。徒侯切。」《類篇》：「褕，襦褕，短衫。」徐復曰：「褕，與頭同音，漢時稱侯頭。後加偏旁作襦褕。褕字從俞，本喻母四等字，古讀舌頭定母，故與頭字同音。」此「褕」、「頭」、「瀆」音轉，即「窬」、「竇」古音同之確證也。《後漢書・班固傳》《西都賦》：「揄文竿，出比目。」李賢注：「《說文》曰：『揄，引也。』音投。」《文選・西都賦》李善本作「揄」，五臣本作「投」。李善注：「投與揄同，《說文》曰：『揄，引也。』音頭。」劉良注：「投，引也。」白居易《想東遊》：「投竿出比目，擲果下獼猴。」是白氏所見本亦作「投」字也。《史記・司馬相如傳》《子虛賦》：「揄紵縞。」《漢書・司馬相如傳》顏師古註：「揄，音踰，又音投也。」《文選・子虛賦》李善本作「揄」，五臣本作「投」，《類聚》卷 66 引亦作「投」。《太玄・玄瑩》《釋音》：「揄，音投，引也。」《書・酒誥》《釋文》：「揄，音投。」《莊子・漁父》《釋文》：「揄，李音投。」《太玄・務》《釋音》：「緰，七侯切，又音投。」《急就篇》卷 2 顏師古註引黃氏曰：「緰，音投。」《玉篇》：「牏，之句切，又音頭。」《史記・萬石君傳》《集解》引蘇林曰：「牏，音投。」《齊民要術・種桑柘》孫氏舊注：「醏，音頭。」《廣韻》「醏、俞、揄、腴、緰、歈、牏、窬、鑢（𪏲）」九字與「投」同音度侯切，《集韻》「褕（褕）、揄、腴、緰、歈、牏、窬、鑢（𪏲）、𠪳、逾、鹼、荼」十二字與「投」同音徒侯切。《龍龕手鑑》：「俞，

（12）耀兵平樂觀

　　　　許校：觀，原作「館」，今據《後漢書》改。

　按：庫本亦改作「觀」，然「館」爲本字，不煩改也。《漢書》「平樂館」四
　　　見。《後漢書》作「觀」，借字。《春秋·莊公元年》：「築王姬之館於外。」
　　　《白虎通義·嫁娶》引「館」作「觀」。《史記·孝武本紀》：「今陛下可
　　　爲觀如緱氏城。」《封禪書》同，《漢書·郊祀志》「觀」作「館」。

（13）收天下田畝十錢以治室

　　　　許校：收，《後漢書》作「稅」。

　按：《後漢紀》卷 25、《晉書·食貨志》作「收」，《通鑑》卷 58 作「斂」。

（14）其秩石擬百官之數

　　　　許校：秩石，原作「名」，今據《三國志》裴注引《魏略》改。又《通鑑》
　　　　卷 73：「婦官秩石擬百官之數。」

　按：陳志平、熊清元校同〔註46〕。《書鈔》卷 160、《御覽》卷 145 引《魏
　　　略》亦作「秩石」。「名」爲「石」誤，又脫「秩」字。《御覽》卷 94
　　　引《魏書》作「秩名」，「秩」字不脫，「名」字亦誤。

（15）群臣穿方舉土，面目垢黑，沾體塗足，衣冠了鳥

　　　　許校：《三國志·明帝紀》〔注〕引《魏略》：「使穿方舉土，面目垢黑，沾
　　　　體塗足，衣冠了鳥。」《通鑑》卷 73 全引上文，胡三省註：「了鳥，衣冠
　　　　摧敝之貌。」又《敬齋古今黈》卷 9：「了鳥當竝音去聲，今世俗人，謂
　　　　腰膂四支不相收拾者，謂之了鳥，即此語也。音料掉。」

　按：《敬齋古今黈》共 8 卷，許氏所引在卷 4，失檢。「了鳥」爲「了了」音
　　　轉，亦作「了佻」、「了佁」、「了乚」等形，縣物之皃，引申之則有長義，

---

音頭。」又「嵪，又音頭。」皆其證也。徐復《變音疊韻詞纂例》，收入《徐
復語言文字學叢稿》，江蘇古籍出版社 1990 年版，第 131 頁。《四庫全書總
目》卷 102：「考《文獻通考》載李燾孫氏《齊民要術音義解釋序》曰：『賈
思勰著此書……奇字錯見，往往艱讀，今運使秘丞孫公爲之音義，解釋略備。』
則今本之注，蓋孫氏之書，特《宋藝文志》不著錄，其名不可考耳。」收入
景印文淵閣《四庫全書》第 3 冊，臺灣商務印書館 1986 年初版，第 188 頁。
〔註46〕陳志平、熊清元《鮑本〈金樓子〉勘誤札記》，《黃岡師範學院學報》2011 年
　　　第 2 期，第 35 頁。

亦有弊敗之義〔註47〕。

**（16）魏齊王芳不親萬機，耽淫內寵，日延倡優，迎六宮家人留止內房**

按：延，《三國志・齊王芳傳》同，下文「魏齊王芳日延倡優」亦同，《晉書・景帝紀》作「近」。《通鑑》卷76、《通鑑紀事本末》卷11、《通志》卷10作「褻近倡優」。「延」當作「近」，形之誤也。

**（17）優人唱曰：「青頭雞。」青頭雞者，鴨也。芳懼，不敢發**

按：「鴨」諧音「押」，簽署。《玉篇》：「押，署也。」顧炎武曰：「按：鴨者，勸帝押詔書耳。是則以親署為押，已見於三國時矣。」〔註48〕

**（18）衛瓘被酒，拊帝座云：「此座可惜。」**

按：《史記・高祖本紀》：「高祖被酒。」《正義》：「被，加也。」《漢書》顏師古注：「被，加也。被酒者，為酒所加。」《世說新語・規箴》作「如醉」，《晉書・衛瓘傳》作「託醉」，《通鑑》卷80作「陽醉」。

**（19）帝猶不悟，乃佯言曰：「公醉耶？」**

按：「帝猶不悟」與下文不貫，當作「帝意乃悟」。《世說新語・規箴》作「帝雖悟，因笑曰：『公醉邪？』」劉孝標注引《晉陽秋》作「帝意乃悟，因謬曰：『公真大醉也。』」《晉書・衛瓘傳》作「帝意乃悟，因謬曰：『公真大醉耶？』」《通鑑》卷80作「帝意悟，固（因）謬曰：『公真大醉耶？』」

**（20）乃發貴妃墓，縱糞於孝建家，曰：「齇奴，何意生我？」孝建多昏縱，故有「齇奴」之目**

許校：齇，原作「查」，今據《南史》改。《南史・宋本紀》：「乃縱糞於陵，肆罵孝武帝為『齇奴』。」《御覽》卷357引《談藪》：「宋廢帝常入武帝廟，指其畫像曰：『此渠大好色，不擇尊卑。』顧謂左右：『渠大鼻，如何不齇？』即令畫工齇。」齇，俗稱酒糟鼻。《玉篇》：「齇，鼻上皰。」

按：「查」為「齇」字之省，不當輒改。許氏所引《談藪》，亦見《魏書・

---

〔註47〕 參見蕭旭《敦煌寫卷P.5001〈俗務要名林〉「了」□」考辨》，《古籍研究》2011年卷，第78～84頁。
〔註48〕 顧炎武《日知錄》卷28，陳垣校注，安徽大學出版社2007年版，第1638頁。

劉子業傳》：「次入其父駿廟，指駿像曰：『此渠大好色，不擇尊卑。』顧謂左右曰：『渠大齄鼻，如何不齄之？』即令畫工齄駿像鼻。」《通鑑》卷 130：「指世祖像曰：『渠大齄鼻，如何不齄？』立召畫工令齄之。」胡三省註：「齄，鼻上皰也。柳宗元詩曰：『嗜酒鼻成齄。』」桂馥曰：「《玉篇》作『齇，鼻上皰也』。馥案：齄，俗字，猶樝省作查。《廣韻》又作皻。」〔註49〕《史纂通要》卷 12 作「乃縱糞於陵，肆罵爲齄奴」，皆正作「齄」字。《類聚》卷 17 引《幽明錄》：「河東賈弼之，義熙中爲琅琊府參軍，夜夢有一人，面查皰（注：防老反），甚多鬚，大鼻瞋目，請之曰：『愛君之貌，欲易頭，可乎？』」《御覽》卷 364 引作「齇皰（皰）」，《天中記》卷 22 引作「瘡皰」，《太平廣記》卷 276 引作「瘡皰」，又卷 360 引《西明雜錄》作「查醜」，唐·李冗《獨異志》卷上作「面貌極齇醜」。此「查」爲「齄」省之顯證也。王海根謂《西明雜錄》之「查」讀爲參，訓張開、闊〔註50〕，非也。「瘡」亦「齄」俗字。宋·張杲《醫說》卷 6：「王仲禮嗜酒，壯歲時瘡瘡發於鼻，延於顙。」《景岳全書》卷 49：「頭面黯斑瘡皰。」南唐·宋齊邱《玉管照神局》卷中：「孤壽相孤神貌：斗睛目，反輪耳，孤眉，酒查鼻，露齒。」元·戴良《滄洲翁傳》：「且其鼻赤查而色澤。」《仁齋直指》卷 21 有治「酒查鼻方」。亦皆省作「查」字。字或作皻、皻、臚，《玉篇》：「皻，皰也，今作齇。」《集韻》：「皻、齇、臚、皻：鼻上皰，或从鼻从肉，亦作皻。」《巢氏諸病源候總論》卷 27：「酒皻候，此由飲酒熱勢衝面，而遇風冷之氣，相搏所生，故令鼻面生皻赤皰币币然也。」又卷 35：「飲酒熱未解，以冷水洗面，令惡瘡輕者皻皰。」俗亦作渣字。晉唐間人多以奴爲名，參見《說郛》卷 11 引楊伯嵒《臆乘》。何意，猶言何故、何以〔註51〕。

## （21）宋蒼梧王，鍼椎鑿鋸之徒，不離左右

許校：鍼椎鑿鋸，原作「鈐鑿錐鋸」，今據《宋書》改。《宋書·後廢帝紀》：「鍼椎鑿鋸之徒，不離左右。」《南史·宋本紀》：「鉗鑿錐鋸，不

〔註49〕桂馥《札樸》卷 3，中華書局 1992 年版，第 106 頁。
〔註50〕王海根《古代漢語通假字大字典》，福建人民出版社 2006 年版，第 436 頁。
〔註51〕參見王鍈《唐宋筆記語辭匯釋》，中華書局 2001 年版，第 68～69 頁。

離左右。」

按：「鈐」字不煩改作。《廣韻》「箝」、「鉗」、「鍼」、「鈐」、「鏚」並音巨淹切。「鈐」、「鏚」並讀爲箝、鉗。《御覽》卷 128 引《宋書》作「鉗鑿錐鋸」。《篇海類編》：「鈐，與鉗、鉆同。」《通鑑》卷 136：「弓矢刀鈐。」胡三省註：「鈐與鉗同。」《增韻》：「鏚，與鉗同。」《通鑑》卷 134 亦作「鏚椎鑿鋸」，胡註：「鏚與鉗同。」字亦作拑、柑、鉆，例略。

## （22）輒以犀如意打牀

許校：犀如意，疑即水犀如意。《類聚》卷 70 引梁簡文帝《謝勅賚水犀如意啟》。

按：《廣弘明集》卷 21 引作梁昭明太子《謝勅賚水犀如意啓》，《昭明太子集》卷 3 亦載之。「水」疑「木」字之譌。《能改齋漫錄》卷 2：「齊高祖賜隱士明僧紹竹根如意，梁武帝賜昭明太子木犀如意，石季倫王敦皆執鐵如意。三者以竹、木、鐵爲之，蓋爪杖也。」

## （23）齊鬱林王既嗣位，嘗夜中與宦者共刺鼠至曉，皆用金銀釵

按：《莊子·天下》：「指不至，至不絕。」《釋文》：「一云指之取火以鉗，刺鼠以錐，故假于物，指是不至也。」《抱朴子外篇·審舉》：「則寸錦足以知巧，刺鼠足以觀勇也。」此「刺鼠」事也。

## （24）東昏侯寶卷，黑色身，纔長五尺，猛眉出口

許校：猛眉，猶惡眉。《玉篇》：「猛，惡也。」

按：許氏以「身」字屬上，誤。「猛眉」、「出口」亦逗開。猛眉，言眉之密也。《說郛》卷 114 引梁·陶弘景《冥通記》：「忽見一人，長可七尺，面小口鼻，猛眉，多少有鬚，青白色，年可四十許。」亦其例。今吳語、江淮官話尚謂密、稠密爲猛，《靖江縣志》：「稠密曰猛。」〔註 52〕余正靖人，猶知此語。「出口」者，蓋指嘴之突出。《初學記》卷 19 引劉思眞《醜婦賦》：「才質陋且儉，姿容劇嫫母。鹿頭獼猴面，椎額復出口。折頞齆摟鼻，兩眼顳如臼。膚如老桑皮，耳如側兩手。頭如研米槌，髮如掘掃帚。」〔註 53〕

---

〔註 52〕 參見許寶華、宮田一郎《漢語方言大詞典》，中華書局 1999 年版，第 5640 頁。
〔註 53〕 顳，《御覽》卷 382 引同，《古今事文類聚》後集卷 12 引作「坳」，字同。

（25）齊東昏侯時，後宮遭火之後，更起仙華、神仙、玉壽殿，刻畫雕彩，青金鉛帶，錦幔珠簾，窮極巧麗

　　　許校：朱文藻校：「『鉛』字似誤。」按，《南齊書・東昏侯紀》作「青葩金口帶」。

　按：《南齊書・東昏侯本紀》作「刻畫雕綵，青荶金口帶，麝香塗壁，錦幔珠簾，窮極綺麗」，《冊府元龜》卷218作「青葩金口帶」（庫本「葩」作「荂」）。許氏失檢。耿廣峰謂「『金口』顯然是『鉛』字一分爲二，同時殘缺『几』部的結果……與『荶』、『荂』形體相近的有一個『蕵』字，爲蘭草……帶即壁帶，鉛表順沿義……『青荶』、『青葩』、『青荂』是『青蕵』之訛。『青金』是『青荃』之形訛，指香草」，並引唐人皮日休《登初陽樓》「危樓新製號初陽，白粉青蕵射沼光」以證「青蕵」之義〔註54〕。耿君校爲「青蕵」、「鉛帶」是也，而校爲「青荃」，讀鉛爲沿，則有可議。鉛，指鉛粉。《說文》：「粉，傅面者也。」古代傅面之粉，主要有米粉、鉛粉二種，「粉」本名詞，亦可用爲動詞，名、動相因。《集韻》：「粉，傅也，飾也。」此文「鉛」亦用爲動詞，與「粉」同例，粉飾、塗抹義。此文作「青金」者，蓋後人不達脫「青蕵」之誼，又涉「鉛」指青金，因改其文也。

（26）齊東昏侯潘妃，嘗著裲襠袴

　　　許校：裲襠袴，疑即「袴褶」，亦稱膝褲……亦即古之無底襪也。

　按：許說非也。《釋名》：「裲襠，其一當胷，其一當背也。」《慧琳音義》卷37引《古今正字》：「襠即背襠也，一當背，一當胷。」言其一當胷，其一當背，是爲兩當也。以爲衣名，故加衣旁作「裲襠」。王先謙曰：「按即唐宋時之半背，今俗謂之背心，當背當心，亦兩當之義也。」〔註55〕《廣雅》：「裲襠謂之袙腹。」《宋書・柳元景傳》：「安都怒甚，乃脫兜鍪，解所帶鎧，唯著絳衲兩當衫，馬亦去具，裝馳奔以入賊陣。」《南史》、《通鑑》卷125同。胡三省註：「前當心，後當背，謂之兩當衫。」言柳元景潘脫去兜鍪鎧甲，唯著背心也。正作本字「兩當」。字或作「兩

---

〔註54〕耿廣峰《〈金樓子〉詞匯研究》，溫州大學2010年碩士學位論文，第52～54頁。又耿廣峰《利用〈金樓子〉校勘古籍二則》，《德州學院學報》2009年第5期，第40～41頁。
〔註55〕畢沅、王先謙《釋名疏證補》，中華書局2008年版，第172頁。

襠」，曹植《上先帝賜鎧表》：「先帝賜臣鎧黑光、明光各一領，兩當鎧一領。」《初學記》卷 22 引曹植表、《御覽》卷 312、693 引《宋書·柳元景傳》並作「兩襠」。《宋書·五行志》：「至元康末，婦人出兩襠，加乎脛（頸）之上，此內出外也。」〔註56〕此文裲襠袴，蓋謂袴有前後襠，與衣有前後襠，其義一也。《六書故》：「襠，窮袴也。今以袴有當而旁開者爲襠，本單作當。」亦謂之「縵襠袴」、「襸襠袴」。《南史·夷貊傳》：「著長身小袖袍、縵襠袴。」《御覽》卷 789 引《南夷志》：「男小繒布爲襸襠袴。」敦煌寫卷 S.3877V《戊戌年洪潤鄉百姓令狐安定僱工契》：「春衣壹對，汗衫襸襠並鞋一兩。」字或作「漫襠」，敦煌寫卷 P.3391《雜集時用要字》：「半臂、褐衫、漫襠。」又謂之「窮綺」、「窮袴」、「褌襠褲」、「渾襠袴」、「緄襠袴」、「裩襠袴」，《御覽》卷 567 引《五經通義》：「康國樂……舞二人，緋襖、錦袖、綠綾、褌襠褲、赤皮靴、白褲。」《通典》卷 146 作「渾襠袴」，《舊唐書·音樂志》省作「襠袴」。《漢書·外戚列傳》：「窮綺。」服虔曰：「窮綺有前後當，不得交通也。」《御覽》卷 695 引作「窮袴」。顏師古曰：「綺，古袴字也。窮綺，即今之緄襠袴也。」《增韻》卷 4 引作「裩襠袴」。《南齊書·東南夷傳》：「高麗俗服窮袴。」又謂之「連襠袴」，《書敘指南》卷 4：「連襠袴曰窮袴。」今吳語尚謂之「縵襠袴」、「連襠袴」。又謂之「合襠」，《急就篇》卷 2 顏師古註：「合襠謂之褌，最親身者也。」

## 《后妃篇》第三

（1）夫以坤維厚載，實配乾道；月以陰精，用扶陽德

　按：疑當乙作「夫維坤以厚載」。

（2）及遙光破敗之後，其子詡等，並多躓弊

　　許校：躓，疲弊。

　按：躓，傾頓。弊，讀爲斃。《說文》：「斃，頓仆也。」二字同義連文。引申爲事不順利、衰敗。《玄應音義》卷 4、5、17 並引《通俗文》：「事不利曰躓。」

---

〔註56〕《晉書·五行志》「脛」作「交領」。

## （3）且妬婦不憚破家，況復甚於此者也

按：妬婦不憚破家，《意林》卷 2 引《申子》：「妒妻不難破家，亂臣不難破國。」
《易林·觀之隨》：「躓馬破車，惡婦破家。」又《革之解》：「馬蹄躓車，
婦惡破家。」〔註57〕又《觀之隨》：「躓馬破車，惡婦破家。」又《賁之
乾》：「八口九頭，長舌破家。」又《大過之大有》：「馬躓車傷，長舌破
家。」《佛說孛經抄》：「邪友壞人，佞臣亂朝，孽婦破家，惡子危親。」
敦煌寫卷 S.1380《應機抄》：「古人云：『妬婦不慮破家，佞臣不憂敗國。』」
當皆本自《逸周書·武稱解》：「美男破老，美女破舌。」《戰國策·秦策
一》引《周書》：「美女破舌……美男破老。」鮑彪註：「破壞其事，舌指
諫臣。老，老成人。」鮑說未得。吳師道補注：「《汲塚周書》：『美男破
老，美女破舌，武之毀也。』注云：『所以毀敵也。』《修文御覽》引《周
書》作：『美男破產，美女破車。』」段玉裁、王念孫謂「舌」為「后」
形誤，朱駿聲、孫詒讓、金正煒、何建章、范祥雍並從之〔註58〕。劉師
培曰：「舌、車音殊，奚克通叚？蓋『舌』本作『居』，《修文御覽》『車』
則同音借字……破居，猶云毀室。今本訛『舌』，《雜志》易『后』，似非。」
〔註59〕劉說是也，四部叢刊本影印元至正年間刊刻的鮑注吳校本正作「美
女破居」〔註60〕，景宋本《御覽》卷 379 引《十二國史》亦作「美男破
老，美女破居」。「美女破居」即「長舌破家」、「妬婦破人家」也。《逸周
書·史記解》：「美女破國。」「破居」、「破家」，與「破國」相類。當上
溯至《周書》；惟傳世本《周書》有訛誤，當校正〔註61〕。

## （4）時靖惠王尚康勝，咸以為不然

許校：靖惠王，原作「靜惠王」，今據《梁書》、《南史》改。咸，《御覽》

---

〔註57〕 尚秉和曰：「蹄音弟，與躓同，躓也。馬蹄，故車躓。」尚秉和《焦氏易林注》，
 光明日報出版社 2006 年版，第 202 頁。

〔註58〕 段、王、朱、孫四說並轉引自黃懷信主編《逸周書彙校集注（修訂本）》，上
 海古籍出版社 2007 年版，第 87～88 頁。金正煒《戰國策補釋》，收入《續修
 四庫全書》第 422 冊，上海古籍出版社 2002 年版，第 446 頁。何建章《戰國
 策注釋》，中華書局 1990 年版，第 110 頁。

〔註59〕 劉師培《周書補正》，收入《劉申叔遺書》，江蘇古籍出版社 1997 年版，第 729
 頁。

〔註60〕 《戰國策》，上海古籍出版社 1985 年版，第 126 頁。

〔註61〕 以上參見蕭旭《敦煌寫本〈王梵志詩〉校補》，收入《群書校補》，廣陵書社
 2011 年版，第 1281～1282 頁。

卷 731 作「或」。

按：「靜」、「靖」古通，不煩改作。「靖郭君」或作「靜郭君」，是其比。《御覽》卷 731 引亦作「靜」字。「或」爲「咸」形譌。

（5）乃笑而言曰：「此人後身，會當更屬我。」

　　許校：會當，必當，該當。

按：會，終究、總歸。會當，猶言終當〔註62〕。

（6）嘗有銀帶被匣，左右就邊敭之，將近盈把

　　許校：敭，同「揚」，飛舉。「敭」雖含舉義，然謂「就邊敭之」亦難圓通，疑其字或當作「剔」，剔者剜挑也。

按：敭，讀爲煬，字或作烊、洋，熔化金屬。《廣韻》「敭」、「煬」同音與章切。《玄應音義》卷 16、24：「洋銅：謂煮之消爛洋洋然也。《字略》作煬，釋金也。」《廣韻》：「煬，釋金。」又「烊，焀（銷）烊，出陸善經《字林》。」《集韻》：「煬，爍金也，或作烊。」《六度集經》卷 3：「洋銅沃口。」宋本作「煬」，元、明本作「烊」。《佛說孫多耶致經》卷 1：「寧吞熱鐵飲洋銅。」宋、元、宮本作「烊」。《佛說觀佛三昧海經》卷 5：「獄卒羅刹以鉗秅口，飲以烊銅。」宋、元、明本作「洋」。《雜阿含經》卷 5：「非不消煬。」宋本作「洋」，元、明本作「烊」。其語源爲「洋」字，故玄應云「消爛洋洋」也。《賢愚經》卷 11：「須彌巨海，都爲灰煬。」宋、元、明本作「灰揚」。此例「煬」讀爲揚，是「煬」、「揚」可同音互借也。

（7）言出于近，千里必應

按：二句語出於《易・繫辭上》：「子曰：『君子居其室，出其言善，則千里之外應之，況其邇者乎？居其室，出其言不善，則千里之外違之，況其邇者乎？言出乎身，加乎民；行發乎邇，見乎遠。』」《晏子春秋・外篇》：「語有之：『言發於爾（邇），不可止於遠也；行存於身，不可掩於眾也。』」《淮南子・人間篇》：「夫言出於口者，不可止於人；行發於邇者，不可禁於遠。」《說苑・說叢》：「言出於己，不可止於人；行發於邇，不可

止於遠。」又《君道》：「言出於身，加於民；行發乎邇，見乎遠。」《漢
書・董仲舒傳》：「言出於己，不可塞也；行發於身，不可掩也。」又《王
吉傳》：「行發於近，必見於遠。」

### （8）觸目屠殞，自咎自悼

按：陳・徐陵《與宗室書》：「號慕無窮，肝膽屠殞。煩冤詈臆，不自堪居。」
又《與王僧辯書》：「號慕煩冤，肝腸屠殞。」《說文》：「屠，刳也。」
《廣韻》：「屠，裂也。」此篇下文「拊膺屠裂，貫裁心髓」、「煩冤拔懊，
肝心屠裂」，「屠裂」同義連文。屠殞、屠裂，皆形容極度愁痛。殞，讀
爲隕。《淮南子・覽冥篇》高注：「隕，壞也。」

### （9）顧復之恩，終天莫報；陟岵之心，鯁慕何已

按：鯁，讀爲哽，哽咽。晉・陸雲《吊陳永長書》：「望企鯁咽。」亦其例。

### （10）樹葉將夏，彌切風樹之哀；戒露已濡，倍縈霜露之戚

許校：戒，通「屆」，至也。

按：《類聚》卷90引《風土記》：「鳴鶴，戒露。此鳥性警，至八月白露降流
於艸上，滴滴有聲，因即高鳴相警移徙。」「戒」取警戒之誼，許說非
也。戒露已濡，言鳴鶴已沾濡白露也。戚，四庫本誤作「切」。

### （11）煩冤拔懊，肝心屠裂

按：拔，讀爲怴、怓。《說文》：「怴，恨怒也。」《集韻》：「怴、怓，《博雅》：
『怒也。』或從夊。」

### （12）竊深游張之感，彌切蒼舒之報

許校：游張，謂子游、子張，皆孔子弟子。蒼謂後漢東平憲王劉蒼，「舒」
字疑乃「京」字形譌，當謂蒼弟琅邪孝王劉京。

按：蒼舒，庫本誤作「蒼野」。游張之感、蒼舒之報，皆孝子之典。《水經
注》卷 24：「昔汝南步游張，少失其母，及爲縣令，遇母于此，乃使
良馬踟躕，輕軒罔進，顧訪病姬（嫗）〔註63〕，乃其母也。誠願宿憑

---

〔註63〕楊守敬曰：「此姬當嫗之誤。」楊守敬《水經注疏》，江蘇古籍出版社1989年
版，第2026頁。

而冥感昭徵矣。」《太平寰宇記》卷17：「漢時汝南步游張少孤，四歲，母拾麥，爲人賣。游張後爲取慮令，春月按行高年，至里頭，有病嫗，馬便不前，自下問訊，乃其母也。」《御覽》卷413引蕭廣濟《孝子傳》：「宿倉舒，陳留尉氏人也。年七歲，遭荒，父母飢苦，倉舒求自賣與潁川王氏，得大麥（麦）九斛。後王氏免之，累官除上黨太守。後尋覓父母，經太原南郭，忽見母，遂還舊居，母卒，悲號而死。」〔註64〕《太平寰宇記》卷1引《孝子傳》：「宿蒼舒，陳留尉氏人，小有至性，七歲，遭饑荒，賣身爲奴，以供父母，後起家爲上黨太守。」「倉舒」即「蒼舒」。

## 《終制篇》第四

### （1）夫有生必有死，達人恒分

許校：分，本分。

按：分，明白，清楚，理解。《呂氏春秋・察傳》高注：「分，明也。」

### （2）棺槨之造，起自軒轅，周室有墻翣之飾，旌銘之儀，晉文公請隧，桓司馬石槨，甚非謂也

按：《古今事文類聚》前集卷57、《古今合璧事類備要》前集卷66引此數語在「愼無以血臚（臛）膋腥爲祭也」句下。引「墻」作「廧」，無「旌銘之儀」四字，「非謂」作「亡謂」。墻、廧，正、俗字。《後漢書・趙咨傳》：「周室因之，制兼二代，復重以牆翣之飾，表以旌銘之儀，招復含歛之禮。」

### （3）吾之亡也，可以……《曲禮》一卷，《孝經》一秩，《孝子傳》并陶華陽劍一口，以自隨

按：《古今事文類聚》前集卷57、《古今合璧事類備要》前集卷66引並作「吾之亡也，可以一卷《孝經》，一帙《老子》，陶華陽劍一口，以自隨」。「秩」同「帙」。今本「孝子傳」，蓋「老子」之誤。

---

〔註64〕四庫本作「倉野」，與此篇誤同。宋・王應麟《姓氏急就篇》卷下「宿」姓亦引《孝子傳》「宿倉舒」爲證。

（4）杜元凱求葬於蔡仲冢邊，杜臧求葬於蘧伯玉之側

　　許校：「杜臧」疑誤，隋以前諸史中未見其人，「杜」字蓋涉上杜元凱名而誤。今檢《三國志》，知求葬蘧伯玉側者，乃魏武帝曹操子、中山恭王袞也。

按：本書《說蕃篇》亦言曹袞（袞）求葬於蘧瑗墓側。蔡仲，《古今事文類聚》前集卷 57 引作「路仲」，《古今合璧事類備要》前集卷 66 引作「祭仲」。「路」字誤。杜臧，《事文類聚》引作「曹子臧」，《事類備要》引作「曹子藏」。許考爲曹袞，是也。「子臧（藏）」蓋其字，而史失載之。

（5）金蠶無吐絲之實，瓦雞乏司晨之用

　　許校：「吐」字原闕，庫本校：「原缺一字。」今據《集成》本補。《御覽》卷 905 引《抱朴子》：「陶犬無守夜之益，瓦鷄無伺晨之警。」

按：吳騫校：「空處當作『珥』字，或作『吐』字，後有『吐絲』語。」《百子全書》本、《龍溪精舍》本缺字亦作「吐」。《古今事文類聚》前集卷 57、《古今合璧事類備要》前集卷 66 引正作「吐絲」，「乏」作「無」。本書《立言篇上》、《立言篇下》並云：「夫陶犬無守夜之警，瓦雞無司晨之益。」〔註65〕《記纂淵海》卷 65 引《韓詩外傳》：「陶犬無守夜之益，瓦雞無司晨之警。」《御覽》卷 953 引《符子》：「其猶木犬守戶，瓦鷄司晨矣。」《書鈔》卷 135 引《苻朗子》：「其猶木犬守脂，瓦雞司晨。」又卷 92 引陸機《士庶挽歌辭》：「陶犬不能吠，瓦鷄焉能鳴？」梁・何遜《悲行路孤墳》：「金蠶不可織，玉樹何時蘂？」

（6）慎無以血臚脅腥為祭也

按：《古今事文類聚》前集卷 57、《古今合璧事類備要》前集卷 66 引「慎」作「謹」，「血臚」作「血膻」。「血臚」不辭，「血膻」與「脅腥」對舉，膻，讀爲羴、羶，亦腥臭也。《說文》：「羴，羊臭也。羶，羴或從亶。」

## 《戒子篇》第五

（1）首陽為拙，柱下為工

按：柱下，《漢書・東方朔傳》：「（朔）非夷齊而是柳下惠，戒其子以上容，首陽爲拙，柱下爲工。」《法言・淵騫》「上容」作「尚容」，餘同。《三

〔註65〕《海錄碎事》卷 7 引《洞冥記》同。

國志‧王昶傳》裴松之注引東方《誡子》作「柳下」，《類聚》卷 23
引東方《誡子》作「柳惠」。《埤雅》卷 14：「《東方朔集》曰：『首陽
爲拙，柳下爲工。』一作『柱下爲工』。柱下，老子。柳下，展禽也。
二說皆通。」以爲「皆通」，非也。宋‧吳仁傑曰：「注引老子爲柱下，
史事。朔集作柳下。仁傑按：非夷齊而是惠者，史辭也。戒其子以首
陽爲拙，柳下爲工者，朔本語也。恐當從集本爲定。」〔註 66〕王先謙
採其說〔註 67〕。汪榮寶曰：「『非夷齊而是柳下惠』即朔詩『首陽爲拙，
柳下爲工』之義。今《傳贊》『柳下』作『柱下』，則與上文『是柳下
惠』語義不相應。《御覽》引朔詩作『柳下』，必所據朔書舊本如此。
《類聚》引直作『柳惠』，益可證明『柱下』之誤。」〔註 68〕尋《御
覽》卷 459 引《東方朔集》、又卷 593 引《漢書》並作「柱下」，汪氏
謂《御覽》引朔詩作「柳下」，失檢也。考《後漢書‧張衡傳》《應間》：
「庶前訓之可鑽鑽，聊朝隱乎柱史。」李賢注引《漢書》作「柱下」。
當以「柱下」爲是，《法言》、《漢書》作「柱下」〔註 69〕，張衡云「柱
史」，《漢書》顏注引應劭曰：「老子爲周柱下史，朝隱，故終身無患，
是爲工也。」是二漢人所見，皆作「柱下」。後人以上文云「非夷齊
而是柳下惠」，因而改作「柳下」也。

## （2）然其心中不知天地間何者為美，何者為惡

按：惡，《三國志‧邴原傳》、《通志》卷 168、《冊府元龜》卷 791、827 作
「好」。《御覽》卷 593 引杜恕《家事戒》作「然其心中不知天地間何者
爲惡」，雖有脫文，然亦作「惡」字，與此合。

## （3）敦然與陰陽合德

按：敦，《三國志‧邴原傳》同，《御覽》卷 593 引杜恕《家事戒》誤作「毅」。

## （4）朝華之草，戒旦零落；松柏之茂，隆冬不衰

按：戒旦，當據《三國志‧王昶傳》、《通鑑》卷 73 作「夕而」。

---

〔註 66〕吳仁傑《兩漢刊誤補遺》卷 7，收入《叢書集成新編》第 113 冊，新文豐出版
　　　　公司 1985 年版，第 85 頁。
〔註 67〕王先謙《漢書補注》，中華書局 1983 年版，第 1286 頁。
〔註 68〕汪榮寶《法言義疏》，中華書局 1987 年版，第 489 頁。
〔註 69〕《文選‧陶徵士誄》李善注引《漢書》亦作「柱下」，同今本，無有異文。

（5）能以恬漠為體，寬裕為器，善矣

　　　許校：寬裕，《宋書・顏延之傳》、《御覽》卷 593 引《庭誥》作「寬愉」。

　按：愉，讀爲裕。

（6）大喜蕩心，微抑則定；甚怒傾性，小忍則歇

　按：傾，當據《宋書・顏延之傳》、《御覽》卷 593 引顏延年《庭誥》作「煩」，
　　　字之誤也。

（7）故動無響容，舉無失度，則為善也

　按：響，《宋書・顏延之傳》作「愆」，《御覽》卷 593 引顏延年《庭誥》作
　　　「堡」。許校「堡」爲「愆」誤。考《淮南子・兵略篇》：「動無墮容，
　　　口無虛言。」日本古鈔本作「憜客」。憜，爲「憻」省，讀爲墮，失也。
　　　「客」爲「容」誤。口，當據景宋本作「已」。已，止也，與「動」對
　　　舉。四庫本《御覽》作「墮」。「堡」爲「墮」誤。此作「響」字，亦誤。

（8）枚叔有言：「欲人不聞，莫若不言；欲人不知，莫若勿為。禦寒
　　　莫如重裘，止謗莫若自修。」

　　　許校：《漢書・枚乘傳》：「欲人勿聞，莫若勿言；欲人勿知，莫若勿爲。」
　　　「禦寒莫如重裘」此下二句當屬前王文舒條，疑此處有錯簡。《三國志・王
　　　昶傳》：「諺曰：『救寒莫如重裘，止謗莫若自修。』」

　按：《淮南子・說林篇》：「附耳之言，聞於千里也。」高注引語曰：「欲人不
　　　知，莫如不爲。」《說苑・說叢》亦有此語。蓋當時成語。許疑「禦寒
　　　莫如重裘」有錯簡，非也。《三國志・王昶傳》明引諺曰，則亦非王昶
　　　自作之文也。《御覽》卷 593 引顏延年《庭誥》與此文同，亦屬之枚叔
　　　之言。蓋乃當時成語，故諸家並引之也。《中論・虛道》：「故語稱：『救
　　　寒莫如重裘，止謗莫如修身，療暑莫如親冰。』」《意林》卷 5 引梁・楊
　　　泉《物理論》：「療暑莫如親水（冰），救寒莫如重裘，止謗莫如修身。」
　　　《說文》：「救，止也。」即抵禦之義。《舊唐書・魏謩傳》：「諺曰：『止
　　　寒莫若重裘，止謗莫若自修。』」

（9）子夏曰：「與人以實，雖疏必密；與人以虛，雖戚必疏。」

　按：《韓詩外傳》卷 9：「子夏曰：『與人以實，雖疏必密；與人以虛，雖戚

必疎。』」

（10）處廣廈之下，細氈之上，明師居前，勸誦在後，豈與夫馳騁原獸
　　　同日而語哉

按：《韓詩外傳》卷 5：「天子居廣廈之下，帷帳之內，旃茵之上，被躍舄
　　視，不出闥莽，然而知天下者，以其賢左右也。」《新序・雜事五》：「天
　　子居闥闕之中，帷帳之內，廣廈之下，旃茵之上，不出襜幄而知天下
　　者，以有賢左右也。」《漢書・王吉傳》：「夫廣夏之下，細旃之上，明
　　師居前，勸誦在後……豈徒銜橛之閒哉？」顏師古曰：「旃與氈同。」
　　《漢紀》卷 16：「夫廣廈之下，旃茵之上，明師在前，勸頌在後……
　　豈徒銜鑣之間哉？」

（11）君愀然不樂，見于顏〔色〕

　　許校：《禮記・哀公問》：「孔子愀然作色。」鄭注：「愀然，變動貌也。作，
　　　　猶變也。」

按：愀然，《家語・致思》、《說苑・至公》同，《韓子・外儲說左下》作「愀
　　然」。《禮記》「愀然」與「作色」連文，自當訓變動貌。此文「愀然」
　　與「不樂」連文，當訓憂愁貌爲切。

## 《說蕃篇》第八

（1）龜墮甲而去

按：墮，《宋書・符瑞志上》同，《竹書紀年》卷下梁・沈約注作「隨」。隨、
　　墮，並讀爲蛻，脫也，解也。墮甲，今吳方言謂之「蛻殼」也〔註70〕。

（2）武丁時，有甘盤，保乂有殷也

　　許校：有殷，原作「于殷」，今據《尚書》、《史記》改。

按：不煩改作。「于」、「有」一聲之轉，用於國名前，用法一也。《墨子・非
　　命下》「我聞有夏。」《非命上》作「于夏」。《墨子・尚賢中》「有辭有
　　苗。」《書・呂刑》作「于苗。」皆其確證。或稱「于」、「有」爲語助

〔註70〕詳見蕭旭《〈說文〉「褫」字音義辨正》，《中國語學研究・開篇》第 31 卷，2012
　　　年 9 月日本好文出版，第 197～203 頁。

－1271－

詞，我認爲是「大」義〔註71〕。

### （3）好古文，每就人間求善書，必為好與之，留其真本

按：好與之，四庫本作「好寫與之」，《漢書‧景十三王傳》同，當據補「寫」
字。

### （4）禹鑿江，通乎九谷，洒五湖而注東海，

許校：《說苑‧君道》：「禹⋯⋯故疏河以導之，鑿江通於九派，灑五湖而定
東海。」「洒」字下原有「分」字，庫本校：「按《說苑》作釃，下無分字。」
今據刪。按：洒，《說苑》明鈔本及《困學紀聞》卷 10 所引作「釃」。「洒
（灑）」、「釃」通。洒即分，作「洒分」或屬旁注闌入正文。

按：《賈子‧修政語上》：「故鬵（鬵）河而導之九牧，鑿江而導之九路，
澄五湖而定東海。」〔註72〕《淮南子‧要略》：「剔河而道九岐，鑿江
而通九路，辟五湖而定東海。」此文作「九谷」者，「谷」即「路」
字脫誤。《御覽》卷 764 引《淮南子》作「九洛」，「洛」亦「路」字
之誤。

### （5）王常放乳鹿，仁心感天，故當遇耳

按：常，《列仙傳》卷下同，讀爲嘗。《御覽》卷 743、《雲笈七籤》卷 108、
《太平廣記》卷 60 引《列仙傳》正作「嘗」。

### （6）明帝重其器能，特愛異之

按：異亦寵愛之義〔註73〕。

### （7）宜遠慮深計，不可守一意，以陷於不孝

按：「守」字上當據《晉書‧宣五王傳》補「專」字。

---

〔註71〕參見蕭旭《釋「有夏」》，收入《古書虛詞旁釋》，廣陵書社 2007 年版，第 64
〜66 頁。
〔註72〕向宗魯、蔣禮鴻皆謂「鬵」爲「鬵」之誤。向宗魯《説苑校證》，中華書局 1987
年版，第 7 頁。蔣禮鴻《義府續貂》，收入《蔣禮鴻集》卷 2，浙江教育出版
社 2001 年版，第 79 頁。
〔註73〕參見方一新《東漢魏晉南北朝史書詞語箋釋》，黃山書社 1997 年版，第 166
頁。

（8）植跪曰：「臣言出為論，下筆成章，故當面試，奈何倩人邪？」

按：故，《三國志・陳思王植傳》作「顧」。《魏志》之「顧」，《類聚》卷
45、《書鈔》卷 70、98、《御覽》卷 151、《海錄碎事》卷 7、《古今事
文類聚》別集卷 6 引同，《御覽》卷 587、《記纂淵海》卷 41、《古今
事文類聚》後集卷 6 引作「固」，《類聚》卷 56、《御覽》卷 600、602、
《冊府元龜》卷 270、《職官分紀》卷 31 引作「願」。故、固、顧，並
讀為姑，表祈求語氣的副詞，猶言請也、願也〔註 74〕。作「願」者，
臆改耳，非其舊本。「當面」為詞，非「故當」、「面試」為詞也。

（9）魏武喜，捋彰鬚曰：「黃鬚兒竟大奇也。」

按：捋，蕭常《續後漢書》卷 37 同，《三國志・任城威王彰傳》作「持」，
形之譌也。《白帖》卷 31、《御覽》卷 374、《古今事文類聚》後集卷
20、《韻府群玉》卷 2「大奇」條引《魏志》正作「捋」字。《書鈔》
卷 63、115、《御覽》卷 312 引《魏志》亦誤作「持」。《類聚》卷 29
引《吳錄》：「孫權祖朱桓，桓奉觴曰：『臣當遠去，願一捋陛下鬚，
無所恨。』權憑几前席，桓進捋鬚。」亦「捋鬚」之證也。竟，《魏
志》同，《御覽》卷 374 引《魏志》作「定」。定亦竟也，表出乎意外
〔註 75〕。

（10）司馬承身居藩屏，躬處儉約，乘葦笨車，家無別室

許校：葦笨車，《晉書・宗室傳》作「承躬自儉約，乘葦筊車」。按：葦
筊車亦作薄笨車，《宋書・隱逸傳》：「夫妻共乘薄笨車，出市買易。」
〔註 76〕《通鑑》卷 128：「常乘羸牛笨車。」胡三省註：「笨，部本翻，
竹裏也；一曰不精也。」

按：胡三省「笨車」二說望文生訓，皆非是。《中文大辭典》釋「笨車」
為「粗笨之車」〔註 77〕，《漢語大字典》釋「笨車」之「笨」為「粗
陋」〔註 78〕，《漢語大詞典》釋「笨車」之「笨」為「拙劣；粗陋」，

〔註 74〕 參見蕭旭《古書虛詞旁釋》，廣陵書社 2007 年版，第 127～128 頁。
〔註 75〕 參見蕭旭《古書虛詞旁釋》，廣陵書社 2007 年版，第 241 頁。
〔註 76〕 許引「買」誤作「貿」，逕正。
〔註 77〕 《中文大辭典》，華岡出版有限公司出版 1979 年版，第 10700 頁。
〔註 78〕 《漢語大字典》（第二版），崇文書局、四川辭書出版社 2010 年版，第 3150 頁。

釋「笨車」爲「指粗陋而不加裝飾之車」〔註79〕，皆未得其語源。《山堂肆考》卷234：「笨車，竹車也。」蓋亦惑於胡說也。笨，當讀爲輶，指弓形之車篷，字或作楄、輂，《方言》卷9：「車枸簍⋯⋯西隴謂之楄，南楚之外謂之篷。」郭注：「楄，即輂字。」王念孫曰：「楄與輂同。《釋名》云：『輂，藩也，藩蔽雨水也。』《說文》作輶，云：『淮陽名車穹隆輶。』《四民月令》有上犢車蓬輂法，見《齊民要術》。」〔註80〕錢繹曰：「楄，《說文》作輶，《釋文（名）》作輂。楄、輶、輂，字異義同。」〔註81〕《玉篇》：「楄，即輂車也。」〔註82〕又「輂，車輂。」《廣韻》：「楄，車弓。」《篆隸萬象名義》：「楄，車弓車屋曲木。」《集韻》：「輂，車上篷，或作楄。」字亦作輷，《玉篇》：「輷，車也。」胡吉宣曰：「『車也』當爲『車輷』或『車弓也』，輷即輂之或體。」〔註83〕《集韻》：「輂，車篷也，或作輷。」字亦作捲，《玉篇》：「捲，車弓也。」敦煌寫卷P.2011王仁昫《刊謬補缺切韻》、《廣韻》並同。字亦誤作輂，《管子‧度地》：「雨輂什二。」尹注：「車輂，所以禦雨，故曰雨輂。」王念孫曰：「輂當爲輂，字之誤也。輂謂車蓋弓也。」〔註84〕篷亦輶、輂之音轉，字省則作筆，《廣雅》：「篷，輂也。」《玉篇》：「篷，舩連帳也，亦輂也。筆，同上。」《廣韻》：「篷，織竹夾箬覆舟也。」船篷、車篷，其取義一也。分別字則作輇、艂，《集韻》：「篷、筆、輇：《方言》：『車簍，南楚之外謂之篷。』或省，亦作輇。」又「艂，織竹編箬以覆船。」《隋書‧禮儀志五》：「齊武帝造大小輦，並如軺車，但無輪轂，下橫轅軶。梁初，漆畫代之。後帝令上可加笨，輦形如犢車，自茲始也。」《通典》卷66：「復製副輦，加笨，如犢車，通幰朱絡，謂之蓬輦。」蓬輦乃加笨而成，笨字正當讀爲楄，指車篷。《三國志‧裴潛傳》裴松之注引《魏略》：「又以父在京師，出入薄輂車。」

〔註79〕 《漢語大詞典》（縮印本），漢語大詞典出版社1997年版，第5198頁。
〔註80〕 王念孫《廣雅疏證》，收入徐復主編《廣雅詁林》，江蘇古籍出版社1992年版，第610頁。
〔註81〕 錢繹《方言箋疏》，上海古籍出版社1984年版，第518頁。「《釋文》」爲「《釋名》」之誤。
〔註82〕 胡吉宣《玉篇校釋》乙「輂車」作「車輂」，上海古籍出版社1989年版，第2467頁。
〔註83〕 胡吉宣《玉篇校釋》，上海古籍出版社1989年版，第3521頁。
〔註84〕 王念孫《管子雜志》，收入《讀書雜志》卷8，中國書店1985年版，第43頁。

又《常林傳》注引《魏略》:「又其始之官,乘薄鞏車,黃牸牛。」《書鈔》卷 38 引《魏略》:「時苗始令壽春,乘薄笨車,黃牸牛。」此「薄笨車」即「薄鞏車」之確證也。沈家本引《釋名》「鞏,藩也,藩蔽水雨也」爲釋〔註 85〕。薄,讀爲蒲〔註 86〕,《宋書·劉凝之傳》:「夫妻共乘薄笨車,出市買易,周用之外,輒以施人。」《南史·隱逸傳》正作「蒲笨車」。蒲笨車,以蒲草遮蔽車篷之車也。朱起鳳曰:「薄笨者,粗率之車,形如土簣。」〔註 87〕非也。「蒲笨車」或音轉作「薄板車」,《廣弘明集》卷 9 周·甄鸞《笑道論》引《文始傳》:「老子以上皇元年下爲周師,無極元年乘青牛薄板車度關。」《御覽》卷 661 引《三一經》:「喜先誡關吏曰:『若有翁乘青牛薄板車者,勿聽過。』」〔註 88〕此文「葦笨車」即「葦鞏車」,《新唐書·車服志》:「老者乘葦鞏車。」又《百官志》:「凡葦鞏車不入宮門。」是其證也。葦笨車,以蘆葦遮蔽車篷之車也。也省稱作「葦車」,《後漢書·袁忠傳》:「(忠)初平中爲沛相,乘葦車到官,以清亮稱。」《晉書》作「葦茭車」者,形之訛也。《後漢書·禮儀志》:「夏后氏金行,作葦茭,言氣交也。」「茭」同「交」,涉「葦」而加艸頭。「葦茭」非車命名之誼也。《晉書》之文,《書鈔》卷 61 引《晉中興書》作「(承)躬處儉約,乘草荐車」,「草荐車」尤誤。《舊雜譬喻經》卷 1:「便取梵志著糞箕中,掃迹驅逐出國。」《善見律毘婆沙》卷 8:「掃箒、糞箕。」宋·黃庭堅《和程德裕頌》:「貧子還家作富兒,糞箕苕蒂未曾遺。」今吳語尚有「糞箕」之語。糞之言鞏、槾也,箕之主骨弓形,故稱之爲糞箕。亦作「畚箕」,倒言則作「箕畚」,《列子·湯問》:「箕畚運於渤海之尾。」《釋文》:「畚,音本,籠也。」《急就篇》卷 3:「筐篅箕帚筐篋簍。」顏師古註:「箕可以簸揚及去糞。」華學誠據顏注,因云:「因爲其用有『簸』有『糞』,所以後世徑稱『簸箕』、『糞箕』。」〔註 89〕

〔註85〕沈家本《三國志瑣言》,收入張舜徽主編《二十五史三編》第 4 分冊,嶽麓書社 1994 年版,第 1062 頁。沈說承吳金華教授檢示,謹致謝忱。

〔註86〕參見高亨《古字通假會典》,齊魯書社 1989 年版,第 917 頁。《荀子·禮論》:「薄器不成内(用)。」楊倞註:「薄器,竹葦之器。」亦其通借之例。

〔註87〕朱起鳳《辭通》,上海古籍出版社 1982 年版,第 1377 頁。

〔註88〕《御覽》卷 900 引《關中記》同,《初學記》卷 7 引《關令内傳》,又卷 29 引《關令傳》、《白帖》卷 9 引《列仙傳》亦同。

〔註89〕華學誠《揚雄〈方言〉校釋論稿》,高等教育出版社 2011 年版,第 249 頁。

華氏未得「糞箕」之語源也。

## （11）安知鉛刀不能一割

許校：《後漢書‧班超傳》：「況臣奉大漢之威，而無鉛刀一割之用乎？」

按：此東漢成語。《漢書‧敘傳》《答賓戲》：「當此之時，搦朽摩鈍，鉛刀皆能壹斷。」《書鈔》卷 123 引張衡《與特進書》：「以爲鉛刀，強可一割。」〔註90〕

## （12）太后與爭門，措指

許校：原作「損指」，今據《史記》、《漢書》改。《漢書》顏注：「晉灼曰：『許慎云：「措，置」，字借以爲笮耳。』師古曰：『音壯客反，謂爲門扉所笮。』」

按：許慎語當斷作「措置字，借以爲笮耳」。《韓詩外傳》卷 3：「屋成則必加措。」亦借措爲笮，取其迫笮義〔註91〕。《說文》：「壓，笮也。笮，迫也，在瓦之下棼上。」是笮猶言壓迫也。

## （13）左右親幸者，一日先與一二百萬，小有忤旨，輒追奪之

許校：先與，《宋書》、《南史》作「乞與」。

按：「先」爲「乞」形誤字。

## （14）於是呼鼟至，始安便移殺

許校：移殺，猶「蹩躠」，旋行貌。《集韻》：「躠，蹩躠，旋行貌，或作殺。」

按：移殺，猶言避死、免死也。許氏謂「移殺」猶「蹩躠」，殊無理據。且「蹩躠」訓旋行貌，即媻跚之義〔註92〕，義亦不合。《玄應音義》卷 11：「蹁蹮：《廣雅》：『蹁蹮，盤姍也。』亦旋行也。」旋行指盤旋其足而行，即跛行皃。許氏亦未達「旋行」之誼。

---

〔註90〕《御覽》卷 346 引同。
〔註91〕參見蕭旭《「屋成加措」解》，《古籍整理研究學刊》2000 年古文獻與古文化研究專刊。
〔註92〕參見蕭旭《〈淮南子‧俶眞篇〉校補》，《書目季刊》第 44 卷第 2 期，2010 年9 月出版，第 93～97 頁。

## 《立言篇》第九上

（1）《王沈集》稱：「日磾垂泣於甘泉之畫，揚雄顯頌於麒麟之圖。」

　　　許校：當謂揚雄作《校獵賦》（《文選》題作《羽獵賦》）事，其中有句云「臨麒麟之囿」，因疑「圖」為「囿」字之誤。

　按：許氏考典不確，而勇於改字，大誤。《漢書·蘇武傳》：「上思股肱之美，迺圖畫其人於麒麟閣，法其形貌，署其官爵姓名。」二句言孝子忠臣，與羽獵無涉。揚雄頌麒麟圖之文，待考。

（2）明月之夜，可以遠視，不可以近書；霧露之朝，可以近書，不通以遠視

　　　許校：夜，《淮南子》作「光」。霧，《淮南子》作「甚」。《淮南子·說林訓》：「明月之光，可以遠望，而不可以細書。甚露之朝，可以細書，而不可以遠望尋常之外。」

　按：夜、朝對舉，「夜」字是。《淮南子·說林篇》作「甚霧」，許氏誤引誤校。「通」當作「適」，字之譌也。

（3）夫言行在於美，不在於多。出一美言美行，而天下從之；或見一惡意醜事，而萬民違之，可不慎乎

　　　許校：《治要》引《桓子新論》：「夫言行在於美善，不在於眾多。出一言美行，而天下從之；或見一惡意醜事，而萬民違之，可不慎乎？」

　按：《治要》卷44引《桓子新論》作「夫言行在於美善，不在於眾多。出一美言善行，而天下從之；或見一惡意醜事，而萬民違〔之〕，可不慎乎」〔註93〕，許引有誤脫。

（4）在酣歌終日，求數刻之歡；耽淫長夜，騁亡歸之樂

　　　許校：淫，或當作「飲」。《史記·殷本紀》：「（紂）為長夜之飲。」

　按：「在」字當衍。

（5）是猶炙冰使燥，清柿令熾，不可得也

　　　許校：《抱朴子外篇·刺驕》：「是猶之炙冰使燥，積灰令熾矣。」《說文》：

---

〔註93〕《四部叢刊》本《群書治要》卷44脫「之」字，據日本汲古書院影印鐮倉時代手寫本。

「柿，削木朴也。」段注：「朴，木皮也。」

按：「清」即「積」之形誤字。陳志平、熊清元曰：「『清柿』當作『積灰』。」
〔註94〕得失各半。

**（6）如輕埃之應風，似宵蟲之赴燭**

　　許校：《抱朴子外篇·疾謬》：「慕之者猶宵蟲之赴明燭，學之者猶輕毛之應
　　飆風。」

按：《抱朴子》之「輕毛」，《意林》卷 4、《御覽》卷 944 引並作「輕埃」，
　　是唐、宋人所見本，亦同於蕭氏也。

**（7）少好學者，如日盛陽；老好學者，如炳燭夜行**

　　許校：炳，亦作「秉」，通。

按：炳，讀為柄、棅，執持也。字或作秉、揼、抦、方〔註95〕。《樂府詩
　　集》卷 47《神弦歌·同生曲》：「蚤知人命促，秉燭夜行游。」《隋書·
　　五行志》：「自知身命促，把燭夜行遊。」把亦執持之誼。

**（8）鳥與鳥遇則相躅，獸與獸遇則相角，馬與馬遇則趺蹟，愚與愚
　　遇則相傷**

　　許校：躅，《逸周書·太子晉》：「師曠東躅其足。」孔晁注：「東躅，踏
　　也。」《御覽》卷 897 引作「鳥與鳥遇則相躅，獸與獸遇則相觸，馬與馬
　　遇則趺蹟相傷」。庫本校：「按《御覽》引此段作『馬與馬遇則趺蹟相傷』，
　　『愚與愚遇則』五字疑衍。」

按：許氏未得其義。鍾仕倫謂《御覽》引誤〔註96〕，是也。「躅」當作「噣」，
　　「角」當作「觕」，並字之誤也。「噣」乃「啄」之借字，《集韻》：「啄，
　　《說文》：『鳥食也。』或作噣。」《玉篇》：「觕，『觸』古文。」《韓

---

〔註94〕陳志平、熊清元《鮑本〈金樓子〉勘誤札記》，《黃岡師範學院學報》2011 年
　　　第 2 期，第 37 頁。
〔註95〕參見蕭旭《銀雀山漢簡〈六韜〉校補》，《文津學誌》第 4 輯，北京圖書館出
　　　版社 2011 年 8 月出版，第 41 頁。
〔註96〕鍾仕倫《〈金樓子〉研究》，四川大學 2002 年博士學位論文，第 52 頁。又見
　　　鍾仕倫《庫本、鮑本〈金樓子〉疑誤舉例》，《四川師範大學學報》2002 年第
　　　6 期，第 87 頁。

詩外傳》卷 2：「獸窮則齧，鳥窮則啄，人窮則詐。」《淮南子・齊俗篇》：「鳥窮則噣，獸窮則犀，人窮則詐。」《慎子》、《荀子・哀公》：「鳥窮則啄，獸窮則攫，人窮則詐。」《家語・顏回》「人窮則詐」下多「馬窮則佚」四字。《治要》卷 10 引《家語》「啄」作「噣」。《新序・雜事五》：「獸窮則觸，鳥窮則啄，人窮則詐。」《御覽》卷 291 引《衛公兵法》：「鳥窮則啄，獸窮猶觸。」《御覽》引脫五字，不可據刪。「愚與愚遇則相傷」即「人窮則詐」之誼也。

## （9）夫荷旃被毳者，難與道純綿之緻密；羹藜含糗者，不足論大牢之滋味

按：緻密，《漢書・王褒傳》《聖主得賢臣頌》作「麗密」。麗，讀為丽。《說文》：「丽，兩耦也。」謂連次比並也，經傳多借「麗」為之。耿廣峰引《廣雅》「麗，好也」釋之，非是；而於「不足」下補「與」字，則是也〔註97〕。

## （10）今白鳥營營，饑而未飽

按：未，當據《御覽》卷 945、《爾雅翼》卷 26、《記纂淵海》卷 100、宋・張邦基《墨莊漫錄》卷 4、《天中記》卷 57、《廣博物志》卷 50 引作「求」。

## （11）其蚊有知足者，嘬公之肉而退

　　許校：「之肉」二字原闕，今據《御覽》卷 944 引補。嘬，《御覽》作「喋」。喋，咀嚼。「嘬」同「觜」，鳥喙。

按：《御覽》引見卷 945，補「之肉」二字是。《爾雅翼》卷 26、《記纂淵海》卷 100、《古今事文類聚》後集卷 49、《古今合璧事類備要》別集卷 94、《韻府群玉》卷 4、《天中記》卷 57、《廣博物志》卷 50 引並有「之肉」二字，引「嘬」作「喋」。「嘬」為「喋」字形誤。《御覽》、《事文類聚》、《爾雅翼音釋》並有注：「喋，子立反。」今吳語尚謂蚊蟲吮吸人血為喋。《海錄碎事》卷 9 引作「吮咀公之肉而退」，以同義詞易之。《合璧事類備要》引作「集」，即「喋」之脫誤。宋・張邦

---

〔註97〕耿廣峰《〈金樓子〉詞彙研究》，溫州大學 2010 年碩士學位論文，第 34、64
　　　頁。

基《墨莊漫錄》卷 4 引作「雋肉而退」，則誤之又誤者也。

## （12）日月不齊光，參辰不並見，冰炭不同室，粉墨不同橐

按：《韓子·用人》：「彊弱不轂力，冰炭不合形。」又《顯學》：「夫冰炭不同器而久，寒暑不兼時而至。」《淮南子·齊俗篇》：「譬猶冰炭鈞繩也，何時而合？」《楚辭·東方朔·七諫》：「冰炭不可以相並兮，吾固知乎命之不長。」《鹽鐵論·刺復》：「冰炭不同器，日月不並明。」

## （13）震古未聞

按：庫本校：「案：震，疑當作振。」振古，猶言終古。《晉書》卷 59：「禍難之極，振古未聞。」

## （14）責罷者以舉千鈞，督跛者以及走兔，驅騏驥於庭，求猿猱於檻，猶倒裘而索領也

許校：《鄧子·無厚篇》：「責疲者以舉千鈞，責尢者以及走兔，驅逸足於庭，求援捷於檻，逆理而求之，猶倒裳而索領。」

按：《鄧子》，許氏從四庫本誤作「援捷」，其餘各本作「猨捷」。「捷」爲「猴」形誤，《御覽》卷 696 引正作「猨猴」。《廣韻》：「猱，猴也。」蕭氏作「猱」，以同義字易之也。《楚辭·劉向·九歎》：「今反表以爲裏兮，顚裳以爲衣。」

## （15）夫石田不生五穀，構山不游麋鹿，何哉？以其無所因也

許校：《文子·上禮篇》：「石上不生穀，禿山不遊麋鹿，無所蔭蔽也。」《淮南子·道應訓》：「是故石上不生五穀，禿山不遊麋鹿，無所陰蔽隱也。」

按：構，讀爲确、磝，《說文》：「确，磬石也。磝，确或從敖。」字或作確、礭、塙、碻、硈、皼、毃、殼〔註98〕。王利器謂「構山」指人造之山〔註99〕，非也。

## （16）富貴不可以傲貧，賢明不可以輕暗

按：《晏子·內篇問上》：「貴不凌賤，富不傲貧，功不遺罷，佞不吐愚。」

---

〔註98〕參見蕭旭《淮南子校補》，花木蘭文化出版社 2014 年版，第 374 頁。
〔註99〕王利器《文子疏義》，中華書局 2000 年版，第 536 頁。

又《內篇問下》：「強不暴弱，貴不凌賤，富不傲貧。」

（17）晉中朝庾道季云：「廉頗、藺相如雖千載死人，凜凜如有生氣；曹蜍、李志雖久在世，黯黯如九泉下人。」

　　許校：《世說新語‧品藻》：「廉頗、藺相如雖千載上死人，凜凜如有生氣；曹蜍、李志雖見在，厭厭如九泉下人。」

　按：「久」當作「見」，字之誤也。「黯黯」同「厭厭」，亦作「揞揞」、「愔愔」、「奄奄」，俗作「懕懕」、「懨懨」，困倦貌，昏昏沉沉貌〔註100〕。

（18）卞彬為《禽獸決錄》云：「羊淫而狠，猪卑而率，鵝頑而傲，狗險而出。」

　　許校：《南齊書‧文學傳》：「彬又目禽獸云：『羊性淫而狠，猪性卑而率，鵝性頑而傲，狗性險而出。』」又《南史》：「又爲《禽獸決錄》，目禽獸云：『羊性淫而很，猪性卑而率，鵝性頑而傲，狗性險而出。』」《御覽》卷889引《禽獸決錄》：「羊性淫而狠，猪性卑而率，狗性險而出。」率，原作「攣」，今據《南齊書》、《南史》改。

　按：《埤雅》卷6、《海錄碎事》卷9、《通志》卷176引並作「率」字。《海錄碎事》引「出」誤作「拙」。

（19）此謂學螳蜋之鈇，運蛞蟣之甲，何足以云

　按：「學」當作「舉」，字之誤也。鈇，讀爲斧。《通鑑》卷160魏‧杜弼《檄移梁朝》：「舉螳螂之斧，被蛞蟣之甲。」

（20）我舉正正之旗，彼往亭亭之地

　　許校：《孫子‧軍爭篇》：「無邀正正之旗，勿擊堂堂之陳，此治變者也。」
　　《六韜‧烏雲山兵》：「武王問太公曰：『引兵深入諸侯之地，遇高山盤石，其上亭亭，無有草木，四面受敵，吾三軍恐懼，士卒迷惑，吾欲以守則固，以戰則勝，爲之奈何？』太公曰：『凡三軍處山之高，則爲敵所棲；處山之下，則爲敵所因。既以被山而處，必爲烏雲之陣。」

　按：所引《六韜》，非其誼也。「亭亭之地」當作「堂堂之陣」，字之誤也。

---

〔註100〕參見蕭旭《「揞」字音義考》，《中國文字研究》第16輯，2012年版，第96頁。

張家山漢簡《蓋廬》：「毋要堤堤之期（旗），毋擊堂堂之陳（陣）。」《淮南子・兵略篇》：「不襲堂堂之寇，不擊塡塡之旗。」許愼注：「塡塡，旗立牢端貌。」梁玉繩曰：「塡與鎭通。」楊樹達曰：「塡塡當作正正。」〔註101〕《黃帝素問靈樞經・逆順》引《兵法》：「無迎逢逢之氣，無擊堂堂之陳。」《書鈔》卷117、《御覽》卷301並引《兵書要訣》：「無要正正之旗，無擊堂堂之陳。」

### （21）我攻却月，彼向橫雲

許校：《初學記》卷24引《荊州記》：「沌陽縣至沔口，水北有却月城。」此與下「橫雲」，恐非實指某地，乃隨手拈來，以成對文。

按：許說大誤。「却月」、「橫雲」皆軍陣之名。《太白陰經》卷6：「黃帝設八陣之形……鳥雲、鳥翔，火也；折衝，木也；龍騰、却月，水也……」是「却月陣」乃形似半月的水陣。《宋書・朱齡石傳》：「高祖乃遣白直隊主丁旿率七百人及車百乘，於河北岸上，去水百餘步，爲却月陣。」此其例也。《逸周書・大明武解》：「陣若雲布，侵若風行。」此即「橫雲陣」得名之由。周・庾信《從駕觀講武》：「置陣橫雲起，開營雁翼張。」又《周使持節大將軍廣化郡開國公丘乃敦崇傳》：「少年習象，多見兵書。澆沙聚石之營，却月橫雲之陣。」亦其顯證。

### （22）衛太子以紙閉鼻，漢武帝謂聞己之臭，又致大辠

按：「閉」當作「蔽」，字之誤也。《書鈔》卷104引《三輔故事》：「衛太子大鼻，武帝病，太子入省，江充曰：『上惡大鼻，當持紙蔽其鼻而入。』帝怒。」《御覽》卷367引作「衛太子嶽鼻，太子來省疾，至甘泉宮，江充告太子：『勿入！陛下有詔，惡太子鼻嶽，尙以紙蔽其鼻。』充語武帝曰：『太子不欲聞陛下膿臭，故蔽鼻。』武帝怒」，又卷742引略同。此文「聞己之臭」上脫「憎」或「惡」字。

## 《立言篇》第九下

### （1）陳思王云：「寒者不思尺璧而思襦衣，足也。」

許校：《類聚》卷5引陳王曹植《表》：「臣聞寒者不貪尺玉而思短褐，饑者

---

〔註101〕二說並轉引自何寧《淮南子集釋》，中華書局1998年版，第1078頁。

不願千金而美一飡。夫千金尺玉至貴，而不若一飡短褐者，物有所急也。」

按：《齊民要術自序》亦引陳思王曰：「寒者不貪尺玉而思短褐，饑者不願千金而美一食。千金尺玉至貴，而不若一食短褐之惡者，物時有所急也。」《類說》卷 44 引作「寒者不貪尺玉而思短褐，飢者不戀千金而美一食，物時有所急也」，《紺珠集》卷 1 引作「寒者不貪尺璧而思短衣」，《記纂淵海》卷 57 引《齊民要術》作「寒者不貪尺玉而思短袍，饑者不顧千金而羨一食，物時有所急也」，又卷 59 引作「寒者不望尺玉而思短褐，飢者不願千金而羨一食，物時有所急也」。「褊」當作「裋」，「美」當作「羨」，「顧」當作「願」，「食」當作「飡」，皆字之誤也。「裋」同「短」，「飡」爲「飱（餐）」俗字。《類聚》引「物」下脫「時」字。

## （2）夫吞舟之魚，不游清流；鴻鵠高飛，不就茂林。何則，其志極遠

許校：《列子·楊朱》：「吞舟之魚，不游枝流；鴻鵠高飛，不集污池。何則？其極遠也。」《說苑·政理》：「夫吞舟之魚不遊淵，鴻鵠高飛，不就汙池。何則？其志極遠也。」

按：《韓詩外傳》卷 6：「孟子曰：『吞舟之魚，不居潛澤；度量之士，不居汙世。』」《弘明集》卷 1 漢·牟融《理惑論》：「麒麟不處苑囿之中，吞舟之魚不遊數仞之谿。」《法苑珠林》卷 105：「始知吞舟之魚，不產溝洫之水；鵬鷗之鳥，豈翔尺鷃之林也？」

## （3）牛刀割鷄，矛戟採葵

許校：《論衡·自紀篇》：「牛刀割雞，舒戟采葵。」

按：「舒」當作「矛」，字之誤也。張宗祥曰：「舒，展也。此言戟刃形。」[註102] 非也。《黃氏日抄》卷 57《讀諸子三·論衡》引作「舒」，是宋代已誤。《淮南子·人間篇》：「夫戟者，所以攻城也；鏡者，所以照形也。宮人得戟，則以刈葵；盲者得鏡，則以蓋巵。」是此文所本。《楚辭·劉向·九歎》：「執棠谿已制蓬兮，秉干將以割肉。」王注：「棠谿，利劍也。制，斫也。干將，亦利劍也。利劍宜以爲威，誅無狀以征不服，今乃用斫蓬蒿、割熟肉，非其宜也。」《御覽》卷 980

---

〔註102〕張宗祥《論衡校注》，上海古籍出版社 2010 年版，第 578 頁。

引《物理論》：「夫解小而引大，了淺而伸深，猶以牛刀割雞，長殳刈
薺。」《類聚》卷 35 後漢・張安超《譏青衣賦》：「隋珠彈雀，堂溪刈
葵。」文意亦皆相類。

### （4）膏以明而自煎

按：自，《御覽》卷 957 引作「遂」，蓋臆改。

### （5）夫辟狸之不可使搏魋，牛之不可使捕鼠

許校：辟，通「譬」。搏魋，原作「搏雞魋」，今據《御覽》卷 912 引刪正。
《御覽》作「狸之不可使棲處，牛不可使捕鼠」，「棲處」顯即「搏魋」之
形訛。《爾雅》：「魋，白虎。」《淮南子・主術訓》：「譬猶狸之不可使搏牛，
虎之不可使搏鼠也。」

按：許校未得。此文本於《淮南子》，當校作「狸之不可使搏牛，魋之不可
使捕鼠」。本當是魋搏牛，狸捕鼠，今則反之，是二失也，故云「不可」。
今本衍「雞」字，「牛」又誤倒於下。「魋」即「虎」也。耿廣峰謂「捕
爲搏之訛字」〔註 103〕，非也。陳志平、熊清元曰：「意謂狸不可搏牛，
虎不能捕鼠。故疑《御覽》『棲處』是『搏魋』形誤……『雞』字或是
衍文。」〔註 104〕

### （6）今人才有欲平九州，并方外，責之以細事，是猶用鈇斤翦毛髮也

許校：《淮南子・主術訓》：「今人之才，或欲平九州，并方外，存危國，繼
絕世……是猶以斧劗毛，以刀抵木也。」王引之《經義述聞》：「并，本作
從，從猶服也。《治要》引此，正作『從方外。』」

按：《大戴禮記・五帝德》：「據四海，平九州。」「并方外」即據有四海也。
王說失之。王引之說見王念孫《淮南子雜志》引〔註 105〕，許氏不核原
書，想當然以爲是《經義述聞》。

---

〔註 103〕又見耿廣峰《〈金樓子〉校讀小識》，《現代語文》2009 年第 2 期，第 9 頁。
〔註 104〕陳志平、熊清元《鮑本〈金樓子〉勘誤札記》，《黃岡師範學院學報》2011 年
第 2 期，第 37 頁。
〔註 105〕王念孫《淮南子雜志》，收入《讀書雜志》卷 13，中國書店 1985 年版，第 66
頁。

（7）夫據幹窺井，雖達視，不能見其睛；借明於鏡以照之，則分寸可
察也

　　許校：《淮南子・主術訓》：「夫據除（王引之謂「除當作幹。」）而窺井底，
雖達視猶不能見其睛；借明於鑑以照之，則寸分可得而察也。」雖達視不
能見其睛，原作「雖通視不能見其情」，今據《淮南子》改。

　按：二「幹」，原作「榦」，許氏誤作。「寸分」即「分寸」，指細微之物。「達
　　視」即通視，《論衡・實知》：「無達視洞聽之聰明。」亦其例。許氏誤
　　校。蕭氏所見本「睛」作「情」，則誤。

（8）吞舟之魚，蕩而失水，則制於螻蟻，離其處也

　　許校：《淮南子・主術訓》：「吞舟之魚，蕩而失水，則制於螻蟻，離其
居也。」

　按：許氏未得其源。《莊子・庚桑楚》：「吞舟之魚，碭而失水，則蟻能苦之。」
　　《釋文》：「碭而失水，謂碭溢而失水也。」《史記・賈生傳》《索隱》、《御
　　覽》卷935、947、《事類賦注》卷29、《記纂淵海》卷99、100、《古今
　　事文類聚》後集卷34引「碭」作「蕩」，《亢倉子・全道篇》亦作「蕩」。
　　《戰國策・齊策一》：「君不聞大魚乎？網不能止，鉤不能牽，蕩而失水，
　　則螻蟻得意焉。」〔註106〕《新序・雜事二》「蕩」作「碭」。《韓詩外傳》
　　卷8：「夫吞舟之魚大矣，蕩而失水，則爲螻蟻所制，失其輔也。」《說
　　苑・說叢》：「吞舟之魚，蕩而失水，制於螻蟻者，離其居也。」爲此文
　　所本。碭、蕩並讀爲宕，宕從宀碭省聲。《說文》：「宕，過也。」謂激
　　過也、奔突也〔註107〕。

（9）猿狄失木，擒於狐狸，非其所也

　　許校：《淮南子・主術訓》：「猿狄失木，擒於狐狸，非其所也。」

　按：此蓋二漢成語。《淮南子・覽冥篇》：「猨狖顛蹶而失木枝。」《說苑・說
　　叢》：「猿猴失木，禽於狐貉者，非其處也。」《後漢書・班固傳》《兩都
　　賦》：「猨狖失木，豺狼儛竄。」

〔註106〕本書《人間篇》同，《韓子・說林下》「鉤不能牽」作「繳不能絓」。
〔註107〕參見蕭旭《淮南子校補》，花木蘭文化出版社2014年版，第219頁。

（10）兕虎在後，隋珠在前，弗及掇珠，先避後患

　　　許校：《淮南子・說林訓》：「兕虎在於後，隨侯之珠在於前，弗及掇者，先避患而後就利。」

　按：此文有脫誤，當作「先避患而後就利」。

（11）用百人之所能，則百人之力舉，譬若伐樹而引其本，千枝萬葉莫能弗從也

　　　許校：《淮南子・繆稱訓》：「用百人之所能，則得百人之力；聚千人之所愛，則得千人之心，辟若伐樹而引其本，千枝萬葉則莫得弗從也。」

　按：《淮南子・精神篇》：「譬猶本與末也，從本引之，千枝萬葉，莫得不隨也。」《文子・微明》：「故用眾人之所愛，則得眾人之力；舉眾人之所喜，則得眾人之心。」亦可參證。此文有脫誤，當補作「則〔得〕百人之力，舉〔千人之所愛，則得千人之心〕」。《淮南子》「聚」當作「舉」，許氏引誤。

（12）專用聰明，事必不成；專用晦昧，事必有悖；一明一晦，得之矣

　　　許校：《意林》卷 2 引《尹文子》：「專用聰明，則事不成；專用晦昧，則事必悖。」

　按：許引不全。《意林》卷 2 引《尹文子》：「專用聰明，則功不成；專用晦昧，則事必悖。一明一晦，眾之所載。」

（13）夫一妻擅夫，眾妾皆亂；一臣專君，群臣皆弊

　　　許校：《意林》卷 2 引《申子》：「一妻擅夫，眾妻皆亂；一臣專君，群臣皆蔽。」

　按：弊，讀爲蔽，蒙蔽。

（14）以魚敺蠅，蠅愈至

　　　許校：《韓子・外儲說左下》：「以魚去蠅，蠅愈至。」

　按：《呂氏春秋・功名》：「以茹魚去蠅，蠅愈至。」高注：「茹，臭也。」

（15）加脂粉則宿瘤進，蒙不潔則西施屛

　　　許校：《列女傳》卷 6：「宿瘤女者，齊東郭採桑之女……」《孟子・離婁

－1286－

下》：「西子蒙不潔，則人皆掩鼻而過之。雖有惡人，齋戒沐浴，則可以祀上帝。」

按：《御覽》卷 607 引《韓子》：「加脂粉則嫫母進御，蒙不潔則西施棄野。」

（16）世莫學馭龍，而學馭馬，莫學治鬼，而學治人，先其急脩也

許校：《淮南子・說林訓》：「人莫欲學御龍，而皆欲學御馬，莫欲學治鬼，而皆欲學治人，急所用也。」

按：「脩」當作「備」，字之誤也。《淮南子・脩務篇》：「遂為天下備。」高注：「備，猶用也。」

（17）屬鼻不能達芬芳，畫月不能摴望舒之景，床足不能有尋常之步

許校：《抱朴子外篇・博喻》：「屬鼻不能識氣，釜目不能攄望舒之景，牀足不能有尋常之逝。」

按：「摴」同「樗」、「攄」。《慧琳音義》卷 31：「攄蒲：《考聲》云：『攄，舒也。』《廣雅》云：『張也。』案攄蒲者，經從雩作摴，非也。」又卷 45：「攄，戒本作樗，通用也。」又卷 64：「攄，經作樗，俗字也。」字亦作攄、攄。陳志平、熊清元曰：「『畫月』當作『釜目』。『釜目』正與『鋸齒』、『箕口』、『楂耳』、『屬鼻』、『床足』對。」〔註108〕方以智曰：「望舒，月御，言月至望而舒也。」〔註109〕

（18）亦猶草木有龍膽、狗脊、虎掌、釐牙，而非四獸也

許校：釐牙，疑謂「狼牙」。「釐」本或作「獐」，與「狼」字形近而訛。

按：許校未是。唐・白居易《官舍閒題》：「祿米釐牙稻，園疏鴨腳葵。」此謂「釐牙稻」。又《救荒本草》卷 3 有「獐牙菜」，皆草木類也。

（19）阿膠五尺，不能止黃河之濁；弊箕徑尺，不足救鹽池之鹹

許校：《御覽》卷 736 引《淮南萬畢術》：「老槐生火，膠撓水則清，弊箕止鹹。取箕以內醬中，鹹著箕矣。」又卷 766 引孔融《同歲論》：「阿

---

〔註108〕陳志平、熊清元《鮑本〈金樓子〉勘誤札記》，《黃岡師範學院學報》2011 年第 2 期，第 37 頁。

〔註109〕方以智《通雅》卷 11，收入《方以智全書》第 1 冊，上海古籍出版社 1988 年版，第 434 頁。

膠徑寸，不能止黃河之濁。」又卷 757 引孔融《同歲論》：「弊箅徑尺，不足以救鹽池之鹹。」《抱朴子外篇・嘉遁》：「寸膠不能治黃河之濁，天水不能卻蕭丘之熱。」弊箅，原作「弊車」；鹹，原作「泄」，今據《同歲論》改。《哀江南賦》：「敝箅不能救鹽池之鹹，阿膠不能止黃河之濁。」

按：《記纂淵海》卷 61 引《傅子》：「阿膠三寸，不足止黃河之濁；毀箅三尺，不足救鹽池之鹹。」「箄」當作「箅」，「箅」當作「箅」，並字之誤也。周・庾信《哀江南賦》：「敝箅不能救鹽池之鹹，阿膠不能止黃河之濁。」許引不全。

### （20）殷洪遠云：「周旦腹中，有三斗爛腸。」

許校：庫本校：「按原本云作念，且作恒，腹下無中字，謹據曾慥《類說》校改。」

按：《類說》未見引用。唐・馮贄《雲仙雜記》卷 9、宋・朱勝非《紺珠集》卷 1、元・陶宗儀《說郛》卷 23、明・陳耀文《天中記》卷 23 引並作「周旦腹中，有三斗爛腸」，《韻府群玉》卷 6、12 引作「周旦腹中，有三斗爛腸」，卷 6 注：「旦，或作旦。」宋・黃庭堅《題子瞻寺壁小山枯木》：「爛腸五斗對獄吏，白髮千丈濯滄浪。」「五」當作「三」，「旦」當作「旦」，並字之誤也。

### （21）人君當以江海為腹，林藪為心，使天下民不能測也

許校：《御覽》卷 76 引《唐子》：「君人者當以江海為腹，山林為面，當使觀者不知江河藏山何有。」

按：《御覽》卷 371 引《唐子》作「人君以江海為腹，山〔林〕為面，如此則下不知其量，畏而懷之」。《御覽》卷 76 引有脫文，末句當作「不知江河〔何〕藏山〔林〕何有」。

### （22）鼓不預於五音，而為五音之主；水不預於五味，而為五味之和；將軍不預於五官，而為五官之督也

許校：《淮南子・兵略訓》：「故鼓不與於五音，而為五音主；水不與於五味，而為五味調；將軍不與於五官之事，而為五官督。」

按：《治要》卷 36 引《申子》：「鼓不與於五音，而為五音主；有道者不為五官之事，而為治主。」《意林》卷 2 引《申子》：「鼓不預五音，而為五

音主。」爲《淮南》及此文所本。《長短經・大體》:「鼓不預五音,而
爲五音主;有道者不爲五官之事,而爲理事之主。」亦本之。

## （23）蘭生空谷,不爲莫用而不芳;舟在江海,不爲莫乘而不浮

　　許校:《淮南子・說山訓》:「蘭生幽宮,不爲莫服而不芳;舟在江海,不
　　爲莫乘而不浮。」

按:郭店楚簡《窮達以時》:「……嗅(嗅)而不芳;無荖董愈坉(瑞璐瑾瑜
　　包)山石,不爲……」〔註110〕《荀子・宥坐》:「夫芷蘭生於深林,非
　　以無人而不芳。」《韓詩外傳》卷7:「夫蘭苣生於茂林之中,深山之間,
　　不爲人莫見之故不芳。」爲《淮南》及此文所本。《家語・在厄》:「且
　　芝(芷)蘭生於深林,不以無人而不芳。」《文子・上德》:「蘭芷,不
　　爲莫服而不芳;舟浮江海,不爲莫乘而沈。」亦可參證。

## （24）渴而穿井,臨難鑄兵,並無益也

　　許校:《說苑・雜言》:「譬之猶渴而穿井,臨難而後鑄兵,雖疾,從而不
　　及也。」

按:許校未得其源。《晏子春秋・內篇襍上》:「譬之猶臨難而遽鑄兵,〔臨〕
　　噎而遽掘井,雖速,亦無及已。」〔註111〕《素問・四氣調神大論篇》:
　　「譬猶渴而穿井,鬭而鑄錐,不亦晚乎?」

## （25）則關西夫子,此名方丘;東里先生,夢中相報

　　許校:方丘,未詳。疑謂死後薄葬。

按:許說非也。方,猶比也。丘,指孔子。

## （26）語有:「曲突徙薪爲彼人,焦頭爛額爲上客。」

---

〔註110〕荊門市博物館編《郭店楚墓竹簡》,文物出版社1998年版,第145頁。無荖
　　　董愈坉,劉樂賢讀爲「瑞璐瑾瑜韜」,劉嬌讀爲「瑞璐瑾瑜包」,劉釗曰:「荖
　　　字不解,董愈讀爲瑾瑜,坉疑讀爲抱。」今釋文從劉嬌,斷句從劉樂賢、劉
　　　嬌,劉釗誤斷。劉樂賢《郭店楚簡雜考(五則)》,《古文字研究》第22輯,
　　　中華書局2000年版,第205～206頁。劉釗《郭店楚簡校釋》,福建人民出版
　　　社2005年版,第175頁。劉嬌《西漢以前古籍中相同或類似內容重複出現
　　　象的研究》,復旦大學2009年博士學位論文,第143頁。
〔註111〕下「臨」字據《御覽》卷741引補,《治要》卷33引亦脫。《說苑》「渴」上
　　　亦脫「臨」字。

許校：爲彼人，庫本校：「案：《漢書》作『亡恩澤』。」《漢書・霍光傳》：「曲突徙薪亡恩澤，燋頭爛額爲上客。」《類聚》卷 80 引桓譚《新論》：「曲突徙薪無恩澤，燋頭爛額爲上客。」

按：彼，讀爲鄙。鄙人，鄙陋之人。《三國志・先主傳》：「彼州殷富，戶口百萬。」《華陽國志》卷 6 作「鄙州」。朱起鳳曰：「彼、鄙同音通叚。從可知《論語》『彼哉』當讀爲『鄙哉』，乃貶其人，非外其人也。」〔註 112〕

### （27）龍首豕足，隨時之義；牛頭馬髀，強相附會

按：義，讀爲宜，《御覽》卷 585 引正作「宜」。《易・隨》象曰：「隨時之義大矣哉。」《後漢書・崔駰傳》《達旨》：「隨時之宜，道貴從凡。」李賢注引《易》。

### （28）事等張君之弧，徒觀外澤；亦如南陽之里，難就窮檢矣

按：二句許氏失考。「弧」當作「瓠」，指壺蘆也。上句用三國張裔之典。《三國志・張裔傳》：「張裔，字君嗣，蜀郡成都人也……（雍）闓遂越趨不賓，假鬼教曰：『張府君如瓠壺，外雖澤而內實麤，不足殺，令縛與吳。』於是遂送裔于權。」下句用三國諸葛亮之典。《三國志・諸葛亮傳》亮上疏曰：「臣本布衣，躬耕於南陽。苟全性命於亂世，不求聞達於諸侯，先帝不以臣卑鄙，猥自枉屈，三顧臣於草廬之中，諮臣以當世之事。」檢，猶言考察。

### （29）射魚指天，事徒勤而靡獲；適郢道燕，馬雖良而不到

許校：道，原作「首」，今據《抱朴子》改。《抱朴子內篇・勤求》：「所謂適楚而道燕，馬雖良而不到，非行之不疾，然失其道也。」

按：「首」字不誤，《抱朴子》之「道」，當據此讀爲首〔註 113〕，許改僞矣，王明亦失校〔註 114〕。《抱朴子外篇・官理》：「猶却行以逐馳，適楚而

---

〔註 112〕朱起鳳《辭通》，上海古籍出版社 1982 年版，第 1029 頁。
〔註 113〕道讀爲首，參見王引之《經義述聞》卷 26，江蘇古籍出版社 1985 年版，第 627 頁。
〔註 114〕王明《抱朴子內篇校釋》，中華書局 1985 年版，第 256 頁。余昔作《〈抱朴子內篇〉校補》亦未之及，《群書校補》，廣陵書社 2011 年版。

首燕也。」以《外篇》證《內篇》，其無疑矣。其典當出於《戰國策》，許校亦未能得其源也。《戰國策·魏策四》：「今者臣來，見人於大行，方北面而持其駕，告臣曰：『我欲之楚。』臣曰：『君之楚，將奚爲北面？』曰：『吾馬良。』臣曰：『馬雖良，此非楚之路也。』曰：『吾用多。』臣曰：『用雖多，此非楚之路也。』曰：『吾御者善。』此數者愈善，而離楚愈遠耳。」「面」即此文「首」字之誼。面，讀爲偭，《說文》：「偭，鄉也。」《廣雅》：「面、首，嚮也。」「鄉」、「嚮」同「向」。《史記·淮陰侯傳》：「北首燕路。」《正義》：「首，音狩，向也。」《漢書》顏師古注：「首謂趣向也。」此文「首」、「指」同義對舉，指亦向也。《弘明集》卷 6 南齊明僧紹《正二教論》：「其爲首燕求越，其希至何由哉？」《晉書·劉琨傳》：「旌旗首於晉路，金鼓振於河曲。」二例皆與此文同。

## （30）犁軒眩人，皆技術也

許校：眩，原作「胘」，今據《集成》本改。《史記·大宛傳》：「以大鳥卵及犁軒善眩人獻於漢。」《索隱》：「《漢書》作『犁靬』，韋昭曰：『變化惑人也。』」

按：庫本亦作「胘」。「犁軒」、「犁靬」，古音同。或音轉作「黎軒」、「驪軒」、「梨軒」、「犛軒」、「犂軒」、「犁軒」、「犛軒」、「犁犍」、「力乾」、「力虔」等。《正義》：「下巨言反，又巨連反。《後漢書》云：『大秦一名黎鞬。』」《後漢紀》卷 15 亦作「黎軒」。《通鑑》卷 21 胡注：「黎軒，亦曰黎靬。靬音軒，又鉅連翻。」「軒」、「靬」同从干得声，例得通借。《漢書·西域傳》：「犁靬。」顏注：「犁讀與驪同，靬音鉅連反，又鉅言反。」《通典》卷 192 自注：「靬，巨連反。」「靬」音巨連反，與「軒」音同；音巨言反，與「虔」、「犍」、「鞬」音同。《玉篇》：「赶，渠言切。」《集韻》「犍」同「犴」，皆其比也。

## （31）若以爲戲笑者，少府鬭猴，皆戲笑也

許校：猴，原作「獲」，不辭，今據《漢書》改。《漢書·蓋寬饒傳》：「酒酣樂作，長信少府檀長卿起舞，爲沐猴與狗鬭。」顏師古注：「沐猴，獼猴。」《初學記》卷 26 引劉潛《謝晉安王賜宜城酒啟》：「少府鬭猴，莫能致笑。」

按：許氏改字非也。「獲」當作「玃」，字之誤也。《說文》：「玃，母猴也。」《呂氏春秋・察傳》：「玃似母猴。」「母猴」即「沐猴」。《爾雅翼》卷20：「然則猴、夒、玃爲一，蓋一物。又有沐猴、母猴之稱，母非牝也，沐音之轉耳。」故此文之「鬬玃」，即《漢書》之「爲沐猴與狗鬬」也。字或作「蠼」、「貜」，例略。字或作「舉」，借音字也。《山海經・西山經》：「崇吾之山……有獸焉，其狀如禺而文臂，豹虎而善投，名曰舉父。」

## （32）不畏君王，不累長上，不聞有司

按：《禮記・儒行》作「不慁君王，不累長上，不閔有司」，《家語・儒行解》作「不溷君王，不累長上，不閔有司」。鄭玄注：「慁，猶辱也。累，猶繫也。閔，病也。」王肅注：「溷，辱。閔，疾。」「聞」爲「閔」音誤字。

## （33）堯身長十尺，眉乃八采

按：乃，《孔叢子・居衛》同，當爲「分」字之誤，傅亞庶失校〔註115〕。《御覽》卷80引《孔叢子》正作「分」字〔註116〕。《玉管照神局》卷上：「堯舜以無爲爲君，蓋有眉分八彩。」《太清神鑑》卷4：「龍形者……闊眉分八彩。」宋・李新《賀趙招討平晏州啓》：「捷書報上，喜分八彩之堯眉；輿地開圖，遠出九州之禹貢。」《釋門正統》卷1：「目耀重瞳，眉分八彩。」《佛祖統紀》卷6：「師眉分八采，目耀重童。」「八采（彩）」即「八字」〔註117〕，故又言「眉分八字」。《太清神鑑》卷6：「眉分八字者，性和而福。」《銷釋金剛經科儀會要註解》卷1：「眉分八字，唇若丹朱。」《正法眼藏》卷1：「眉分八字，眼似流星。」

## （34）或拆臂望陽，或禿骭背僂

許校：拆臂，原作「折臂」，今據《孔叢子》改。拆猶分也。望陽，當作「望羊」。

按：《孔叢子》亦作「折臂」，許氏失檢，且改「拆」亦非其誼也。考《荀

〔註115〕傅亞庶《孔叢子校釋》，中華書局2011年版，第129頁。
〔註116〕此據景宋本，四庫本亦誤作「乃」。
〔註117〕《御覽》卷80引《尚書大傳》：「堯八眉，舜四瞳子。八者，如八字也。」

子‧非相》:「禹跳湯偏。」楊倞註:「鄭注《尚書大傳》:『湯半體枯。』」《潛夫論‧五德志》:「扶都見白氣貫月,意感生黑帝子履,其相二肘,身號湯。」《論衡‧骨相》:「湯臂再肘。」《劉子‧命相》:「湯臂二肘。」《御覽》卷 83 引《雒書靈准聽》:「(湯)臂二肘。」又引《春秋元命包》:「湯臂二肘,是爲神剛。」偏者、半體枯者、二肘者、再肘者,皆指折臂也。《魏書‧長孫道生傳》:「子彥少常墜馬,折臂,肘上骨起寸餘。」蓋折臂後,肘上又生骨,故云「二肘」或「再肘」也。臂骨折斷,故云「偏」或「半體枯」也。《白虎通義‧聖人》:「《禮》曰:『湯臂三肘,是謂柳翼。』」〔註118〕本書《興王篇》:「(成湯)四肘。」《初學記》卷 9 引《帝王世紀》:「(成湯)臂四肘。」《白帖》卷 30 引《春秋元命苞》:「湯臂四肘,是謂神剛。」〔註119〕《宋書‧符瑞志上》:「臂有四肘,是爲成湯。」彭鐸曰:「『四肘』合二臂言之,『三肘』非。」〔註120〕「三肘」當作「二肘」,《御覽》卷 369 引《白虎通》正作「二肘」,陳立失校〔註121〕。「望陽」同「望羊」,不煩改作,已詳上文。

## 《著書篇》第十

### (1) 孝無優劣,能使甘泉自湧,鄰火不焚

許校:《御覽》卷 411 引《東觀漢記》:「姜詩字士游,廣漢雒人……母好飲江水,兒常取水溺死,夫婦痛,恐母知,詐云行學,歲作衣投于江中,俄而涌泉出於舍側,味如江水。」《類聚》卷 20 引《東觀漢記》:「長沙有義士古初,父喪未葬,鄰人火起,及初舍棺不可移,初冒火伏棺上,俄而火滅。」

按:許校二引《東觀漢記》,分別見卷 17、16,何故從《御覽》、《類聚》轉引?許氏校箋,此類問題甚多,姑於此舉例出之,餘不復及。孝子甘泉自湧事者,非僅姜詩,曹曾亦其一例。晉‧王嘉《拾遺記》卷 6:「曹曾,魯人也,本名平,慕曾參之行,改名爲曾。家財巨億,事親盡禮……時亢旱,井池皆竭,母思甘清之水,曾跪而操缾,則甘泉自

〔註118〕《路史》卷 6 引《春秋演孔圖》同。
〔註119〕《御覽》卷 369 引同。
〔註120〕汪繼培、彭鐸《潛夫論箋校正》,中華書局 1985 年版,第 399 頁。
〔註121〕陳立《白虎通疏證》,中華書局 1994 年版,第 339 頁。

涌，清美於常。」

## （2）地出兼金，天降神女

按：兼，《類聚》卷 20 引梁元帝《孝德傳序》作「黃」。《孟子・公孫丑下》：「王餽兼金一百而不受。」趙注：「兼金，好金也，其價兼倍於常者，故謂之兼金。」耿廣峰謂「兼爲黃之訛字」〔註122〕，非也。

## （3）騰麐自犪，嘯虎還仁

許校：騰麐自犪，未詳。《類聚》卷 95 引蕭廣濟《孝子傳》：「蕭國遭喪，有鵠遊其庭，至暮而去；麐暮入其門，與犬馬旅，至旦而去。」此或近之。「麐」同「麖」，麐也。犪，順從。《御覽》卷 411 引宋躬《孝子傳》：「韋俊字文高，京兆杜陵人，嘗與父共有所之，夜宿逆旅。時多虎，將曉，虎遶屋號吼，俊乃出戶當之。虎弭耳屈膝，伏而不動。」

按：「騰麐自犪」蓋典出《宋書・五行志》：「晉成帝咸和六年正月丁巳，會州郡秀孝於樂賢堂，有麐見於前，獲之。孫盛曰：『夫秀孝，天下之彥士；樂賢堂，所以樂養賢也。』」孝子嘯虎還仁者，非僅韋俊，吳達亦其一例。《御覽》卷 411 引《晉中興書》：「烏程吳達，往經饑饉，父母兄嫂及群小從幼之親十有三人，達病篤，鄰里咸葦裹布而埋之，親屬皆盡，存者唯達夫妻而已。家徒四壁，晝則傭賃，夜還燒磚伐木，夜在山草，屢遇虎，虎下道避之。」

## （4）性與率由，因心致極

按：因心，《類聚》卷 20 引同，《初學記》卷 17 引作「恩義」。蓋「因心」二字誤合作「恩」字，後人因補一「義」字以足句。極，讀爲㥛，《說文》：「㥛，一曰謹重皃。」字亦省作亟，《廣雅》：「亟，敬也。」字亦作愙，《廣雅》：「愙，懂也。」《舊唐書・禮儀志》：「庶因心致敬，獲展虔誠。」此篇下文《忠臣傳序》：「事君事父，資敬之禮寧異？爲臣爲子，率由之道斯一。」「敬」字是其誼。

## （5）若乃何宗九策，事等神鉤；陽雍雙璧，理歸玄感

按：「神鉤」許氏未釋。「神鉤」爲攻戰之具。《書鈔》卷 126 引陳琳《武庫

〔註122〕耿廣峰《〈金樓子〉詞匯研究》，溫州大學 2010 年碩士學位論文，第 66 頁。

賦序》：「回天軍于易水之陽，迺建雲梯神鈎之具。」〔註123〕

## （6）但使良園廣宅，面水帶山

許校：「使」字下當脫「有」字。《後漢書・仲長統傳》：「使居有良田廣宅，背山臨流。」

按：不必補「有」，文義自足，《類聚》卷21引亦無「有」字。面，讀爲偭，《廣雅》：「偭，俏也。」「俏」同「背」。

## （7）漢氏以來，南羌旅距，西域憑陵

許校：《後漢書・馬援傳》：「若大姓侵小民，黠羌欲旅距，此乃太守事耳。」李賢注：「旅距，不從之貌。」

按：旅距，字或作「旅拒」、「儢拒」、「儢拒」、「呂鉅」、「呂矩」，旅、儢、儢、呂，亦拒也，同義連文〔註124〕。

## （8）炎風、弱水，不革其心；身熱、頭痛，不改其節

許校：炎風，疑當作「炎火」。《山海經・大荒西經》：「崑崙之丘……其下有弱水之淵環之，其外有炎火之山。」

按：「炎風」不誤。《淮南子・時則篇》：「南方之極，自北戶孫之外，貫顓頊之國，南至委火炎風之野，赤帝祝融之所司者，萬二千里。」

## 《捷對篇》第十一

## （1）苟得其人，自可沈湎

按：沈湎，《南史・謝瀹傳》作「流湎」，《御覽》卷844引《齊書》作「沉湎」，《通志》卷138作「湛湎」。流，讀爲沈（沉）。《荀子・君子》：「則士大夫無流淫之行。」《治要》卷38引作「沈淫」。《荀子・勸學》：「昔者瓠巴鼓瑟，而流魚出聽。」《大戴禮記・勸學》作「沈魚」。湛，亦讀爲沈（沉）。《淮南子・覽冥篇》：「故東風至而酒湛溢。」《文選・七啓》

---

〔註123〕《御覽》卷336引作「廻天軍於易水之陽……迺建脩櫓于青霄，竁深隧，下三泉，飛梯、雲衝、神鈎之具，不在吳孫之篇」。

〔註124〕參見蕭旭《「旅距」「旅拒」「呂鉅」正詁》，收入《群書校補》，廣陵書社2011年版，第1393～1396頁。

李善註、《御覽》卷 9 引正文及注並作「沉」，《記纂淵海》卷 2、《事類賦注》卷 2 引正文及注並作「沈」。古從甚從尤之字多通假〔註 125〕。

### （2）劉道真常與一人共素袢草中食

許校：袢，原作「拌」，今據《類聚》引《語林》改。《說文》：「袢，衣無色也。」《繫傳》：「進身衣也。」《類聚》卷 25 引《語林》：「道眞嘗與一人共索袢草中食。」《太平廣記》卷 253 引《啟顏錄》：「嘗與人共飯素盤草舍中。」

按：宋紹興本《類聚》引作「索祵」，字從示不從衣，許氏失檢。許氏引《說文》解爲衣無色，不顧文義之不安，尤爲大誤。「袢」爲「柈」字之誤〔註 126〕，四庫本《類聚》引正作「索柈」〔註 127〕。「柈」即《啓顏錄》之「盤」的俗字。《金樓子・雜記篇上》：「令厨人以金柈貯檳榔一斛。」亦作「柈」字。宋・阮閱《詩話總龜》卷 37 引《因話錄》作「嘗與人草中同盤共飲」，亦作「盤」字。《御覽》卷 791 引李膺《益州記》：「卭都縣下，有一老姥，家貧孤獨，每食，輒有小蚰，頭上戴角，在床間，姥憐飴之。」《太平寰宇記》卷 75 引「床」作「袢」，《後漢書・西南夷傳》李引賢注引作「牀」，《搜神記》卷 20 亦作「牀」。「床」同「牀」，與「袢」皆「柈」之譌，《太平廣記》卷 456 引《窮神祕苑》正作「柈」字。字或作槃、鎜，《玉篇》：「槃，器名，或作盤、鎜。柈，同上。」《廣韻》：「槃，器也。盤，籀文。鎜，古文。柈，俗。」「索」、「素」形聲俱近，古多通用〔註 128〕。南朝・宋・鮑照《代挽歌》：「憶昔好飲酒，素盤進青梅。」「素盤」即指不加紋飾的食器。唐・張說《素盤盂銘》序：「乃命山工作爲盤、盂、盎、甖、樽、觶，呈其文理，素而不飾。」《天中記》卷 26 引《語林》作「牽拌」，此誤之又誤者也。常，讀爲嘗，曾也。

---

〔註 125〕參見張儒、劉毓慶《漢字通用聲素研究》，山西古籍出版社 2002 年版，第 999 頁。

〔註 126〕敦煌寫卷中即有「木」、「礻」二旁相混之例。S.1774V《寺門首立禪師頌》：「貪嗔萌芽，連**根**宜斸。疑網永斷，法輪恒續。」「**根**」即「根」。

〔註 127〕《山堂肆考》卷 119 同。

〔註 128〕參見張儒、劉毓慶《漢字通用聲素研究》，山西古籍出版社 2002 年版，第 427 頁。

## （3）何物凍老鴟，腩腩低頭食

按：何物，《御覽》卷 927 引《晉書》作「何忽」。「忽」當作「物」，字之誤也。敦煌寫卷 P.2187《破魔變》：「身膌項縮，恰似害凍老鴟；腰曲腳長，一似過秋穀（鵠）鶴。」「害凍老鴟」即典出於此文。腩腩，《御覽》卷 927 引《晉書》同，當讀爲呥呥，口不停地咀嚼貌。《玉篇》：「呥，呥呥，噍皃。」《廣韻》：「呥，噍皃。」「噍」同「嚼」，見《說文》。《荀子・榮辱》：「亦呥呥而噍。」楊倞註：「呥呥，噍貌。噍，嚼也。」字或作詽、諵，《六書故》：「呥，呥呥，口不休也。又作或作詽、諵。」字或作「顉顉」，《類聚》卷 81 引《東方朔記》：「蟲喙顉顉類馬，色邭邭類虎。」《御覽》卷 825 引《東方朔別傳》作「呥呥」，《爾雅翼》卷 24 亦作「呥呥」，宋・董逌《廣川書跋》卷 6 作「顉顉」，明・方以智《通雅》卷 10 引董逌作「頗頗」。「頗頗」、「顉顉」皆「顉顉」之形誤。呥呥，小聲也，蓋狀其咀嚼之聲耳。今吳語尚謂咀嚼爲呥呥。黃靈庚曰：「婪，或借作『呥』。呥呥，語聲。」〔註 129〕非也。

## 《志怪篇》第十二

### （1）淳于能剖臚以理腦，元化能刳腹以浣胃

　　許校：《抱朴子內篇・至理》：「淳于能解顱以理腦，華佗能刳腹以滌腸。」

按：臚，讀爲顱。《海錄碎事》卷 13 引《抱朴子》作「解臚」。

### （2）蠰蟲仮翼

　　許校：《抱朴子內篇・論仙》：「壞蟲假翼。」

按：「仮」即「假」字草書缺譌。敦煌寫卷 P.2761：「伏惟都僧統大師間生英傑，天假長才。」P.3282V《臨壙文》：「脆命〔奄〕留，風塵假造。」「假」、「假」皆即「假」省去中間結構「𦥑」之草書，因而形誤爲「仮」也。《淮南子・道應篇》：「吾比夫子，猶黃鵠與蠰蟲。」許注：「蠰蟲，蟲之幼也。」《三國志・郤正傳》裴松之注引作「壞蟲」，《論衡・道虛》、《神仙傳》卷 1 同。朱駿聲謂壞借爲蠰〔註 130〕。

---

〔註 129〕黃靈庚《楚辭與簡帛文獻》，人民出版社 2011 年出版，第 123 頁。
〔註 130〕朱駿聲《說文通訓定聲》，武漢市古籍書店 1983 年版，第 893 頁。

（3）太皥師蜘蛛而結罟，金天據九扈以為政

　　許校：《抱朴子內篇・對俗》：「太昊師蜘蛛而結網，金天據九扈以正時。」

按：《關尹子・三極篇》：「聖人師蜂立君臣，師蜘蛛立網罟。」

（4）逍遙國葱，變而為韭

　　許校：《御覽》卷 977 引《後秦書》：「姚興種葱，皆化爲韭，其後兵戈日盛。」又引《後周書》：「宣帝大象年，左衛園中葱變作韭。」

按：《隋書・王劭傳》上表言符命曰：「《稽覽圖》又云：『治道得則陰物變爲陽物。』鄭玄注云：『葱變爲韭亦是。』」是漢人已有「葱變爲韭」之說。「國」當作「園」，字之誤也。所變之物，則有「薤」、「茞」二說。《玉篇》：「薤，菜似韭。」《高僧傳》卷 2：「興弘始三年三月，有樹連理生於廟庭，逍遙園葱變爲茞。」《法苑珠林》卷 34、《貞元新定釋教目錄》卷 6、《開元釋教錄》卷 4、《法華傳記》卷 1 亦作「茞」，《出三藏記集》卷 14、《歷代三寶紀》卷 8、《肇論疏》卷 2、《法苑珠林》卷 25、《大唐內典錄》卷 3、《淨名經關中釋抄》卷 1 作「薤」。《出三藏記集》宋本作「茞」，《歷代三寶紀》、《法苑珠林》、《大唐內典錄》宋、元、明本並作「茞」。《法華傳記》甲本作「薤」。上引諸書，皆作「園」字。「逍遙園」位於長安〔註131〕。

（5）娥因舉聲哀哭，一哭老少悲愁，三日不食

　　許校：舉聲，《列子・湯問》作「曼聲」，張湛注：「曼聲，猶長引也。」一哭，《列子》作「一里」。

按：《博物志》卷 8、《宋書・樂志一》、《通典》卷 141、145 作「曼聲」、「一里」。《書鈔》卷 106 引《列子》作「謾聲」，《古今合璧事類備要》外集卷 11、《韻府群玉》卷 2、5 引《博物志》並作「漫聲」。《淮南子・氾論篇》：「及至韓娥、秦青、薛談之謳，侯同曼聲之歌。」高誘注：「曼，長。」又《覽冥篇》：「曼聲吞炭，內閉而不歌。」高誘注：「曼

---

〔註131〕《大智度論》卷 100：「究摩羅耆婆法師，以秦弘始三年歲在辛丑十二月二十日至長安，四年夏，於逍遙園中西門閣上爲姚天王出此釋論，七年十二月二十七日乃訖。」《仁王護國般若經疏》卷 1：「僞秦弘始三年，鳩摩羅什於長安逍遙園別館翻二卷。」

聲，善歌也。」《通典》卷 145 引許愼曰：「曼聲，長聲也。」蓋即《淮南》許注也。《說文》：「曼，引也。」《玉篇》：「曼，長也。」「謾」、「漫」皆借字。

**（6）乃厚賂發之**

　　許校：「發」字原闕，今據《列子》補。張湛注：「發猶遣也。」

　按：《博物志》卷 8、《宋書·樂志一》作「遣之」。《通典》卷 145、《古今事文類聚》續集卷 24 引《列子》作「遺之」。「遺」爲「遣」之形誤也。

**（7）周穆王時，西極有化人，能入水火，貫金石，反山川，移城郭，穆王爲起中天之臺，鄭、衛奏《承雲》之樂**

　按：《列子·周穆王》「城郭」作「城邑」，其下有「乘虛不墜，觸實不硋，千變萬化，不可窮極」16 字。此篇蓋脫，《御覽》卷 737 引《金樓子》正有此 16 字，「硋」作「礙」，字同。

**（8）構以金銀，絡以珠玉**

　　許校：構，《御覽》卷 737 引作「稱」。

　按：「稱」當作「構」，字之誤也。《列子·周穆王》亦作「構」，《初學記》卷 27 引《列子》作「搆」，字同。

**（9）大月支及西胡，有牛，名曰日及，今日割取其肉，明日瘡即愈**

　　許校：庫本作「白皮」，《太平廣記》卷 434 引《金樓子》作「白及」，《類聚》卷 65 引《玄中記》：「大月氏有牛，名曰日及，割取肉一二斤，明日瘡愈。」

　按：《玄中記》之文，《御覽》卷 166、《太平寰宇記》卷 80 引作「牛割而復生，名曰及牛」，《御覽》卷 825 引作「大月支有牛，名爲日及，今日割取其肉三四斤，明日瘡愈」，又卷 900 引作「大月支及西胡，有牛，名曰反牛，今日割取其肉三四斤，明日其肉已復，創即愈也」，《太平寰宇記》卷 184 引作「（大月氏）又有牛，名爲日及，今日割其肉明日瘡愈」，《書鈔》卷 145 引作「大月支及西胡有牛，名爲日反牛，今日割取其肉，明日肉復生」〔註 132〕，《事類賦注》卷 22 引作「大

---

〔註 132〕孔廣陶校注：「陳、俞本『反』作『支』。」孔廣陶校注本《北堂書鈔》，收入

月支及西胡有牛，名反牛，以今日割取其肉三四斤，明日其肉已復，瘡亦愈」。牛名當以作「日反」爲是，餘皆形之訛也。反，猶復也。「牛割而復生」、「今日割取其肉，明日其肉已復」，即其命名爲「日反」之誼也。《博物志》卷 3：「越巂國有牛，稍割取肉，牛不死，經日肉生如故。」《御覽》卷 166 引作「越巂國有牛，稍割取肉，經日必復生如故」。此亦其比。《紺珠集》卷 1、《說郛》卷 23 引《金樓子》作「白皮牛」，亦誤。「白及」即「白芨」，「日及」即「木槿」〔註 133〕，皆草木名。陳志平謂「據《紺珠集》所引，顯然『日及』爲『白皮』之形誤」〔註 134〕，耿廣峰謂「似乎當爲『日及』」〔註 135〕，二氏胥不知其命名之由，故皆未得其誼。

## （10）晉寧縣境內出大鼠，狀如牛，土人謂之鼺鼠

按：鼺鼠，《御覽》卷 911 引作「偃」，《本草綱目》51、《物理小識》卷 10 引作「偃牛」。當作「偃鼠」，二書引有脫誤。《六書故》：「偃，別作鼺。」「鼺」即「偃」之分別字。字或省作鼺，《莊子·逍遙遊》：「偃鼠飲河。」《初學記》卷 29、《白帖》卷 98 引作「鼴鼠」，《韻府群玉》卷 9 引作「鼺鼠」。字或音轉作隱，《初學記》卷 29 引郭璞《洞林》：「宣城郡有隱鼠，大如牛，形似鼠。」又引《本草》：「鼴鼠，世中一名隱鼠，形如鼠而無尾，黑色長鼻。」《爾雅翼》卷 23 引故陶隱居云：「鼴鼠，一名隱鼠。」隱、偃一聲之轉。蔣禮鴻曰：「《說文》：『匽，匿也。』《廣韻》：『匽，隱也。』王念孫曰：『偃之轉聲則爲隱。』曰偃鼠，曰隱鼠，其義皆取於匽；在土中行，是爲匽也。」〔註 136〕

---

　　　　《續修四庫全書》第 1213 冊，上海古籍出版社 2002 年版，第 51 頁。「支」字誤。

〔註 133〕《南方草木狀》卷中：「朱槿花……朝開暮落，插枝即活，出高涼郡，一名赤槿，一名日及。」《本草綱目》卷 36：「（木槿）此花朝開暮落，故名日及曰槿，曰蕣，猶僅榮，一瞬之義也。」

〔註 134〕陳志平《〈金樓子〉版本三題》，《圖書館雜誌》2011 年第 4 期，第 90 頁。

〔註 135〕耿廣峰《〈金樓子〉詞匯研究》，溫州大學 2010 年碩士學位論文，第 67 頁。

〔註 136〕蔣禮鴻《義府續貂》，收入《蔣禮鴻集》卷 2，浙江教育出版社 2001 年版，第 206 頁。

（11）俗曰：「漢將攻越，築城，伐木於利水。」

按：《御覽》卷 952 引作「漢將將攻越，築城，浮木于利水」，今本「將」下
脫一「將」字，「伐」當作「浮」。

（12）榮陽郡山中有巨龜，長八九尺，腹下有文字，前後足下各躡一
龜，有時踰山越水，咸觀異之

許校：「腹」字原闕，今據《御覽》卷 931 引補。

按：《太平廣記》卷 472 引《錄異記》：「道州營陵中鼊甲，長八尺，〔腹〕下
自然有文字，前後四足各踏一龜，龜有時行，或踰山越水，俗莫敢犯。」
亦其比。此文「有時」下脫「行」字，《御覽》卷 931 引已脫。

（13）脩羊公止於華陰山，以道干漢景帝，帝禮遇之。數歲，道不可
得。有詔問修羊公何能，發語未訖，於床上化為白羊，題其脅
曰：「脩羊公謝天子。」

按：「發」字上屬，當點作「有詔問修羊公能何〔日〕發」。《御覽》卷 902
引《金樓子》作「有詔問脩羊公能何〔日〕發？語未訖，於床上化爲白
石羊」，《列仙傳》卷上作「有詔問脩羊公能何日發？語未訖，牀上化爲
白〔石〕羊」，《雲笈七籤》卷 108 引《列仙傳》作「有詔問公〔能〕何
日發？語未訖，牀上化爲白石羊」，今本脫「日」、「石」二字，「能」字
又倒置於下。《說郛》卷 23 引《金樓子》：「有道者化白石羊。」許氏引
《列仙傳》點作「能何日發語」，亦誤。

（14）額上戴科藤一枝

按：枝，《酉陽雜俎》卷 16 引《南康記》同，《御覽》卷 995 引《金樓子》、
《太平廣記》卷 443 引《交州記》作「枚」，《御覽》卷 906 引《交州記》
作「株」。科藤，亦作「菻藤」。《玉篇》：「菻，菻藤，生海邊。」《齊民
要術》卷 10 引《異物志》：「菻藤圍數寸，重於竹，可爲杖箋。」《御覽》
卷 995 引作「科藤」。

（15）凡藏諸寶，忘不知處者，以銅盤盛井花水，赴所擬地，照之見
人影者，物在下也

按：擬，讀爲疑，《漢書·揚雄傳》《反離騷》：「蝯狖擬而不敢下。」顏師
古注：「擬，疑也。」《法苑珠林》卷 37、《御覽》卷 802 引《地鏡圖》

作「著所疑地行」。今本「地」下脫「行」字。南唐・劉崇遠《金華子雜編》卷下引作「赴所失處掘地」，則已不得其義而妄改。

### （16）湯破其車

　　許校：湯，原作「傷」，今據《博物志》改。

　按：耿廣峰亦據《博物志》、《類聚》卷 1、《御覽》卷 9、773、797、《太平廣記》卷 482、《說郛》卷 23 校作「湯」〔註137〕。《事類賦》卷 2 引《帝王世紀》亦作「湯」字。

### （17）白鹽山，山峰洞澈，有如水精。及其映月，光似琥珀

　　許校：《御覽》卷 865 引《金樓子》：「白鹽，小小峰洞，激（當作『皦』）如有水精（按：庫本作『白鹽，小小有峰洞，皦如水精』）。及其映日，光似琥珀。」《緯略》卷 3：「《金樓子》：『胡中有鹽，瑩澈如水精，謂之玉華鹽。』」

　按：「激」、「皦」皆當作「澈」。此文「洞澈」二字當屬下句，點作「白鹽山山峰，洞澈有如水精」。《雲笈七籤》卷 8《大洞真經》：「玉仙之身，洞徹如水精瑠璃焉。」《抱朴子內篇・僊藥》：「黃者如紫金，而皆光明，洞徹如堅冰也。」皆其比。「澈」同「徹」。《紺珠集》卷 1、《海錄碎事》卷 6、《說郛》卷 23 引此文作「胡中有鹽，瑩徹如水精」，《本草綱目》卷 11 引此文作「胡中白鹽，產于崖，映月光明，洞澈如水晶」。作「瑩徹」者，蓋宋人所改。《御覽》卷 865 所引，「日」為「月」誤，「小小」為「山山」形誤。

### （18）其花似杏，而綠蘂碧鬚

　按：《御覽》卷 972 引作「其花似香而綠榮碧鬚」，「香」、「榮」皆形之譌。

### （19）九春之時萬頃競發

　按：九春，《御覽》卷 972 引作「夏春」。

### （20）八月中，風至，吹葉上，傷裂有似綾紈，故呼風為葡萄風，亦名裂葉風也

---

〔註137〕耿廣峰《〈金樓子〉詞匯研究》，溫州大學 2010 年碩士學位論文，第 69 頁。又見耿廣峰《〈金樓子〉校讀小識》，《現代語文》2009 年第 2 期，第 9 頁。

許校：《海錄碎事》卷 1 引《洞冥記》：「裂葉風，八月風也。」

按：《歲時廣記》卷 3 引《洞冥記》同。裂葉風也称獵葉之風，一音之轉也。清・高士奇《天祿識餘》卷下：「《洞冥記》：『裂葉風，八月風也。』又《列子》曰：『獵葉之風。』」〔註 138〕高氏所引《列子》，非列禦寇所撰，乃指「《周生烈子》」。《類聚》卷 1 引《周生列子》：「夫獦葉之風，不應八節。」《海錄碎事》卷 1 引《周生列子》、《事類賦注》卷 2 引《周生烈子》、《御覽》卷 9 引《列子》並作「獵葉」。「獦」爲「獵」譌俗字，「列」當作「烈」。周生烈爲魏人。《三國志・王肅傳》：「徵士燉煌周生烈。」裴松之注：「案此人姓周生，名烈。」

## （21）含塗之鷄能言

許校：含塗，原作「羅含」，今據《拾遺錄》改。《御覽》卷 713 引《拾遺錄》：「含塗國人善服鳥獸雞犬，皆使之能言。」

按：陳志平、熊清元亦校爲「含塗」〔註 139〕。《拾遺記》卷 6：「含塗國貢其珍怪，其使云：『去王都七萬里，鳥獸皆能言語。雞犬死者，埋之不朽，經歷數世，其家人遊於山阿海濱，地中聞雞犬鳴吠，主乃掘取還家養之，毛羽雖禿，落更生，久乃悅澤。』」字亦作「含圖」，《初學記》卷 30、《御覽》卷 918 亦引王子年《拾遺記》：「含塗國去王都七萬里，人善服鳥獸雞犬，皆使能言。」《白帖》卷 94、《事類賦注》卷 18 引作「含圖」，梁・任昉《述異記》卷下作「合塗」，則爲「含塗」之誤。《紺珠集》卷 1、《說郛》卷 23 引此文作「羅含」，《說郛》卷 107 引卞彬《禽獸決錄》同。是宋、元時已誤作「羅含」。

## （22）鵠口畫作書

許校：《類聚》卷 90 引《列仙傳》：「蘇耽去後，忽有白鶴十數隻，夜集郡東門樓上，一隻口畫作書字，言曰：『城郭是，人民非，三百甲子當復歸。』咸謂是耽。」

〔註138〕高士奇《天祿識餘》卷下，收入《叢書集成續編》第 96 冊，上海書店 1994 年版，第 378 頁。
〔註139〕陳志平、熊清元《鮑本〈金樓子〉勘誤札記》，《黃岡師範學院學報》2011 年第 2 期，第 38 頁。

按：《御覽》卷 662 引葛洪《神仙傳》：「蘇仙公，名林，字子玄，周武王時人也，家濮陽曲水……後仙去，有白鶴來至郡城東北樓，以爪畫樓板，以膝書云：『城郭是，人民非，仙公故第，猶丁令威。』」《古今事文類聚》後集卷 42 引《神仙傳》：「蘇仙公者，名耽，桂陽人。有數十白鶴降于門遂，昇雲漢而去，後有騎白鶴來止郡城東北樓上，人或挾彈彈之，鶴以爪攫樓板，以漆（膝）書云：『城郭是，人民非，三百甲子一來歸。吾是蘇仙，君彈我何爲？』」《太平廣記》卷 13 引《神仙傳》：「蘇仙公者，桂陽人也，漢文帝時得道……後有白鶴來止郡城東北樓上，人或挾彈彈之，鶴以爪攫樓板，似（以）漆（膝）書云：『城郭是，人民非，三百甲子一來歸。吾是蘇〔仙〕，君彈何爲？』」蘇仙化白鶴事，略同於丁令威。《搜神後記》卷 1：「丁令威，本遼東人，學道于靈虛山，後化鶴歸遼，集城門華表柱，時有少年舉弓欲射之，鶴乃飛，徘徊空中而言曰：『有鳥有鳥丁令威，去家千年今始歸，城郭如故人民非，何不學仙冢纍纍？』遂高上冲天。」《古今事文類聚》別集卷 25 引《神仙記》：「遼東城門華表柱，忽有一白鶴，少年欲射之，乃飛，徘徊言曰：『有鳥有鳥丁令威，去家千載今來歸。城郭是，人民非，何不學仙塚纍纍？』」《雲笈七籤》卷 110 引《洞仙傳》：「丁令威者，遼東人也。少隨師學得仙道，分身任意所欲，嘗蹔歸化，爲白鶴集郡城門華表柱頭，言曰：『我是丁令威，去家千歲今來歸。城郭如舊人民非，何不學仙離塚纍？』」

## （23）豬臂帶金鈴

許校：臂，原作「脾」，今據《志怪》改。《書鈔》卷 135、《御覽》卷 903 引祖台之《志怪》云云。

按：事亦見《搜神記》卷 18：「晉有一士人，姓王，家在吳郡，還至曲阿，日暮，引船上，當大埭，見埭上有一女子，年十七八，便呼之留宿，至曉，解金鈴繫其臂，使人隨至家，都無女，人因逼豬欄中，見母豬臂有金鈴。」干寶、祖台之俱爲晉人，所據資料當有同一來源，今已不可考。

## （24）遯水竹王，以劍擊石而出水

許校：遯，原作「㵦」，今據《華陽國志》改。

按：不煩改作，「㵦」即水名之專字。字或作「豚水」、「脉水」，《水經注》卷

36、《異苑》卷 5 即作「豚水」，《法苑珠林》卷 79 引《異苑》作「豚水」。

## 《雜記篇》第十三上

### （1）成湯誅獨木

許校：獨木，亦作「蠋沐」。《說苑・指武》：「湯誅蠋沐。」向宗魯《校證》：「盧曰：『蠋沐，《荀》及《家語・始誅篇》作「尹諧」。』按《尹文》亦作『尹諧』，尹諧、蠋沐，似非一人。《金樓子・雜記篇上》作『獨木』。」

按：《荀子》見《宥坐篇》，《尹文子》見《大道下篇》。「獨木」、「蠋沐」、「尹諧」，皆當爲「葛伯」形聲之誤。《孟子・滕文公下》：「湯居亳，與葛爲鄰，葛伯放而不祀。湯使人問之曰：『何爲不祀？』曰：『無以供犧牲也。』湯使遺之牛羊。葛伯食之，又不以祀。湯又使人問之曰：『何爲不祀？』曰：『無以供粢盛也。』湯使亳眾往爲之耕，老弱饋食，葛伯率其民，要其有酒食黍稻者奪之，不授者殺之，有童子以黍肉餉，殺而奪之。書曰：『葛伯仇餉。』此之謂也。爲其殺是童子而征之，四海之內，皆曰非富天下也，爲匹夫匹婦復讎也。」《鹽鐵論・繇役》：「是以湯誅葛伯。」

### （2）有人讀書，握卷而輒睡者。梁朝有名士，呼書卷為黃妳，此蓋見其美神養性如妳媼也

許校：《海錄碎事》卷 18 引作：「黃妳，言書卷怡神如妳媼。有人讀書，把卷即睡，梁人因呼書卷爲黃妳。」妳媼，乳母。「妳」同「嬭」，乳也。

按：美神，《御覽》卷 616、《錦繡萬花谷》前集卷 39、《古今事文類聚》別集卷 4、《六帖補》卷 13、《龍筋鳳髓判》卷 2 注引並作「怡神」。「美」蓋涉下「養」字而形誤。妳媼，《古今事文類聚》、《六帖補》引作「乳媼」。《韻府群玉》卷 10：「妳，本作嬭，唐人呼晝睡爲黃妳。」

### （3）每為妻兄弟所辱，穆之不為恥

按：「爲」上當據《南史・劉穆之傳》補「以」字。

### （4）江氏弟戲之曰：「檳榔本以消食，君常飢，何忽須此物？」

按：忽，猶言竟然。何忽，猶言何乃〔註140〕。

---

〔註140〕參見蕭旭《古書虛詞旁釋》，廣陵書社 2007 年版，第 104～105 頁。

（5）船漏水入，壺漏內虛也

　　　許校：壺漏，《御覽》卷837引作「囊洞」。

　按：「壺漏」、「船漏」對舉，二句言船有漏洞則水湧入，壺有漏洞則水流出
　　　也。《御覽》引作「囊洞」，意亦相近。

（6）曹植曰：「吾志不果，吾道不行，將來采史官之實錄，時俗之得
　　　失，為一家之言，藏之名山。」

　按：當據《三國志・陳思王植傳》裴松之注引《典略》及《文選》所載曹
　　　植《與楊德祖書》刪「來」字，「來」即「采」形誤而衍。耿廣峰謂「時
　　　俗」上當據《典略》補「辨」字〔註141〕，是也。《文選》作「辯」，同
　　　「辨」。

（7）徊徨覓路，仍得一穴

　按：徊徨，《太平廣記》卷 197 引《幽明錄》作「周惶」，《法苑珠林》卷
　　　31 引《幽明錄》作「周遑」。徊徨，心神不定貌，亦作「回徨」、「迴
　　　惶」、「佪惶」、「愇惶」。「周惶」同「周遑」，猶疑不定貌。「周」當即
　　　「回」字形誤，作「回徨」其義乃安。仍，《御覽》卷 803、《法苑珠
　　　林》卷31引《幽明錄》同，《類聚》卷 94、《初學記》卷 29、《御覽》
　　　卷 902、《太平廣記》卷 197、《太平寰宇記》卷 5、《錦繡萬花谷》續
　　　集卷 14 引《幽明錄》作「乃」。仍，猶乃也。

（8）夏月入朝，衣裳不整，乃扶伏床下，以熨斗熨之

　按：《左傳・昭公二十一年》：「扶伏而擊之。」《釋文》：「扶伏，本或作匍
　　　匐，同。」字或作「扶服」、「蒲服」、「蒲伏」、「匍匐」、「匍匐」，皆「俯
　　　伏」之音轉〔註142〕。

（9）何僧智者，嘗於任昉坐賦詩，而言其詩不類

　按：《御覽》卷 586 引作「有何贈智者，常於任昉座賦詩，而其詩言不類」。
　　　常，讀爲嘗。「言」當乙在「其詩」二字後。

---

〔註141〕耿廣峰《〈金樓子〉詞匯研究》，溫州大學 2010 年碩士學位論文，第 70 頁。
〔註142〕參見方以智《通雅》卷 6，收入《方以智全書》第 1 冊，上海古籍出版社 1988
　　　　年版，第 248 頁。

（10）此枕是標櫖之木

按：「標櫖」不辭。「標」當作「欜」，字之誤也。《史記・司馬相如傳》《上
　林賦》：「沙棠欜櫖。」

（11）虢雨好學，方夏置金鏤龍盤於側，以洗墨渝焉

　　許校：渝，同「溢」，氾濫。《文選・海賦》：「沸潰渝溢。」李善注：「渝，
　　亦溢也。」

按：渝，變也，此指墨汁褪色而污手。《類聚》卷 31 後漢・張奐《與陰氏
　書》：「篤念既密，文章燦爛。名實相副，奉讀周旋。紙弊墨渝，不離
　於手。」《廣弘明集》卷 24 梁・王曼穎《與皎法師書》：「紙弊墨渝，
　迄未能罷。」《書敘指南》卷 7：「攬人書不捨曰紙弊墨渝。」紙弊墨
　渝，言紙質壞了，墨汁褪色，故為攬人書不捨也。且李善渝訓溢，是
　二字同義，亦不得謂之字同。

（12）余以九日從上幸樂遊苑，被敕押，伏蒙敕板軍主

　　許校：敕押，未詳。疑指敕令其輔佐閱武事。押，通「挾」，輔佐。

按：押，指在公文簽字或畫符號，今言審批文件。

（13）見虎一毛，不知其斑

按：《意林》卷 5 引梁・楊泉《物理論》：「見虎一毛，不知其斑。」《世說新
　語・方正》：「管中窺豹，時見一斑。」

## 《雜記篇》第十三下

（1）命鄭龍：「射野人，使無驚吾鳥。」

按：鳥，《御覽》卷 832 引《莊子》同，《御覽》卷 457、《困學紀聞》卷 10
　引《莊子逸篇》作「馬」。「鳥」當作「馬」，字之誤也。

（2）春秋振之以時，無煩擾百姓

按：振之以時，《說苑・善說》同，《御覽》卷 509 引嵇康《高士傳》作「賑
　乏以時」，《類聚》卷 36 引魏隸《高士傳》作「賑之以時」。振，讀為
　賑。「之」當作「乏」，字之誤也。《逸周書・大聚解》：「振乏救窮。」
　《魏書・天象志》：「以粟帛賑乏。」日本山井鼎《七經孟子考文補遺》

卷 199：「《孟子》《章指》：『王政普大，教其常業。各養其老，使不餒之。』《疏》作『餒乏』。」亦「乏」誤爲「之」字之例〔註 143〕。

（3）軻曰：「出口入耳，此必大事。」

許校：《類聚》卷 17 引《列士傳》：「軻覺，曰：『此出口入耳之言，必大事也。』」

按：《左傳·昭公二十年》：「言出於余口，入於爾耳。」

（4）若此人不已，則雍、梁敗矣

按：《三國志·諸葛亮傳》裴松之注引張儼《默記·述佐篇》：「若此人不亡，終其志意，連年運思，刻日興謀，則涼雍不解甲，中國不釋鞌。」〔註 144〕「已」當作「亡」，字之誤也。

（5）（孔）靜虛已接對，仍留帝宿。夜設粥，無鮭，新伏鶩卵，令煮以為肴

按：已，當作「己」，字之誤也。仍，《御覽》卷 919 引《宋書》作「乃」。伏，《御覽》引《宋書》同，當讀爲孚，俗作孵。《說文》：「孚，卵孚也。」字或作抱、剖、部、捊、荸、菢、勺、包、㑉、附〔註 145〕。

（6）鄭泉願得五百斛船貯酒，四時甘肥置兩頭

許校：甘肥，厚味美食。《韓子·外儲說右上》：「寡人甘肥周於堂。」

按：甘肥，《類聚》卷 26 引《吳書》同，《三國志·吳主傳》裴松之注、《御覽》卷 846、《古今事文類聚》續集卷 15 引《吳書》並作「甘脆」，《建康實錄》卷 1、《通志》卷 120、《冊府元龜》卷 914、《說郛》卷 94 引竇華《酒譜》亦作「甘脆」。《周書·尉遲迥傳》：「四時甘脆，必先薦奉。」二作俱通，而形亦近。

（7）李元禮冽冽如長松下風，周君颼颼如小松下風

按：《御覽》卷 953 引《世說》同。《世說新語·賞譽》：「世目李元禮：『謖

---

〔註 143〕 此例承孟蓬生先生檢示，謹致謝忱。
〔註 144〕 《長短經》卷 2 引「張儼」作「張微」，誤。《隋書·經籍志三》：「《嘿記》三卷，吳大鴻臚張儼撰。」
〔註 145〕 參見蕭旭《淮南子校補》，花木蘭文化出版社 2014 年版，第 16～18 頁。

謖如勁松下風。』」劉孝標注引《李氏家傳》：「南陽朱公叔，颺颺如行
松柏之下。」又《容止篇》：「嵇康身長七尺八寸，風姿特秀。見者歎曰：
『蕭蕭肅肅，爽朗清舉。』或云：『肅肅如松下風，高而徐引。』」《太
平廣記》卷 164 引《商芸小說》：「李元禮謖謖如勁松下風。」《御覽》
卷 495 引袁山松《後漢書》：「朱公叔蕭蕭如松柏下風。」「蕭蕭」、「謖
謖」一音之轉，「洌洌」、「颺颺」、「颺颺」義皆同，形容陰冷之貌〔註 146〕。
《事類賦注》卷 24 引《世說》作「烈烈」。烈，讀爲洌，《慧琳音義》
卷 82：「慘烈：下連哲反，亦作洌。」

（8）**魏文侯見宋陵子，三仕不願**

按：《御覽》卷 902 引《符子》作「顧」。「顧」當作「願」，字之誤也。

（9）**富者拜之曰：「吾羊九十九，今君之一，盈成我百，則牧數足矣。」**

按：盈成我百，當據《御覽》卷 902 引《符子》乙作「盈我成百」。

## 《自序篇》第十四

（1）**人間之世，颻忽幾何？如鑿石見火，窺隙觀電**

　　許校：鑿石見火，《宋書·樂志三·滿歌行》：「命如鑿石見火，居世竟能幾
　　時？」

按：《類聚》卷 28 引魏·曹植《感節賦》：「惟人生之忽過，若鑿石之未燿。」

（2）**余初至荊州，卜雨，時孟秋之月，陽亢日久，月旦雖雨，俄而便
　　晴。有人云：「諺曰：『雨月額，千里赤。』蓋旱之徵也。」**

　　許校：庫本校：「案：曾慥《類說》『月額』下有『月內多雨之細者，如織
　　懸絲』十一字。」《海錄碎事》卷 1 引《金樓子》：「旦日雨謂之雨月額。」

按：《紺珠集》卷 1、《說郛》卷 23 引《金樓子》：「旦日雨謂之月額。」《錦
　　繡萬花谷》前集卷 1 引《金陵（樓）子》：「月額雨，謂旦日雨爲月額雨。」
　　《古今合璧事類備要》前集卷 2 引《金樓子》：「月額雨，謂旦日雨爲月
　　額雨，如織垂絲。」朱謀埠《駢雅》卷 5：「朔日爲月額。」月額，猶

言月頭，即旦日、朔日，指農曆每月初一日。此文承上孟秋之月而言，指七月初一。

### （3）吾乃端策拂蓍，遇復不動

按：復，《御覽》卷 728 引作「動」。

### （4）謂亢陽之勢，未霑膏澤

按：霑，《御覽》卷 728 引作「霆」。膏澤，指膏雨。

### （5）於是輟蓍而嘆曰：「《坎》者水也，子爻為世，其在今夜三更乎？地上有水，稱之為《比》，其方有甘雨乎？」

許校：稱，原作「坎」，今據《御覽》卷 728 引改。《易・比卦》：「《象》曰：『地上有水，《比》。』」

按：庫本作「其在今夜三更，平地上有水，《坎》之為《比》」，《御覽》卷 728 引作「其在金，今夜三更，平地上有水，稱之為《比》」。「乎」當作「平」，「坎」當作「稱」，並字之譌也。

### （6）余乃筮之，遇《謙之小過》。既而言曰：「坤、艮二象，俱在土，非直無雨，乃應開霽。」

按：庫本「土」下有「宮」字，《御覽》卷 728 引同。

## 附　考

今本《金樓子》遠非完卷，有所散佚，許逸民、耿廣峰各有輯佚。然二氏疏於考訂，但見群書引作《金樓子》，即以為是《金樓子》佚文。且即為《金樓子》佚文，二氏亦多未能考其源流。此非輯佚正法，亟當訂補，以免傳訛。

### （1）五尺之鯉，一寸之鯉，但大小殊，鱗之數等（《御覽》卷 936、《喻林》卷 116、《天中記》卷 56 並引《金樓子》）

按：《北戶錄》卷 1 龜圖注引陳思王云：「五尺之鯉，一寸之鯉，但大小殊，而鱗之數等。」《證類本草》卷 20 引古語云：「五尺之鯉，與一寸之鯉，大小雖秼（殊），而鱗之數等。」

（2）溫州有人，山中遇一波斯，抱野雞，見人揮霍鑽入石壁中，其石
自合（《說郛》卷 27 引《金樓子》）

　按：見《說郛》卷 117 引唐・陸勳《志怪錄》。許氏誤作卷 27。此條非《金
　　　樓子》文，辨見下條。

（3）襲明子嘗聞外舅說，頃歲莊墻間熒熒光尺餘，時兼兄弟中有不
寧者，眾謂之怪，憂之。數夕，炳然如初，外舅情不甘，乃就
拔之，得一物，回燈下看，乃枯竹根耳。其光遂滅，疾者無咎
（《說郛》卷 27 引《金樓子》）

　按：亦見《說郛》卷 117 引唐・陸勳《志怪錄》。此二條皆非《金樓子》文。
　　　考陸勳《志怪錄》引《金樓子》：「山中夜見胡人者，銅鐵精也；中宵見
　　　火光者，朽木也。」所引見《金樓子・志怪篇》：「夜在山中見胡人者，
　　　銅鐵精也；見秦人者，百歲木也；中夜見火光者，亦久枯木也。」陸氏
　　　因云銅鐵精、朽木「皆不爲害」，故舉溫州人、襲明子二事爲證。許氏
　　　未看懂《志怪錄》文意，遂誤以爲是《金樓子》佚文，殊可怪也。

（4）余之抄略，譬猶摘翡翠之藻羽，脫犀象之牙角

　按：此條耿廣峰據宋・潘自牧《記纂淵海》卷 75 考出，但誤「宋潘自牧」
　　　爲「明王褘」〔註 147〕。《御覽》卷 602 引《抱朴子》：「詠圓流者，
　　　採珠而捐蚌：登荊嶺者，拾五（玉）而棄石。余之抄略，譬猶摘翡
　　　翠之藻羽，脫犀象之角牙。」爲《金樓子》所本。唐・孔穎達《尚
　　　書正義序》：「採翡翠之羽毛，拔犀象之牙角。」《廣弘明集》卷 14
　　　李師政《內德論・辨惑一》：「漢求西域之名馬，魏收南海之明珠，
　　　貢犀象之牙角，採翡翠之毛羽。」〔註 148〕宋・王應麟《玉海》卷
　　　54：「雍熙三年十二月壬寅，翰林學士宋白等上，上覽而善之，詔答
　　　曰：『……所謂摘鸞鳳之羽毛，截犀象之牙角。』」亦皆本於《抱朴
　　　子》。摘，讀爲摘，摘取。

〔註 147〕耿廣峰《〈金樓子〉詞匯研究》，溫州大學 2010 年碩士學位論文，第 72 頁。
　　　　　以下引耿輯皆見第 72～73 頁。
〔註 148〕《法苑珠林》卷 68 引同。《新唐書・藝文志》：「李師政《內德論》一卷。」
　　　　　《法苑珠林》卷 119：「《內德論》一卷，右唐朝門下典儀李師政撰。」

（5）去留馨，膠東異人，自稱去留馨，歌舞於市，後乘雲去

按：此條耿廣峰據《佩文韻府》卷 24 輯出，但誤作者爲「明王褘」〔註 149〕。
《海錄碎事》卷 16 引《金華子》：「吉留馨，膠東有異人，不知姓名，
常歌舞於市，稱吉留馨，後於市中白日乘雲而去。」宋・朱勝非《紺
珠集》卷 10 引丁用晦《芝田錄》同。元・陰勁弦《韻府群玉》卷 7
亦引《金華子》：「去留馨，膠東異人，自稱去留馨，歌舞於市，後乘
雲去。」考南唐・劉崇遠《金華子雜編》卷下：「楊琢云：『膠東屬郡
有隱士，莫詳其姓氏鄉里，布袍單衣，行乞于酒市中，曰：「希一大
醉而已。」既醺酣，即以手握衫袖，霞舉，掉臂而行，曰：「吉留馨，
吉留馨，市中群兒，隨繞噪擁。」一城之人，咸謂之吉留馨。』」是
《佩文韻府》誤以「金華子」爲「金樓子」也。「吉」當作「去」，字
之誤也。去留馨者，謂去留皆有馨香也。《山東通志》卷 30：「明：去
留馨，范姓，膠州人，自幼好道，遇異人，授以辟穀導引之術，身輕
如葉，行住處異香襲人，人因稱爲去留馨。終日行歌於市，洪武中乘
雲仙去。」以爲明洪武人，非也。

（6）西域有櫻藤，可以酌酒，自有文章，映徹可愛，其大如杯

按：此條耿廣峰據宋・李壁《王荊公詩注》卷 21 輯出。宋・李石《續博物
志》卷 5 引張騫《出關志》：「酒杯藤，出西域。藤大如臂，葉似葛花，
實如梧桐，花堅，可以酌酒，有文章，映徹可愛，實大如指，味如荳蔻，
香美消酒。」晉・崔豹《古今注》卷下：「酒杯藤，出西域。藤大如臂，
葉似葛花，實如梧桐實，花堅，皆可以酌酒，自有文章，暎徹可愛，實
大如指，味如荳蔻，香美消酒。」〔註 150〕爲《金樓子》所本。

（7）有舉子能為詩，每通名刺，稱鄉貢進士

按：此條耿廣峰據明・彭大翼《山堂肆考》卷 136 輯出。此爲彭氏誤記，非
《金樓子》文也。元・陰勁弦《韻府群玉》卷 7 引《金華子》：「有舉子
能爲詩，每通名刺，云鄉貢進士。黃居難字樂地，欲比白居易樂天也。」
宋・曾慥《類說》卷 26 引《後史補》同。彭氏誤以「金華子」爲「金

〔註 149〕耿廣峰《〈金樓子〉詞匯研究》，溫州大學 2010 年碩士學位論文，第 72 頁。
〔註 150〕《御覽》卷 995 引《古今注》「指」作「杯」。《太平廣記》卷 407 引《炙轂子》
「堅」下有「固」字，「指」亦作「杯」。

樓子」也。

（8）袁士元喜雨詩：「天瓢乍滴終傾倒，月額初開漸復連。」

按：此條耿廣峰據《御定月令輯要》卷 3、《御定駢字類編》卷 7 輯出。此
詩為元人袁士元《喜雨三十韻》中句，見《元詩選》初集卷 48。士元
字彥章，慶元鄞縣人。《月令輯要》、《駢字類編》引《金樓子》證「月
額」之義，下引袁詩為例。耿氏未看懂二書體例，遂誤以為是《金樓子》
佚文。

（9）江南有吐蚊之鳥，塞北有蚊母之草，南中有產蚊之木

按：此條耿廣峰據明・董斯張《廣博物志》卷 50 輯出。此三句非《金樓子》
之文，耿輯非也。考《廣博物志》云：「江南有吐蚊之鳥，塞北有蚊母
之草，南中有產蚊之木。齊桓公臥于柏寢……民生亦猶是矣。《金樓子》。」
「齊桓公臥」以下才是引用《金樓子》，見《立言篇上》。上三句出處為：
唐・李肇《唐國史補》卷下：「江東有蚊母鳥，亦謂之吐蚊鳥，夏則夜
鳴，吐蚊於叢葦間，湖州尤甚。南中又有蚊子樹，實類枇杷，熟則自裂，
蚊盡出而空殼矣。」唐・劉恂《嶺表錄異》卷中：「蚊母鳥，形如青鷁，
嘴大而長，於池塘捕魚而食，每叫一聲，則有蚊蚋飛出其口，俗云採其
翎為扇，可辟蚊子，亦呼為吐蚊鳥。」宋・唐慎微《證類本草》卷 19：
「《爾雅》云：『鷏，蚊母。』注云：『常（俗）說常吐蚊。』蚊雖是惡
水中蟲羽化所生，然亦有蚊母吐之，猶如塞北有蚊母草，嶺南有蟲母草，
江東有蚊母鳥，此三物異類而同功也。」